金融创新与广州创新型城市建设研究

何兴强　何杨平　著

科学出版社

北京

内 容 简 介

金融作为现代经济的核心，在增强自主创新能力和促进城市发展等方面具有不可替代的作用。本书研究金融创新对创新型城市建设的作用机理，以发掘如何通过金融创新来促进创新型城市的建设，并据此对广州的创新型城市建设提出政策建议。全书分三篇深入研究此问题：第一篇构建创新型城市创新能力评价指标体系，并搜集十大典型城市的相关指标数据，运用主成分分析法，对十大城市的创新能力进行系统综合的评价和分析，据此对广州的创新能力建设提出综合的政策建议。第二篇对创新型城市的金融支持和金融创新能力建立一套系统的指标评价体系。运用主成分分析对上述十大城市的金融支持水平和金融创新能力进行综合分析和评估，并分析对金融支持水平和金融创新能力有重要影响的因素。结合广州发展的优势和劣势，针对广州的金融支持和金融创新提供对策建议。第三篇主要分析金融创新的四个模块对城市综合创新能力以及创新基础、创新环境、创新绩效的影响。在实证检验的基础上，为如何通过金融创新促进广州的创新能力建设提供方向、思路和建议。

本书既可供政府和企业相关部门决策者阅读，又可作为高等院校经济与管理相关专业的教师及学生的参考书。

图书在版编目(CIP)数据

金融创新与广州创新型城市建设研究 / 何兴强，何杨平著. —北京：科学出版社，2017.1
ISBN 978-7-03-050386-2

Ⅰ. ①金… Ⅱ. ①何… ②何… Ⅲ. ①金融改革-关系-城市建设-研究-广州 Ⅳ. ①F832.765.1

中国版本图书馆 CIP 数据核字(2016) 第 262002 号

责任编辑：方小丽 李 莉 王景坤 / 责任校对：张怡君
责任印制：徐晓晨 / 封面设计：无极书装

科 学 出 版 社 出版
北京东黄城根北街 16 号
邮政编码：100717
http://www.sciencep.com

北京东华虎彩印刷有限公司 印刷
科学出版社发行 各地新华书店经销

*

2017 年 1 月第 一 版 开本：720×1000 1/16
2018 年 4 月第二次印刷 印张：15 1/2
字数：310 000

定价：88.00 元
(如有印装质量问题，我社负责调换)

前　言

本书是广州市科技计划项目软科学研究专项"创新型城市建设的理论与实践"之子课题"金融创新与广州创新型城市建设研究"的资助成果，也是教育部人文社科规划基金项目（项目批准号11YJA790042）和国家自然科学基金项目（项目批准号71573288）的阶段性研究成果。

建设创新型城市，增强城市创新能力，是新时期提升城市和国家综合竞争力的关键所在。金融作为现代经济的核心，在增强自主创新能力和促进城市发展方面具有不可替代的作用。目前大部分经济学家认为，金融发展与技术创新是经济增长的两大决定因素，仅仅靠物质资本的积累，不能带来经济的长期增长。但关于金融创新对创新型城市建设的影响机制和效应一直缺乏深入的探讨，更没有一套较为完善的评价体系。本书希望在这方面作出一点贡献。

本书研究金融创新对创新型城市建设的作用机理，发掘通过金融创新来促进城市创新能力建设的渠道和抓手，并据此提出政策建议。全书分三篇：

第一篇为创新型城市创新能力评价指标体系构建与城市创新能力分析。通过总结和分析创新型城市的内涵、要素、发展模式、相关评价指标体系的研究现状，从城市创新基础、创新环境、创新绩效三大板块选取代表性的重要指标，构建创新型城市创新能力评价指标体系。搜集北京、上海、深圳、广州、南京、杭州、宁波、厦门、重庆和沈阳等十大城市的相关指标数据，运用主成分分析法，综合评估十大城市的创新能力，并对三大板块分别进行评估。分析发现，在十大城市中，广州在创新型城市创新能力综合得分中排名稳定，位列第四。在三大板块因素中，广州创新基础水平较高、位列第三，创新绩效水平逐步上升，位列第二，但创新环境不足、位列第五。在六大主成分中，广州创新潜力好，具有一定的创新技术和创新产出基础，但创新投入存在不足，创新支撑和政府创新资源方面更是严重滞后。根据分析结果，我们认为，广州应注重创新能力各领域均衡发展、构建多元化科研经费投入体系、加强高水平科研人才队伍建设、促进高新技术产业与集群发展、营造全民参与的创新环境，推动广州的创新型城市建设。

第二篇为城市金融支持与金融创新能力评价。通过对金融与金融创新的概念的区别，以及对城市金融支持与金融创新能力评价的理论梳理，对创新型城市的金融支持和金融创新能力建立一套综合指标评价体系。其中，金融支持水平的主要影响因素可以分为两个模块：金融支持基础及金融环境、金融机构实力及金融市场规模。影响金融创新能力的主要因素可分为四个模块：金融创新环境、金融制度创新、金融市场创新和金融业务创新。运用主成分分析对上述十大城市的金融支持水平和金融创新能力进行综合分析与评估发现，广州的综合金融支持、金融支持基础及金融环境、金融机构实力及金融市场规模在十大城市中均处于中等水平；五年来金融创新综合能力在十大城市位列第四，其中，金融创新环境处于中等水平、位列第五，金融制度创新呈现较大波动，金融市场创新严重滞后，金融业务创新水平前期较低、后期呈现上升趋势。在此基础上，对广州的金融支持和金融创新发展提出了针对性建议。

第三篇为金融创新对创新型城市的作用。主要运用面板数据模型分析金融创新的创新环境、制度创新、市场创新和业务创新四个模块，对城市综合创新能力以及创新基础、创新环境、创新绩效各模块的影响效应。实证检验发现，金融支持和金融创新对城市综合创新能力有显著促进作用。金融制度创新对城市综合创新能力及其各模块的影响都不显著；金融业务创新仅对城市创新环境模块有显著正影响；而金融创新环境和金融市场创新对创新型城市建设的各模块都具有显著的促进作用。在对创新型城市建设影响较大的金融创新各模块上，金融创新环境模块广州位列第五，金融市场创新模块广州位列第六，在金融业务创新模块广州位列第四。综上所述，为了提升广州的综合创新能力，应首先大力完善金融创新环境，其次是着力于促进金融市场创新，再者鼓励金融业务创新，从而强化创新绩效，提升创新基础，大幅度改善创新环境，最终提升广州的综合创新能力。

本书由何兴强、何杨平共同负责完成。其中，第一篇由何杨平、麦思聪负责，第二篇由何兴强、陈洁青负责，第三篇由叶婷、陈洁青负责。全书由何杨平、何兴强统一校对、统稿并最终定稿。也感谢漆一帆、刘沛玲、段伟兰在资料收集、数据整理、文字校对等方面的贡献。

非常感谢广州市科技计划项目软科学研究专项、教育部人文社科规划基金项目、国家自然科学基金项目和科学出版社对本书研究工作及出版的大力支持。

由于作者水平有限，书中难免有不足之处，恳请广大读者批评指正。

作　者

2016 年 6 月

目　录

第一篇　创新型城市创新能力
评价指标体系构建与城市创新能力分析

第一篇

创新型城市创新能力
评价指标体系构建与城市创新能力分析

第1章 引　言

1.1　选题背景

2006 年，党中央、国务院作出关于建设创新型国家的重大决策，《国家中长期科学和技术发展规划纲要（2006～2020 年）》指出："到 2020 年，我国科学技术发展的总体目标是：自主创新能力显著增强，科技促进社会经济发展和保障国家安全的能力显著增强，为全面建设小康社会提供强有力的支撑；基础科学和前沿技术研究的综合实力显著增强，取得一批在世界具有重大影响力的科学技术成果，进入创新型国家行列，为在本世纪中叶成为世界科技强国奠定基础。"

城市是区域经济社会发展的中心，是国家经济产出最重要的基地，是各类创新要素和资源的集聚地。因此，城市的发展对区域和国家的全局发展具有重大的影响。建设创新型城市，增强城市创新能力，是新时期提升国家综合竞争力的关键所在。全面推进创新型城市的建设与发展，有助于增强城市的自主创新能力，对城市转变经济发展方式、促进区域经济的发展具有重要作用，对建设创新型国家具有重大的意义。国家发改委在 2010 年 1 月 6 日发布的《关于推进国家创新型城市试点工作的通知》中同意了 16 个城市申报的创建国家创新型城市总体方案，支持这些城市开展国家创新型城市建设的试点工作。该通知指出，创新型城市的建设要以实现城市创新驱动力的发展为总体导向，以提升城市自主创新能力为建设主线，以城市体制机制创新为发展动力，以营造城市创新友好环境为主要突破口，健全城市创新体系、聚集城市创新资源、突出创新效益效率、注重引领示范作用，探索适用于我国城市的区域创新发展模式，培育出一批特色鲜明、优势互补的创新型城市，从而提升我国的国际竞争力，为实现创新型国家的建设目标打下坚实的基础。

1.2　选题目的与意义

改革开放以来，我国经济快速发展，但从总体上看仍属于粗放式发展，资源要素的瓶颈制约日益突出，环境压力不断增大，加快转变经济发展方式刻不容缓。根据经济发展理论和相关的国际经验，加快实现经济发展方式转变的关键在于培育强大的自主创新能力。因此，把握我国城市发展的阶段性特征，认清劳动力、资本和土地资源等传统生产要素对经济发展的贡献率逐步减少的趋势，推进创新型城市建设，提高自主创新能力，使经济发展方式从要素、投资驱动型向创新驱动型转变，是城市未来发展的必经之路。因此，应充分认识提高自主创新能力的重大意义，率先建设创新型城市，通过城市的发展推动我国的发展，早日把我国建设成为创新型国家。

　　建设创新型城市，需要一套标准和统一的评价体系来对其进行评价和指导。目前，国内对于创新型城市创新能力评价体系的研究尚处于初级阶段，各界尚未形成一套统一的评价体系。因此，在创新型城市建设的研究中，创新能力评价体系的构建成为最重要的步骤之一，也是不可或缺的研究工具。本篇意在通过建立一套能较为科学、客观、全面反映创新型城市创新能力的评价指标体系，客观地评价各创新型城市的发展情况，反映出创新型城市建设中可能存在的问题，并对创新型城市的建设进行长期动态监测。同时，获取有参考性的创新型城市之间的比较数据，通过运用此评价体系对不同城市中的建设状况进行分析，为广州市政府或相关部门制定创新型城市建设的战略目标，顺利实施创新型城市发展计划提供科学依据，助推城市产业结构的优化、经济增长方式的升级。

1.3　文　献　综　述

1. 关于城市经济增长理论的研究

Michael Porter 在其著作 *The Competitive Advantage of Nations*（1990）中指出，经济发展可以分为四个阶段：生产要素导向阶段、投资导向阶段、创新导向阶段和富裕导向阶段。生产要素导向阶段是经济发展的最初阶段，资源、自然环境、劳动力等基本生产要素形成了国家的竞争优势。在投资导向阶段国家竞争优势以国家和企业的投资意愿和投资能力为基础，且企业有能力对引入的技术进行消化、吸收和升级。创新导向阶段是企业在应用和改进技术的基础上，开始具有独立的技术开发能力，技术创新成为国家竞争力的主要因素。富裕导向阶段中，国家已有的财富是竞争优势，实业投资减少，金融投资增加，这个阶段是经济上的转折点，国家有可能因此走上下坡路。

　　何传启（1999）提出第二次现代化理论，认为 18 世纪末至 21 世纪末的世界经济发展进程可分为两大阶段。第一个阶段是由农业时代转变为工业时代、由农业经济转变为工业经济、由农业社会转变为工业社会、由农业文明转变为工业文明的发展过程，特点是工业化、城市化、民主化、福利化、世俗化等。第二个阶段是由工业时代转变为知识时代、由工业经济转变为知识经济、由工业社会转变为知识社会、由工业文明转变为知识文明的发展过程，特点是知识化、全球化、信息化、网络化、创新化、分散化、个性化、生态化等。

　　杨冬梅（2006）认为创新型城市可以归为城市经济发展与城市现代化进程中的一种形态，其发展演变遵循人类社会、国家经济形态发展演变的一般规律。一般而言，创新型城市出现于工业化中后期，此时城市的资本积累达到较高程度，知识要素增长迅速，工业化、知识化成为创新型城市发展的重要动力，可持续化、全球化成为创新型城市发展的重要外部推力。

　　蒋博（2008）认为城市在不同历史发展时期有不同的主要驱动因素，但在任何时期都是以主动力为核心，结合城市中其他动力，组成动力融合，共同推进城市发展。城市发展的驱动力演进一般遵循由初级生产要素向高级生产要素演进的规律，即由自然资源、地理位置、非技术或半技术劳动力等向现代化的基础设施、高技能人力、融资等演进；遵循由一般性生产要素向专业性生产要素演进的规律，即由可以被用于任何一种产业的要素向限制在技术性人力、专业知识领域等产业的要素演进。根据主驱动力的演进过程，城市的发展可分为五个阶段：资源密集型阶段、劳动密集型阶段、资本密集型阶段、资本和技术密集型阶段、技术和知识密集型阶段。

2. 国内外关于创新型城市内涵及要素的研究

　　国外关于创新型城市的研究起步于 20 世纪 90 年代，从现有的文献看，创新型城市的英文表达方式有主要两种："The Creative City"和"The Innovation City"。从文字上看，前者的语义主要为"创造性的，有创意的"，可称为"创造性城市"或者"创意城市"；后者的语义则主要为"创新的，革新的"，可称为"创新型城市"或者"革新型城市"。"The Creative City"这一表达方式主要来自欧洲早期的一些研究文献，而当中的"Creative"主要是指针对城市面临的问题（如产业发展、交通管理、种族融合、城市生态等）所提出的具有创造性的解决办法，并由此而带来的城市复兴。随后，国外大部分关于创新型城市的文献使用"The Innovation City"作表述，因此可以认为是目前国外关于创新型城市的统一说法，其中的"Innovation"包括目前关于创新型城市研究的主流含义，即研究以创新为主要驱动力的城市经济增长和发展模式，并不断融合于社会发展的理念和思想。

　　英国伦敦大学的规划学教授 Peter Hall 在其著作 *Cities in civilization: Culture, Innovation and Urban Order*（1998）中详细地阐述了城市与"新事物"之间的持续动力关系。Peter Hall 基于对 30 多个创新城市的调查，从时间和空间上对城市的演进过程进行了深入研究。结果表明，在城市创新的发展进程中，地点的作用非常重要，某个地方会在很短的一段时间内以集中爆发的形式变得富有创新能力。

　　英国从事创新型城市研究的权威机构 Comedia 的创始人 Charles Landry 是创新型城市的研究权威，其代表作 *The Creative City*（2000）是目前关于创新型城市最早的研究专著。书中提出较为完整的创新城市发展战略框架，为其他城市的创新战略构建提出了有借鉴性的方法。基于对大量案例进行的研究，Landry 认为，创新型城市是一个有机整体，其中的各个因素并不相互独立，因此需从多角度对创新型城市加以评价，并针对创新型城市构造了一套完整的战略框架以及相关的实施机制。Landry 提出了创新型城市的七个基本要素：创意能力强的人、意志力与领导力、人与智慧的多样性、组织文化的开放性、对本地身份的认同感、城市的空间与基础设施、足够的上网机会。

James Simmi 在 *Innovative Cities*（2001）一书中揭示了创新与城市之间复杂的相互关系，阐述了由欧盟经济与社会研究计划组发起的关于城市竞争力的研究项目的结论，研究结果具有国际间可比性。为了研究城市的创新过程和经济发展之间的相互关系，Simmi 对五个欧洲城市（伦敦、巴黎、斯图加特、阿姆斯特丹、米兰）进行了案例研究，得出的结论是：城市的创新环境源自四个因素，即经济积累与企业国际化、同类企业的聚集和定位、经济规模和创新过程、创新来源和出口市场的联系。五个城市的案例显示了这四个创新源头的不同组合，这些区别涉及城市规模、特定的经济取向和不同的体制模式。

Manfred Fischer 等在 *Metropolitan Innovation System*（2001）中提出，完善的创新体系是创新型城市的主要特征。所谓的城市创新体系指的是在开放的城市网络系统中，生产部门、科学研究部门、创新支持单位、公共机构部门等一系列生产参与者，在生产过程中由于新知识的产生、传播和使用而发生交互作用，其中各行为主体的基本职能是：生产部门是技术创新的主体，除了生产和供应技术外，更多地运用知识，不断地推进产品、工艺的创新；科学研究部门生产知识和技术，不断向社会提供新的技术；公共机构部门是各行为主体的协调者，支持知识的生产尤其是战略性技术的研发，引导生产部门的技术创新，宏观调整产业发展，建设科技基础设施，完善知识产权制度和相关法律法规；创新支持单位则促进技术转移，包括技术咨询机构、工程技术研究中心等，支持中小企业的技术创新。

Richard Florida 在 *Cities and the Creative Class*（2002）中提出了创新型城市经济发展的 3T 因素，即 technology（技术）、talent（人才）、tolerance（包容）。技术是指城市创新和高技术的有效融合，人才是指具有高等学历（学士或以上学位）的专业劳动力，包容是指城市的开放性，要求能够容忍、接纳不同种族、不同国籍居民的生活方式。Florida 的研究认为，一个城市想要吸引人才，促进创新，推动经济发展，从而成为创新型城市，必须同时拥有这三个关键的因素。

Wong 等（2005）在其研究报告 *Singapore as an innovative city in East Asia* 中提出成为创新型城市的九大必要条件：拥有良好交通电信基础以及功能完善的城市中心区；拥有足够的经营、文化、体育以及学术活动的场所设施；拥有研究、开发与创新的能力；拥有受教育程度较高的劳动力队伍；拥有服务高效、治理有效的政府；拥有多样化的文化事业基础设施和服务；拥有高质量且多样化的居住选择；拥有强烈的环保意识、有效的环保措施，且已经建立起良好的口碑；拥有多元化的社会意识，能够接受各种观点的碰撞、文化的融合、体验的交汇等。

代明（2005）研究认为，创新型城市应该具备四大标志功能：创新型城市具有科技研发中心的功能；创新型城市具有新兴产业中心的功能，同时具有产业链的高端节点集聚地的功能；创新型城市具有品牌营销中心的功能，同时具有资源密集区、创新型企业的销售窗口、营销创新窗口的功能；创新型城市还具有企业运营中心的功能，同时具有企业总部聚集地、区域性运营中心的功能。

韩瑾（2007）认为创新型城市建设是一个系统工程，包含着城市系统多要素的创新，特别是各要素之间的协同与整合作用。城市创新体系由主体要素、功能要素、环境要素构成。其中，主体要素指的是创新活动的主体，主要为企业、高校、科研机构、中介机构、地方政府等；功能要素指的是创新主体的自我管理能力和协调能力，包括主体内部的运行机制与激励机制、主体间紧密联系的管道机制、用以实现知识的高效流动的创新合作与技术外溢等；环境要素是外部保障因素，指的是创新型城市的发展环境，包括硬环境和软环境两个方面，主要为体制环境、基础设施环境、市场环境、文化环境等。

孙易祥（2012）认为，创新型城市是指依靠科学技术、知识文化、人力资源、体制优势等创新要素驱动发展的城市，城市创新是城市发展转型的必然过程。在对北美、欧洲、亚洲的部分发达创新型城市的发展路径进行比较分析后，作者提炼出创新型城市发展的关键要素，分别为知识创新能力、技术创新能力、经济发展能力、政府服务能力、金融创新能力、环境保障能力。

3. 国内外关于创新型城市发展阶段的研究

Charles Landry 于 2000 年根据创新型城市的特征，按照发展程度将创新型城市划分为十个层次，进而归纳为七个阶段：停滞阶段（1），创新完全没有得到重视，社会没有创新意识和创新能力；萌芽阶段（2~3），城市决策者开始认识到创新的重要作用，创新意识逐渐形成；起飞阶段（4），政府部门和各产业逐渐重视创新问题，创新项目开始实施；活跃阶段（5~6），创新活动在社会中展开，支持创新的组织逐渐增多，创意交流和技术传递趋于活跃；普遍化阶段（7~8），公共部门、私人部门都了解到创新的重要作用，形成有目的性的创新战略；创新中心形成阶段（9），城市成为国内外知名的创新中心，具有强大的吸引创新人才、创新技术的能力；可持续创新阶段（10），城市创新自给自足，形成自我改进、自我更新的良性循环。

杜辉（2006）根据区域创新能力的发展程度，将区域创新能力（包括国家、省份、城市）的发展划分为四个阶段：前创新型区域经济阶段、创新型区域经济初级阶段、创新型区域经济中级阶段、创新型区域经济高级阶段。杜辉在综合国外一些科技竞争力、知识竞争力评价指标体系的基础上，参考国家统计局在 2005 年发布的自主创新能力指标，选取其中数个重要指标作为创新能力综合指标的参数，提炼出综合指标：区域自主创新能力指数。杜辉划分的四个阶段的自主创新能力指数得分区间为：0～30 分为前创新型区域经济；31～50 分为创新型区域经济初级阶段；51～70 分为创新型区域经济中级阶段；71 分以上为创新型区域经济高级阶段。

周天勇（2008）认为创新型城市的发展基本遵循萌芽—起步—成长—成熟四个阶段。在萌芽阶段，城市主要以资本和劳动力等生产要素为主要驱动力，开始兴起大规模的工业化，但城市产业的整体基础仍比较薄弱，城市化水平较低，政府开始关注城市发展模式转型；在起步阶段，城市发展转变为以政策和投资为主要驱动力，工业化和城市化的速度加快，在各产业都积累了一定基础，商业环境明显改善，集聚资源的能力得到提升，城市对转变经济增长模式的需求较高；在成长阶段，城市主要以技术和市场为主要驱动力，城市化水平迅速提高，开始具备初步的自主创新能力，知识密集型产业迅速发展，对人才的吸引力较强，到了成长阶段的中后期，转变为以技术和知识为主要驱动力，信息化水平较高，城市成为初级创新型城市；在成熟阶段，转变为以知识和创新为主要驱动力，高新技术产业和知识服务产业成为主导产业，高层次、高技术人才大量涌入，企业创新能力较强，城市创新能力具有持续性。

4．国内外关于创新型城市评价指标体系的研究

对城市创新能力评价体系的研究，国外主要有美国哈佛大学的 Michael Porter 教授和麻省理工学院的 Scott Stern 教授在 *The New Challenge to America's Prosperity*（1999）中联合发布的创新指标体系，从三大方面评估城市的创新型得分：公共基础设施，包括 R&D 人员数、R&D 经费、对国际贸易与投资的开放程度、对知识产权的保护力度、中等和高等教育经费占 GDP 比例、人均 GDP 等二级指标；企业群的创新治理环境，包括私人企业 R&D 经费占总 R&D 经费的比例等二级指标；创新联系的质量，包括高校 R&D 项目占 R&D 项目总数的比例等二级项目。这套指标建立了以公共政策指数、创新集群环境指数、国家创新能力评价指数为核心的创新指标体系。

美国麻省技术联合会（MTC）从 1997 年以来不断改进和完善评估当地创新性经济的指标体系，在其发布的 *Index of the Massachusetts Innovation Economy*（2002）中建立了三大指标：经济发展类指标，包括产业就业率、产业平均工资、家庭总收入、全社会生产率等二级指标；创新活动类指标，包括研究与发展项目、企业研发支出、专利数量、高校技术许可、监管机构批准的医疗设备和生物技术药物等二级指标；创新资源类指标，包括联邦政府对研发的资助、风险投资、劳动力教育水平、科学技术人员占劳动力比例等二级指标。

　　此外，国外还有以下一些相对有代表性的，与创新型城市评价关系较密切的指标体系。

　　城市创新活力评价体系：Charles Landry 在 *The Creative City*（2000）中较为完整地提出了城市创新活力评价指标体系。Landry 认为，活力是城市为了实现生存而聚集的力量和能量，创造性是对城市活力的刺激，而创造性又通过创新活动得以持续存在。活力根据主动水平、互动水平、交流水平、交易水平等可以分为不同形式，根据其不同形式又可以分解为经济、社会、环境、文化四个层面，而又有九个指标跨越这四个层面对城市的以下创新活力水平进行评估：规模效应、多样化、便利程度、安全与保障水平、认同与个性水平、革新水平、联系与协同水平、竞争能力、组织能力，并由此构建出一个城市创新活力的评价矩阵。Landry 这一评价体系的完整度较高，既对当今城市的创新发展所涉及的领域进行了合理的分解，又引入了多个评价层次进行综合评价。

　　城市创新力指数体系：Richard Florida 在 *Cities and the Creative Class*（2002）中构建了城市创新力指数（creativity index），该指数体系由创造性劳动力（以专业技术人才占就业人口比例折算）、高科技（以高科技产出占 GDP 的比例折算）、创新性产出（以人均专利数折算）、社会多样化（以当地同性恋家庭数折算）等排名构成。Florida 运用这套体系对美国 50 万人口以上的 81 个大城市和 50 个州进行评价，由此得出了美国十大最具创新力都市的排行榜，如表 1-1 所示。虽然该指标体系的预测性不够强，且部分指标在非西方社会中被接受程度不高，但由于其简单明了、数据较容易获得，澳大利亚地方政府协会（Australia Local Government Association）和英国新经济基金会（New Economics Foundation）也分别运用该指标体系对澳大利亚城市经济与产业发展潜力及英国 40 个城市进行了评估。

表 1-1　美国十大最具创新力大都市排名榜

排名	城市	创造力指数	创新劳动力比例%	创新劳动力排名	高科技排名	创新排名	多样化排名
1	旧金山	1057	34.8	5	1	2	1
2	奥斯丁	1028	36.4	4	11	3	16
3	圣迭戈	1015	32.1	15	12	7	3
4	波士顿	1015	38	3	2	6	22
5	西雅图	1008	32.7	9	3	12	8
6	查珀尔希尔	996	38.2	2	14	4	28
7	休斯顿	980	32.5	10	16	16	10
8	华盛顿	964	38.4	1	5	30	12
9	纽约	962	32.3	12	13	24	14
10	达拉斯	960	30.2	23	6	17	9
	明尼阿波利斯	960	33.9	7	21	5	29

知识竞争力指数体系：Robert Huggins 等从 2002 年开始发布 *World Knowledge Competitiveness Index*（2005），这也是目前关于知识和创新评价体系的主要代表之一。该指标体系由 5 个板块组成，细分为 19 个指标。指标体系中的 5 个板块分别为人力资本、知识资本、金融资本、区域经济产出、知识持续发展水平。其中，人力资本板块细分为经济活动率、每千名居民中管理者人数、每千名居民中从事信息技术或计算机制造工作人数、每千名居民中从事电子仪器或机械工作人数等 7 个指标；知识资本板块细分为人均 R&D 财政经费支出、人均 R&D 企业经费支出、每百万名居民拥有专利数 3 个指标；金融资本板块主要由人均私人股本投资这一个指标体现；区域经济产出板块细分为劳动生产率、居民月均收入、总体失业率 3 个指标；知识持续发展水平板块细分为人均初等和中等教育财政经费支出、每千名居民互联网主机数量、每千名居民互联网用户数量等 5 个指标。Huggins 选取了全球各主要都市作为其评估对象，测定了它们的知识竞争力指数，并以此进行排名。2005 年的知识竞争力指数排名显示，硅谷以 295.8 分占据榜首；欧美依然是知识竞争力最强的地区，占据了榜单上 125 个城市中的 100 个席位，其余 25 个城市来自于亚洲和大洋洲。

硅谷指数：硅谷的专门机构 Joint Venture 每年二月发布 *The Index of Silicon Valley*（2009），报告内的硅谷指数源自于评价硅谷创新能力的指标体系。硅谷指数指标体系中最主要的指标是拥有专利数量、瞪羚企业数量、风险投资比例。瞪羚企业泛指成长性好、具有跳跃式发展态势的高新技术企业，而在硅谷指数指标体系内其定义是，最近 4 年内年收入增长率都在 20% 以上的，收入基数不低于 100 万美元的公开上市公司。瞪羚企业的数量是反映硅谷创新能力的重要指标，瞪羚企业的数量越多，硅谷的创新水平则越高。风险投资比例也是硅谷创新指数的主要指标，因为能通过风险投资机构筛选的公司一般具有较强的创新性、企业精神、高增长潜力。

国内对于创新型城市评价指标体系的研究还处于一个比较初级的阶段，大多借鉴国外的理论体系，但由于分析的角度不同，创新型城市的相关评价体系也各有侧重点。

杜辉（2006）从城市创新能力入手构建创新型城市指标体系，采用了 6 个指标进行分析，具体为：区域技术对外依存程度；技术进步对经济增长贡献程度；发明专利申请量占全社会专利申请量比例；高新技术产业产值占工业总产值比例；R&D 经费占 GDP 比例；企业研发投入占销售收入比例。

冯霞（2006）将城市中居民的主观观点量化为指标，添加到所建立的创新型城市评价体系之中，指标分为客观评价和主观评价两方面。冯霞认为，对创新型城市的建设进行评价至少应从思想观念、科学技术、体制机制、发展环境、文化氛围五大创新领域进行分析，每个领域细分为若干二级项，对每个二级项用若干指标进行考察。这些指标中有客观指标也有主观指标，前者的数据可以从城市年鉴、相关政府或部门网站收集而得，如企业 R&D 经费对销售收入的比例、高新技术产业产值占 GDP 的比例、文化产业产值占 GDP 的比例、科技活动的比例、每万名居民中专业技术人员数等；后者的数据，如对政府工作的满意程度、对市场环境的认可程度等主要通过对城市居民进行问卷调查的方式获得。

张仁寿和魏伟新（2008）根据其对创新型城市的理解，并参考针对济南、杭州等城市所构建的创新型城市建设、城市创新环境等评价体系中的指标，借鉴中国区域创新能力评估指标体系，构建出适用性更广的创新型城市评价指标体系。张仁寿的评价体系从创新动力、创新环境、创新绩效 3 个一级指标入手，考察在一级指标下的人才投入水平、资金投入水平、创新硬性环境、创新软性环境、创新产出情况、产业科技进步 6 个二级指标，并进一步分解为万人工程师及以上专业技术人才资源数量、科技活动人员数量、消化吸收经费支出占技术引进经费支出比例、人均财政科普经费、高等院校和公共科研机构数量、邮电业务收入、共性技术的研发平台个数、科技论文数量、科技进步贡献率等 42 个三级指标。

王仁祥和邓平（2008）通过对创新型城市内涵的理解以及评价指标体系的现状分析，依据创新型城市评价指标体系设计的基本原则，提出以创新投入、创新过程、创新环境和创新产出 4 个方面为主要内容，包括财力投入、人力投入、知识流动、知识吸收、硬环境、软环境、科技成果、产业结构和经济增长方式、可持续发展 9 个二级指标，详细分解为企业研发经费占销售收入比例、每万人大专以上学历人数、产学研合作的状况、国外直接投资、技术创新频率、人均铺装道路面积、企业融资难易度指数、法制健全程度指数、三大检索系统收录的科技论文数、全员劳动生产率、人均 GDP 等 29 个三级指标。

潘艳平和潘雄锋（2010）提出创新型城市评价指标体系主要由创新资源、创新载体、创新环境、创新成果、创新品牌构成。其中包含创新人力资源、基础设施载体、宏观经济环境、技术创新成果、商标等 10 个二级指标，并进一步分解为科学家与工程师数、国家重点实验室、国内生产总值、发明专利授权量、驰名商标等 17 个三级指标。

李琬等（2010）通过分析国内外创新型城市评价指标体系的现状，在遵循创新型城市评价指标体系设计基本原则的基础上，从知识技术的创新能力、教育投入与人才储备能力、创新的基础设施建设与服务能力、创新的宜居环境、城市的创新文化 5 个领域展开研究，选择了科学家和工程师、每百人公共图书馆藏书、各类专业人员、每万人拥有金融网点数、外商投资企业、工业废水排放达标率、城镇居民家庭平均每人全年教育文化娱乐消费占全年消费比例等 17 个指标。

宋河发等（2010）提出的创新型城市指标体系主要包括 7 个方面：创新体系建设、创新基础条件、创新资源集聚、创新效率、创新效益、创新支撑引领功能、创新辐射示范作用。其中包含体制机制创新、创新主体建设、经济基础、政府倾斜、资金集聚、创新投入效率、技术效益、对周边地区的辐射作用等 21 个二级指标，进一步分解为政府建立相应的创新型城市组织领导机构、重点以上高校数量、本市国民生产总值、企业科技经费来自政府比例、全社会研究开发投入占 GDP 比例、每亿元研究开发经费国内发明专利申请量、技术贸易收入占技术贸易总额比例、为外地培养本科及以上学生占总毕业生数量比例等 41 个三级指标。

周纳（2010）设计的创新型城市建设评价指标体系共包括创新主体、创新资源、创新机制、创新环境、创新绩效 5 个模块、具体包含了万人拥有独立的科研院所、万人拥有各类专业技术人员、R&D 经费占 GDP 的比率、科技人员对创新总体环境满意度、万人拥有专利申请授权数等 50 个评价指标。

柳瑞禹和邱丹（2010）从知识创新能力、技术创新能力、管理与制度创新能力、服务创新能力、文化创新能力、创新综合绩效六方面展开研究，其中包含知识创新主体、知识积累、技术创新主体、政府管理创新能力、基础设施、金融环境、人文环境、产业结构、社会进步等 16 个二级指标，进一步分解为两院院士数量、每十万人国内科技论文数、规模以上工业企业投入科技活动经费、政府规划能力指数、信息基础设施指数、年末金融机构各项存款余额、人文国际化程度、产业集聚程度指数、城市环境质量指数等 31 个三级指标。

相对而言，国内对于创新型城市的相关研究起步较晚，目前仍没有系统的理论体系，城市创新能力、创新型城市的理论研究仍处于较为薄弱的状态。由于国内尚未形成真正意义上的创新型城市，因此缺乏可供参考的成功案例经验，导致对创新型城市创新能力评价指标体系的研究较为不足，现有的评价指标体系仅从一个或几个侧面反映创新型城市的特征，不具备普遍性。

第2章 创新型城市的概念

2.1 创新型城市的内涵

创新是人类特有的认识能力和实践能力，是推动民族进步和社会发展的不竭动力，强调新、进步、持续变化。创新的本质是"创"，核心是"新"，即突破旧常规、旧定律、旧思维，获得新方法、新方向、新目标。从哲学角度看，创新属于人类思维和实践的形式以及概念化过程，其特征是新思维、新描述，是人类实现从旧状态转变为新状态的创造性活动，是人类以寻求新发展空间为目的而进行的变化形式；从社会角度看，创新是指人类以发展为目的，突破现有的旧信息、旧常规，产生新颖的、独特的、有社会或个人价值的新事物、新思想的活动。

根据创新型城市的狭义、广义程度，可以对创新型城市进行三个层次的理解。

第一，狭义的创新型城市指的是文化、艺术等领域的创意产业在城市经济中占主要地位的城市。狭义的创新型城市实际上并没有达到"创新"的水平，而是更多地偏向于以创意产业为第三产业重心、以文化艺术为城市特色，城市整体的创新能力和创新型城市建设情况较弱。

第二，创新型城市侧重于城市科技创新的实力，把科技创新作为发展目标，体现为城市的经济发展不是简单地由劳动力要素驱动，而是由自主创新，包括原始性创新、集成创新和消化吸收创新驱动，通过综合性的生产要素来实行经济社会的持续和协调发展。这样的创新型城市是以科技进步为动力，以自主创新为主导，以创新文化为基础的城市形态，因此科技含量是其主导指标。在政府的引导和组织下，创新型城市确立并推进以企业为主体要素的自主创新模式，大力培育高新技术产业集群和名牌企业、名牌产品，以技术创新或科学技术进步推动城市经济、社会的快速发展。这样的创新型城市已经具备一定的创新能力，以创新带动城市未来发展，但仍不具备成为广义的创新型城市的条件。

第三，广义的创新型城市指全面创新，即将创新思维作为城市灵魂，渗透到城市的政治、经济、文化等各方面建设中的城市。尹继佐（2003）指出，创新城市描述了这样一种城市状态：创新意识成为城市居民思维中的一部分，创新能力成为城市重视且高度掌握的一种能力，城市中的创新想法能够被实践、创新成果能够被传播、创新活动能够持续进行。创新型城市通常会经历发散、融合两个过程，前者描述的是城市中的团体或个人提出创新观点，后者描述的是城市对创新观点进行筛选，并对有价值的创新观点进行落实。综合起来看，即运用分析、评价、组织、融资等能力，利用城市有限的资源实施城市创新的方案。因此，广义的创新型城市是涵盖了技术创新、产业创新、组织创新、制度创新、融资创新、人力创新等全社会创新的一个创新体系，追求城市创新的集成效应、系统效应、整体效应，而不满足于城市经济社会，如科技、产业、文化、公共管理等某一方面的单一突破与创新。

综上所述，对于创新型城市的含义可探索性地定为：以创新为城市经济发展主导战略的发展模式，以增强自主创新能力为核心，以推动城市经济持续协调发展为目标，由科技创新、产业创新、基础设施创新、文化创新、体制创新等各种创新要素相互作用和共同组成的完整的创新生态体系。

2.2　创新型城市的构成要素

1. 科技创新——动力要素

科技创新是创新型城市的动力要素。现代城市是以科学技术为核心的先进生产力的集中地，城市经济的现代化发展离不开科技创新的巨大作用。随着全球市场的发展，决定市场竞争优势的不再是低成本的劳动力和原材料资源，而是以科技创新为核心的技术进步。科技创新包括知识创新和技术创新，新的理论、新的研究方法、新的研究领域不断扩充城市知识系统，与技术创新相结合，使得生产能力不断提升，为产业创新提供动力源泉。因此，科技创新是创新型城市的动力要素。

2. 创新体系——实现机制

创新体系是创新型城市的实现机制。创新体系是将创新主体、创新环境、创新机制融为一体，促进社会中创新资源高效利用和合理配置，促进创新主体之间相互协调和良性互动，能充分体现社会创新意志和目标的系统。城市自主创新的体系明确了由谁来完成以及实现建设创新型城市的目标，创新体系从落实机制的角度构成了创新型城市的要素之一。其中，企业作为市场经济的微观主体，也是技术创新的主体，其竞争力是创新体系的核心，政府机构、科研机构应该给予支持、引导。而产业集群是创新体系的载体，同样也是技术创新的基础和活力所在。

3. 创新产业——核心要素

创新产业是创新型城市的核心要素。产业是城市经济的支柱，经济竞争力是城市发展的核心，因此，产业创新是城市创新的核心要素。城市经济增长的过程从根本上看是城市产业成长、产业结构优化、产业发展水平不断升级的过程。随着城市发展水平的不断提高，城市产业通过不断调整传统产业的结构，培育高科技含量、低耗能、低污染的新兴产业，淘汰夕阳产业，最终形成产业集群。发达的创新产业不仅给城市经济增长带来新的增长点，还对吸引和培养人才、营造创新环境、激励科技创新方面具有重要的推动作用，对建设创新型城市有显著的催化作用。

4. 创新环境——支撑因素

创新环境是创新型城市的支撑因素，能够维护和促进城市创新的活力和潜力。创新环境包括经济环境、创新服务体系、制度政策、文化、生态等社会软环境，信息网络、科研设施等基础设施硬环境以及参与国际竞争与合作的外部环境。创新环境保证了创新活动在一个规范化、适合创新特征、符合创新规律、促进创新实现的良好环境中进行。因此，有利于创新的良好环境，是创新型城市发展的动力机制有效运行的保证。

2.3 创新型城市的发展模式

创新型城市的发展模式是在历史、政治、经济、制度等多领域因素共同作用下的结果。在现代经济环境中，城市创新能力的发展、创新型城市的建设主要受政府和市场这两种因素的制约。因此，创新型城市的发展可大致分为三种模式：政府主导发展模式、市场导向发展模式和政府/市场混合发展模式。

1. 政府主导发展模式

政府主导的发展模式主要依靠自上而下的力量，发展中国家、基础设施相对较弱的城市一般采用此模式。在政府主导的发展模式中，政府制定明确的创新型城市发展目标和战略，颁布对提升城市创新能力有促进作用的政策措施，不断加大对基础设施的投资，引导国际、国内的创新资源向城市集中，支持、鼓励创新主体之间形成互动，构建创新主体网络关系，营造有利于创新型城市建设的氛围，引导社会全体人员参与到创新型城市的建设之中。

韩国是政府主导发展模式的典型例子，韩国高新科技的起步和高速发展是在其政府的直接规划和引导下实现的。早在 1989 年，韩国政府便颁布了《尖端产业发展五年计划》，加大了对微电子、光纤维、新材料、生物工程等七个高科技研究项目的投入。2004 年，韩国政府实施"十大新一代成长动力"科技发展工程，重点推进新一代半导体、数码广播、未来型汽车等十大高新技术产业的发展。为推动政策的有效落实，韩国政府成立了国家科技委员会，并由总统担任委员长，定期组织对重大科技决策的研究；科技部长担任副总理，同时任科技长官会议委员长，管理国家科技领域的创新活动；科技部对科技发展的规划与协调进行管理；技术创新部负责推进社会上有价值的科技成果产业化。

然而，政府主导发展只是在特定的发展阶段有利于实现创新和经济发展，使经济体由发展初始的不完善状态向具有自主创新能力的较成熟状态过渡。但从本质上看，由政府主导是压制社会创造力的。因此，随着新制度的日趋成熟，政府应逐渐减弱引导作用，否则将有可能阻碍崇尚创新、激励创新的社会制度环境的形成，压缩创新能力的发展空间，损害经济发展。

2. 市场导向发展模式

市场导向的发展模式属于自下而上的发展模式，发达工业化国家、基础建设较发达的城市一般采用此模式。在市场导向的发展模式中，政府以市场配置资源为前提，营造城市发展的创新环境，间接地引导创新要素向城市聚集。市场中的创新主体在利益驱动和市场竞争压力下，自发地追求技术突破、科技创新，逐渐发展成为城市中的产业创新集群，进而提高城市的创新能力，孕育有利于创新的环境。

美国硅谷在很大程度上是由市场这只"无形的手"推动形成的。在硅谷，大多数成功企业是通过市场需求的驱动来进行发展，其发展的每个阶段都与当时市场对高新科技产业的需求紧密结合、互为因果。政府并没有进行直接干预硅谷的发展，而是以购买者的身份参与硅谷的建设。建设市场导向创新城市的关键在于政府不能全面控制，也不能毫不干涉，而是要实行"弱干预"，充分发挥市场导向的作用，以市场为核心建设创新网络，用市场带来的持续不断的创新动力驱动高新产业发展，从而提高城市的创新能力。

3. 政府/市场混合发展模式

政府/市场混合发展模式就是同时将政府和市场两方面因素作用于创新型城市的建设过程。市场机制能够利用市场给城市中的企业带来竞争压力，迫使企业进行创新，进而引导各种创新要素向城市聚集，因而有利于创新型城市的建设与发展；政府推动力能够利用政府对城市的宏观调控能力，促进城市中公共基础设施的完善，尤其是提高对与城市科技竞争力、城市知识竞争力相关的基础设施的投入，为城市创新能力的发展打下坚实的基础。城市是公共产品和私人产品的有机结合体，城市创新能力的发展需要政府与市场的综合力量推进。观察世界发展历史，具备较为发达的市场经济的西方国家日益注重对城市发展作导向性更强的规划，宏观掌握城市的发展方向；与此同时，在以往发展中政府导向性较强的发展中国家则日益重视市场导向的作用，试图利用市场的力量消除政府主导的一些弊端。因此，具有长远意义的创新能力发展、创新型城市建设将趋向于政府/市场混合发展模式，充分利用自上而下和自下而上两种模式中的优势。

第3章　创新能力评价指标体系的构建与作用机制

3.1　构 建 原 则

为了使所建立的创新能力评价体系能系统、全面、客观、准确地评价创新型城市的发展历程和建设水平，能帮助城市发现创新型城市建设过程中存在的薄弱环节，为城市制定创新型城市战略目标、发展计划、政策措施及其顺利实施提供参考，并及时观察到建设成效，构建创新型城市创新能力评价指标体系应遵循以下原则。

1. 科学性原则

科学性原则要求评价指标体系具有可靠的理论基础。科学性原则是构建创新型城市创新能力评价指标体系的基本原则，要确保评价指标体系的科学性，则需要明确构建评价指标体系的理论基础。构建创新型城市创新能力评价指标体系，是根据创新理论、经济增长理论、社会学理论等，对创新型城市的创新能力进行研究，从而对创新型城市的发展规律、建设活动规律进行正确的认识。构建评价指标体系的基本工具属于统计学理论和方法，因此，构建创新型城市创新能力评价指标体系是跨学科的工作。

2. 目标导向性原则

目标导向性原则要求评价指标体系必须客观、充分反映目标。创新型城市创新能力评价指标体系中的指标必须是具体化、可操作化的目标，从而使评价指标体系能够为评价城市如何寻找正确的发展方向提供参考，促使创新型城市建设中的关键要素向城市流动，激发城市中各创新主体的活力，增强城市的自主创新能力，进而推动创新型城市的高速发展，最终实现城市综合竞争力的提升，而非仅仅排列出创新型城市的名次及优劣。

3. 系统性原则

系统性原则要求评价指标体系全面而又不冗余。城市是由经济、社会、环境等各种因素构成的区域系统，而且对于绝大多数城市而言，区域系统规模较大，各因素之间相互联系、相互影响的程度较高，关系较为复杂。因此，在构建创新型城市创新能力评价指标体系时要认识到，各种因素都需要一系列能够相互补充的指标，只有这样才能使评价指标体系可以较为全面地评价创新型城市创新能力的各个方面。对指标进行筛选时要遵循系统性原则，既要包含动态指标又要考虑静态指标，既要包含总量水平又要考虑单位水平，做到指标之间相互映衬、相互协调，但又不含有重复指标。

4. 可操作原则

可操作原则体现在两个方面：一是指标数据和资料的可获得性；二是指标可被量化且可被比较。前者要求所需数据可以通过各城市统计年鉴、各城市科技局、各城市统计局等途径获得，或通过权威性著作、文献、调查报告查询获得；后者要求所选的定量指标必须是国内各界通用的、具有代表性的指标，也应尽可能选用更具有代表性的国际通用指标。如果创新型城市创新能力评价指标体系没有可操作性，则会仅停留在理论的层面，不具有实际意义。

5. 可比性原则

可比性原则包括数据的可比性和结果的可比性两层含义。数据的可比性指的是，在创新型城市创新能力评价指标体系中，数据的统计口径和范围要尽可能地保持前后一致。结果的可比性包含纵向可比性和横向可比性，前者指的是评价指标体系应能使其使用者能较好地了解创新型城市创新能力的现状、发展趋势，能比较城市在不同时期的情况，从而能较全面、客观地评价过去、把握现在、预测未来；后者指的是评价指标体系应能作国内创新型城市之间的比较之用，甚至国内外城市之间的比较之用。

3.2　现有国内外创新能力指标体系分析

在对国内外有关创新型城市创新能力评价指标体系的整理中发现，各套体系的切入角度、指标层次、数目以及表征量的选择存在差异，至今仍没有一套国际上公用的指标框架。我们通过对大量与创新有关的测度指数的总结归纳，发现尽管各套指标各有不同，但以下表征量较常被引用为创新型城市创新能力的衡量指标。

1. 创新环境

众多创新型城市创新能力指标体系都涉及创新环境这一项，见表 3-1。创新环境包含的内容较为丰富，经济环境、社会环境、文化环境等都属于创新环境的范畴。总的来说，创新环境就是有利于城市创新化发展的外界影响因素的总和。

表 3-1　部分创新环境评价指标

	来源	评价指标
Florida（2003）	创新环境	同性恋人口数
		波西米亚指数
		人口混杂指数
潘艳平和潘雄锋（2010）	宏观经济环境	国内生产总值
		政府财政收入
	国际投资规模	外商直接投资
李琬等（2010）	基础设施	每百人拥有互联网用户数
		每万人拥有金融网点数
		人均地区生产总值
		孵化器数量
		外商投资企业
	宜居环境	工业废水排放达标率
		万人医院床位
		人均道路面积
邹燕（2012）	经济和社会发展水平	人均地区生产总值
		第三产业增加值比例
		居民家庭教育文化娱乐服务支出
		普通高校每万人在校大学生数
		每百人公共图书馆藏书
		每百万人拥有的文化馆、艺术馆数
		每万人口拥有医院、卫生院床位数
		每万人口拥有职业（助理）医师数
		基本养老、医疗、失业保险平均覆盖人口比率
	基础设施、公用事业与城市环境	建成区面积占市区面积的比例
		每万人拥有公共汽车数
		城镇污水处理率
		生活垃圾无害化处理率
		人均公园绿地面积
		建成区绿化覆盖率
	社会生活信息化水平	每百人互联网宽带接入用户数
		人均电信业务总量
倪芝青等（2011）	经济社会环境	人均 GDP
		信息化水平
		城市空气综合污染指数
	创业环境	国家级、省级科技企业孵化器数
		政府创业投资资金总额
	创新载体	国家级、省级企业研发中心和技术中心数
		省级以上高新技术企业数
		国家级、省部级重点实验室和工程研究中心数

Richard Florida 在 *Cities and the Creative Class*（2002）中构建的城市创新力指数体系将环境具体为社会多样化，以当地同性恋人口数、波西米亚指数和人口混杂指数折算。其中，波西米亚指数是指从事艺术创作的相对人口。这些指标能间接反映一个地区社会环境的开放性、包容性、创造性，而一个开放和包容的城市无形中降低了人力资本准入门槛，更具备吸引创意人才的能力，对于激励创意和高科技增长的作用较为重要。

潘艳平和潘雄锋（2010）提出的创新型城市评价体系中创新环境侧重于经济层面的衡量，具体为宏观经济环境、国际投资规模两个二级指标。经济发展水平对城市创新能力的影响较为明显，城市基础设施的建设、创新能力的发展都需要较为发达的经济基础做支撑。

李琬等（2010）在创新型城市评价指标体系的设计上将关注点放在了创新环境上，认为创新环境不仅包括有利于创新的基础设施，还包括有利于创新的人文环境，即创新的宜居环境情况，具体指标包括工业废水排放达标率、万人医院床位和人均道路面积。

倪芝青等（2011）通过三个二级指标来衡量创新环境指数：①经济社会环境指标，包括 GDP、人均 GDP、全员劳动生产率、每百人固定电话线数、每百人移动电话用户数、万人互联网用户数、万元 GDP 能耗、信息化水平；②创业环境指标，包括国家级、省级科技企业孵化器数、创业投资引导资金总额、科技中介机构数量；③创新载体指标，包括国家级、省级企业研发中心和技术中心数，省级以上高新技术企业数，国家级、省部级重点实验室和工程研究中心数。

邹燕（2012）将创新环境支撑能力作为衡量城市创新水平的第二大指标，分为经济和社会发展水平，基础设施、公用事业与城市环境，社会生活信息化水平，具体量化为人均地区生产总值、第三产业增加值比例、居民家庭教育文化娱乐服务支出、普通高校每万人在校大学生数、每百人公共图书馆藏书、每百万人拥有的文化馆和艺术馆数、每万人口拥有的医院和卫生院床位数、每万人口拥有职业（助理）医师数、基本养老医疗失业保险平均覆盖人口比率、建成区面积占市区面积的比例、每万人拥有公共汽车数、城镇污水处理率、生活垃圾无害化处理率、人均公园绿地面积、建成区绿化覆盖率、每百人互联网宽带接入用户数和人均电信业务总量等指标。

2. 投入要素

投入是产出的前提和基础，从根源上影响和制约着城市的创新发展。在各套创新指标体系中，投入资本的衡量是比较重要的一块评价模板，见表 3-2。部分评价体系将要素引申为资本、资源等，虽然模板名称不同，但实质仍是衡量和评价城市为创新转型投入的水平。

　　MTC 发布的 *Index of the Massachusetts Innovation Economy*（2002）将资源类列为三大指标之一，分为物质资本和人力资本两个模块，前者包括联邦政府对研发的资助、工业企业对学术研究的资助、风险投资，后者包括劳动力教育水平、公共教育投资水平、科学技术人员占劳动力比例、信息技术专业人员、人才流动情况、住房支付能力。

表 3-2　部分投入要素评价指标

来源		评价指标
MTC（2002）	物质资本	联邦政府对研发的资助
		工业企业对学术研究的资助
		风险投资
	人力资本	劳动力教育水平
		公共教育投资水平
		科学技术人员占劳动力比例
		信息技术专业人员
		人才流动情况
		住房支付能力
Robert 等（2005）	人力资本	经济活动率
		每千名居民中管理者人数
		每千名居民中从事信息技术或计算机制造工作人数
		每千名居民中从事电子仪器或机械工作人数
		每千名居民中从事汽车技术或机械工程工作人数
		每千名居民中从事高技术服务工作人数
		每千名居民中从事生物技术或化学工作人数
	知识资本	人均 R&D 财政经费支出
		人均 R&D 企业经费支出
		每百万名居民拥有专利数
	金融资本	人均私人股本投资
宋河发等（2010）	政府资源集聚	财政科技拨款占财政支出比例
		企业科技经费来自政府比例
	资金集聚	全社会研究开发投入占本市国民生产总值比例
		企业研发投入占全部研发投入比例
	人才集聚	每万名劳动力中研究与开发人员数
		每万名人口中博硕学位获得者人数
		两院院士数
	技术集聚	首次技术引进数量或经费占总技术引进数量或经费比例
		技术引进经费占技术引进经费与研究开发经费综合比例

关于知识和创新评价体系的主要代表之一的 *World Knowledge Competitiveness Index*（2005）中提到，对人力资本、知识资本和金融资本投入水平的衡量占了整个评价体系的一半比例。其中，人力资本考察的是经济活动率、每千名居民中管理者人数、每千名居民中从事信息技术或计算机制造工作人数、每千名居民中从事电子仪器或机械工作人数、每千名居民中从事汽车技术或机械工程工作人数、每千名居民中从事高技术服务工作人数、每千名居民中从事生物技术或化学工作人数 7 个指标；知识资本考察的是人均 R&D 财政经费支出、人均 R&D 企业经费支出、每百万名居民拥有专利数 3 个指标；金融资本考察的是人均私人股本投资水平。

宋河发等（2010）从创新资源集聚的角度衡量投入要素，表征为 4 个二级指标，包括：①政府资源集聚，主要用财政科技拨款占财政支出比例、企业科技经费来自政府比例来表征；②资金集聚，主要用全社会研究开发投入占本市国民生产总值比例、企业研发投入占全部研发投入比例来表征；③人才集聚，采用每万名劳动力中研究与开发人员数，每万名人口中博硕学位获得者人数、两院院士数来反映该项指标；④技术集聚，量化为首次技术引进数量或经费占总技术引进数量或经费比例、技术引进经费占技术引进经费与研究开发经费综合比例 2 个三级指标。

总的来说，投入要素的衡量已经成为设计各创新型城市指标体系不可缺少的一部分。要素的投入主要从经费投入、知识或人才投入、技术投入 3 个方面进行衡量，如教育经费、人才储备、研发人员数等。政府部门和企业成为这项指标主要的考察对象。

3. 创新产出

提高产出水平是创新的目的之一，因此产出水平是衡量创新发展程度的最关键指标之一。各评价指标体系对于创新产出的衡量有所不同，有的评价指标体系着重效率方面，有的评价指标体系则综合考虑了效率、效益方面，见表3-3。

在倪芝青等（2011）设计的指标体系中，创新绩效指标主要体现在成果产出方面，表征为专利申请授权量、万人专利授权数、发明专利受理量、每百万人发明专利授权量、美国发明专利授权量、国家和省级名牌和驰名（著名）商标数、工业新产品产值率、新产品销售收入占产品销售收入比例、高新技术产品产值、高新技术产业产值占规模以上工业总产值比例、高技术产业产值占工业总产值的比例、高技术产品出口占出口总额的比例。这些指标都指向创新成果商品化直接提高了的产业增加值和企业利润。

表 3-3　部分创新产出评价指标

来源		评价指标
倪芝青等（2011）	专利产出	专利申请授权量
		万人专利授权数
		发明专利受理量
		每百万人发明专利授权量
		美国发明专利授权量
		国家和省级名牌和驰名（著名）商标数
	高新产品产出	工业新产品产值率
		新产品销售收入占产品销售收入比例
		高新技术产品产值
		高新技术产业产值占规模以上工业总产值比例
		高技术产业产值占工业总产值的比例
		高技术产品出口占出口总额的比例
吴晓波（2008）	产业发展	高技术产业值占 GDP 比例
		高新技术产品出口额占商品出口额比
		第三产业产值占 GDP 比例
		高技术产业产值中新产品产值所占比例
	居民生活	居民就业率（失业率）
		城镇居民人均可支配收入
	经济效益	人均地区生产总值和贸易顺差（逆差）
	发展成本（环境代价）	单位 GDP 工业废水
		废气、废物排放量
		单位 GDP 耗能
宋河发等（2010）	创新投入效率	每千名 R&D 人员国内发明专利申请量
		每亿元 R&D 经费国内发明专利申请量
	产业发展效率	高技术产业增加值占 GDP 比例
		现代服务业产值占 GDP 比例
		高技术产业增加值率
	企业效益	有自主知识产权优势产品产值占高新技术产品产值比例
	技术效益	技术贸易收入占技术贸易总额比例
	环境保护效益	每吨能耗产出 GDP
		每吨废水排放产出 GDP
	人民生活	人均可支配收入
		出生人口预期寿命

部分指标体系不仅考虑到实质性的产出，更结合了产出提高带来的对自然环境的影响、自然资源的消耗和人民实际生活水平变化等间接的、更深层次的社会

问题，提炼出产出效益的指标。效益指标在追求可持续发展，努力构建和谐社会的今天，更具有借鉴意义。例如，吴晓波在《2007～2008 浙江省创新型经济蓝皮书》（2008）中构建的评价指标体系分为三大部分：投入类要素、过程类要素和产出类要素，其中产出类要素反映创新对经济、社会和环境的最终影响，包括产业发展、居民生活、经济效益、发展成本（环境代价）四个子部分。产业发展以高技术产业值占 GDP 比例、高新技术产品出口额占商品出口额比例、第三产业产值占 GDP 比例和高技术产业产值中新产品产值所占比例表征；居民生活体现为居民就业率（失业率）、城镇居民人均可支配收入；经济效益以人均地区生产总值和贸易顺差（逆差）衡量；发展成本（环境代价）量化为单位 GDP 工业废水、废气、废物排放量和单位 GDP 耗能。

宋河发等（2010）设计的评价体系更是同时包括创新效率和创新效益两部分。创新效率指标分解为两个二级指标：①创新投入效率，包括每千名 R&D 人员国内发明专利申请量、每亿元 R&D 经费国内发明专利申请量；②产业发展效率，体现为高技术产业增加值占 GDP 比例、现代服务业产值占 GDP 比例、高技术产业增加值率。创新效益指标具体分为：①企业效益，用有自主知识产权优势产品产值占高新技术产品产值比例来衡量；②技术效益，用技术贸易收入占技术贸易总额比例表征；③环境保护效益，表现为每吨能耗产出 GDP 和每吨废水排放产出GDP；④人民生活，具体衡量指标为人均可支配收入和出生人口预期寿命。

3.3　评价指标选择与体系构建

依据创新型城市的内涵、主体特征和创新型城市创新能力评价指标体系设计的基本原则，参阅国内外有关创新型城市创新能力的评价指标体系研究文献，并在充分考虑现有可得数据的前提下，采用国际上较为通用的"投入-环境-产出"结构来设计创新型城市创新能力评价体系，对影响城市创新能力的指标进行定量分析。这样的结构将知识创新、技术创新、制度创新等成果视作"产品"，以该"产品"的生产过程为主线，较为全面详细、直观清晰、易于理解。因此，评价指标体系将分为三个评价模块，第一个模块为创新基础指数，这是投入结构的引申和扩展，不仅包括实际投入到创新中的人力、物力和财力，更涵盖作为创新重要基础和支撑的经济基础和社会发展水平方面的衡量。第二和第三个评价模块分别命名为创新环境指数和创新绩效指数。

在指标分解的过程中，一方面要考虑到指标的有效性和鉴别能力，即指标是否能够切实地反映出城市的创新水平，是否能够有效体现不同城市间创新能力的差距；另一方面还要考虑到指标的可获取性，以便进行客观的定量分析，避免主观认知对评价带来的影响。因此，在具体基层指标的选取上，我们总结前人对城市创新能力评价的指标，包容现有的科技考核指标体系中已有的指标，同时借鉴各城市统计年鉴内容，尽可能保证指标有归口统计单位可获取，并结合中国当前发展水平上城市创新系统形成的现实条件，力求确保指标全面详实、代表性突出、可行性高，能较客观地考察和衡量城市创新能力水平。然而，以这种方式进行选取很有可能会将相关性较强的指标同时纳入评价指标体系，这些指标的信息重复将会造成评价结果的偏差。为了尽可能地避免这种情况的发生，提高评价结果的客观准确性，在设计评价指标体系时还需要保留能较好覆盖同类指标的表征量，剔除信息量重复的指标。

1．创新基础指数

依据前面的分析，创新基础是投入结构的引申和扩展，不仅包括实际投入到创新中的人力、物力和财力，更涵盖作为创新重要基础和支撑的经济基础和社会发展水平，因此创新基础指数可进一步分解为两类，一类是实际投入，另一类是作为支撑转型的经济和社会发展水平。高等学校、科研机构、高新技术企业三大创新主体的数量、研究开发人员和科技活动人员数、研究开发经费和科技经费是大多数创新能力评价体系中衡量知识投入、人才投入和资金投入的常用指标，因此我们沿袭这一处理方式。参与研究开发和科技活动的人员数与投入经费采用相对数来表征，消除基数大小的影响，更好地体现城市对创新的重视程度。此外，每万人高校在校生数能体现社会的人才储备和创新潜力，应纳入评价指标体系中。创新所需的经济基础的衡量，可选择地区国民生产总值、人均 GDP、第三产业增加值比例，这三个指标结合已经能在较高程度上说明一个城市的经济发展阶段。社会发展水平采用居民平均家庭教育文化娱乐服务支出、每百人公共图书馆藏书、基本社会保障覆盖人口比例来量化衡量。有些指标体系还采用了人均公园绿地面积、建成区绿化覆盖率等指标，但这些指标与以上的指标相关性较高，且数据较难获得，故不予采用。

2．创新环境指数

创新环境从定义上讲，可以涵盖所有不直接投入到创新中但又深刻影响城市创新的因素。很多评价指标将经济纳入创新环境的评价模块中，但由于已经将经济作为支撑列入创新基础中，故不作考虑。在创新型城市的发展过程中，国家和政府具有资金支持和政策带动的作用，政府的投入和推进是城市创新中较为重要的驱动力量，所以创新环境模块主要从政府方面切入，在评价政府为企业、城市的创新作出的努力方面用地方财政教育经费、地方财政科技拨款、财政科技拨款占财政支出的比例来表征。政府出台的相关政策数量、由政府主导的科技创新项目数量等指标虽然也体现了政策对创新的重视，但不同城市拥有不同的政策强度，且项目规模大小不一，单凭数量的大小难以公平地进行横向比较，且政府的经费支出已经涵盖了相关政策和项目实施的费用，所以不采纳这两项指标。城市信息化水平也是创新环境的内容之一，目前常用的衡量指标是居民个人计算机拥有量和互联网用户数。

3.创新绩效指数

我们认为用效益的观点来衡量创新产出更具有借鉴性意义。资源和环境已经成为限制人类社会发展的重要因素之一，创新型社会是进步的社会，更应该与可持续发展的观念融合起来，在产生经济效益的同时注重环境效益问题。因此，将万元 GDP 综合耗能加入创新能力评价指标体系，衡量创新产生的环境效益。国外的评价指标体系一般采用发明专利这一指标来衡量创新产出能力，这是因为发明专利在各项专利中的技术含量最高。考虑到我国正处于建设创新型国家的起步阶段，因此用各项专利的总和来衡量创新产出的能力更符合中国的实际国情。专利的申请量和授权量都是衡量城市自主创新能力的重要指标，然而专利的申请量能反映社会创新的活跃度，但不能切实反映产出的成果，因此用每百万人专利授权量作为具体指标更加合适。衡量创新产出还应加入高新技术产业的情况，工业新产品和高新技术产品是创新的成果，可以用工业新产品产值率、高新技术产业产值、高新技术产业产值占 GDP 比例、高新技术产品出口占出口总额的比例来衡量。

综上所述，依据科学性、导向性、可操作性等原则筛选指标，尽可能地确保指标全面详实、代表性突出、可行性高，能较为客观地考察和衡量城市创新能力水平，从而构建了创新型城市创新能力评价指标体系，如表3-4所示。

表 3-4　创新型城市评价体系

一级指标	二级指标	三级指标	单位
创新基础指数	创新主体建设	高校数量	个
		科研机构、技术中心和实验室数量	个
		高新技术企业数	个
	人力、财力资源	每万名劳动力中 R&D 人员数	人/万人
		R&D 经费占 GDP 比例	%
		每万名劳动力中科技活动人员数	人/万人
		科技经费投入占 GDP 比例	%
		每万人高校在校生数	人/万人
	经济和社会发展水平	地区国民生产总值	亿元
		人均 GDP	元
		第三产业增加值比例	%
		居民平均家庭教育文化娱乐服务支出	元
		每百人公共图书馆藏书	册/百人
		基本养老、医疗、失业保险平均覆盖人口比率	%

一级指标	二级指标	三级指标	单位
创新环境 指数	政府支持	地方财政教育经费	亿元
		地方财政科技拨款	亿元
		财政科技拨款占财政支出的比例	%
	社会生活信息化水平	每 100 名居民互联网用户数	人/百人
		每 100 户居民个人计算机拥有量	台/百户
创新绩效 指数	成果产出	每百万人拥有专利授权量	项/百万人
		高新技术产业产值	亿元
		高新技术产业产值占 GDP 比例	%
		工业新产品产值率	%
		高新技术产品出口占出口总额的比例	%
	可持续发展能力	万元 GDP 综合耗能	吨标/万元

3.4　指标对创新能力的作用机制

创新型城市创新能力评价指标体系分为三个评价模块，每个评价模块作为一级指标，可以进一步分解为 2～3 个二级指标，二级指标下面的三级指标由 25 个基层指标构成，具体分析如下。

1. 创新基础指数

创新基础条件是创新型城市建设的必要物质技术条件，主要衡量为建设创新型城市投入的人力和财力资源，包括三个方面的二级指标。

1）创新主体建设

创新主体是具有创新能力并实际从事创新活动的人或社会组织。企业是技术创新的主体，大学和研究机构是知识创新的主体，因此，这项指标表征为高新技术企业数量、高校数量、科研机构、技术中心和实验室数量。

高新技术企业数量反映的是社会技术创新的活力和动力。企业是技术创新的主体，因其既是技术研究开发的主要参与者，也是将新技术应用于生产，创造新价值的实施者。只有将新技术转化为产值，才能体现出新技术的价值，进而体现城市科技创新的能力。创新是与市场关系较为密切的经济活动，企业是城市中市场经济的重要成分，会因市场机制的激励而从事创新。新古典经济学的创新理论认为，创新是生产要素的重新组合，而这种重新组合主要由企业家通过市场来实现，其他组织或个人无法替代企业在这方面的作用。技术创新需要大量与产业相关的特定知识，这些知识是产业技术创新的重要基础。

值得注意的是，作为创新主体的企业指的是现代企业制度意义上的适应市场经济要求的企业，企业规模的大小并非企业能否成为创新主体的关键因素。科技型小企业和大企业在技术创新中各有重要的位置：大企业具有较强的资金和技术实力，更有能力从事产品的创新和大规模的工艺创新；科技型小企业机制较为灵活，创新动力更大，一旦得到资金上的援助，会更愿意从事创新。因此，高新技术企业数量指标不仅要计算城市中的国家级高新技术企业数，同时也要将省级和市级的高新技术企业包括进来，才能充分体现一个城市技术创新主体的情况。高新技术企业数量越多，城市创新的动力和活力就越充沛。

图 3-1 为十大城市在 2001 年、2006 年、2011 年高新技术企业的数量。上海的高新技术企业数遥遥领先，其次是深圳与北京。上海的高新技术企业迅猛发展在很大程度上得益于"九五规划"时期，上海市委、市政府对三大高新技术产业发展、高新技术改造和提升传统产业的政策支持。

高校数量、科研机构、技术中心和实验室的数量则反映城市知识创新的驱动力和能力。知识创新能力是城市整体创新能力的基础，而科研机构和高校是知识创新的主体，其任务是为其他创新能力的提高储备知识，同时为企业技术创新提供强有力的理论支撑。

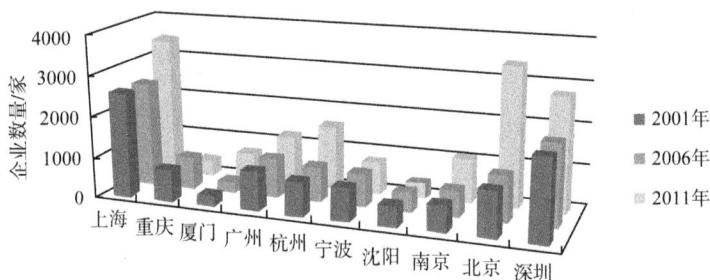

图 3-1　2001 年、2006 年、2011 年高新技术企业数量

2）人力、财力资源

资金和人才的投入是创新成果产出的重要基础，该项指标主要反映社会人才集聚和资金集聚的情况，衡量知识创新投入和技术创新投入的能力，表征为每万人高校在校生数、每万名劳动力中 R&D 人员数、每万名劳动力中科技活动人员数、R&D 经费占 GDP 比例、科技经费投入占 GDP 比例，共 5 个基础指标。

人才是最重要的创新资源之一，在创新体系中具有较为重要的地位。高校在校生是社会人才的后备军，是创新能力继承和发展的力量，每万人高校在校生体现了社会人才的储备量。一般来说，城市的高校在校生比例越高，高等人才聚集就越紧密，城市创新成果后继发展和提高的能力就越充分。每万名劳动力中 R&D 人员数、每万名劳动力中科技活动人员数、R&D 经费占 GDP 比例、科技经费投入占 GDP 比例主要是从大中型工业企业进行技术开发的机构、人员以及从事技术开发的资金投入情况等方面对技术创新投入的能力进行考察。前两项指标反映企业人力资源的情况，R&D 人员是科技活动人员中从事研究和开发的群体，R&D人员比例数可以衡量在创新价值链核心和高端环节处人才集聚的情况。企业人力资源是推动经济发展的关键因素，而具备相应知识和技术的研发人员数量在较高程度上决定企业作为技术创新主体拥有的实际能力，从事技术研发的人数越多，企业人力资源就越充足，城市创新能力就越强。

资金投入是企业创新成果产出的必要条件，后两项指标反映企业创新资金的投入强度和企业使用创新资金的集中程度。研发经费占 GDP 比例是目前国际上使用程度较高的衡量国家或地区科技投入水平较为综合的指标，企业投入大量的经费，建立有效的知识生产基础，是为了在日后获得更多知识创新成果。因此，一般来说，科技经费与研发支出数额大、科技人员数量多的城市更可能具有创新性。

图 3-2 显示了十大城市在 2001 年、2006 年和 2011 年的每万名劳动力中 R&D人员数，各个城市基本呈上升趋势。上海、广州、北京和深圳四个城市的数据较高，其中深圳的增长速度最快，这与深圳的经济中心和人才集聚地的地位有关。

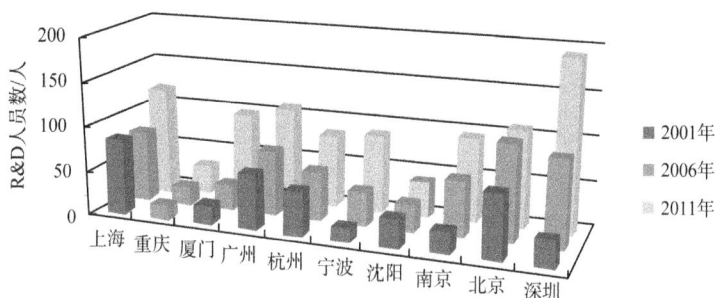

图 3-2　2001 年、2006 年、2011 年平均每万名劳动力中 R&D 人员数

3）经济和社会发展水平

经济和社会发展水平是用以衡量创新型城市建设的必要社会经济环境和物质技术条件，包括宏观经济水平、市场环境、基础设施、社会福利等方面，具体量化为六个基层指标：地区国民生产总值、人均 GDP、第三产业增加值比例、居民家庭教育文化娱乐服务支出、每百人公共图书馆藏书、基本养老医疗失业保险平均覆盖人口比率。

地区国民生产总值、人均国民生产总值、第三产业增加值比例衡量的是社会经济基础。经济基础是创新型城市建设最重要的物质技术条件，创新型城市通常具有一定的经济规模，地区生产总值体现城市总体的经济实力，人均国民生产总值是用来衡量城市居民收入水平和生活水平的重要指标，而第三产业增加值占国内生产总值的比例是反映城市所处的经济发展阶段的重要统计指标。在一般情况下，随着城市经济的发展、人均收入水平的提高，劳动力、资本在三次产业之间的分布会发生有规律性的变化。由于各产业间产品附加值的差异以及由此带来的相对收入的差异，劳动力从第一产业向第二产业转移，进而向第三产业转移，社会资本分布的重心也逐渐从第一产业向第二、第三产业转移，第三产业在经历上升、徘徊、再上升的发展过程后，成为国民经济中最大的产业。因此，第三产业增加值的比例能较准确地衡量一个城市现今的经济发展状况，与地区生产总值指标、人均 GDP 指标相结合能较为全面地测度出城市的经济发展水平。一般来说，这些指标的值越大，城市的经济越发达，就越能为城市转型提供充足的物质投入，在此基础上建立起高综合水平的创新型城市的可能性就越大，城市创新能力就越高。

图 3-3 为十大城市在 2001 年、2006 年与 2011 年的人均地区生产总值，各个城市都有较快的发展速度，表现较好的城市依次为深圳、广州、上海、北京。

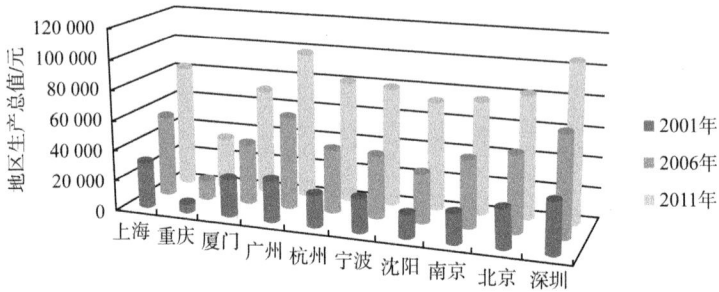

图 3-3　2001 年、2006 年、2011 年人均地区生产总值

居民家庭教育文化娱乐服务支出、每百人公共图书馆藏书、基本养老医疗失业保险平均覆盖人口比率三项指标考察的是城市文化基础环境和社会生活状态。鼓励创新、宽容失败的文化氛围是城市创新不可或缺的条件之一，也是创新型城市的重要特征之一。能反映创新的社会文化的指标中有定性指标也有定量指标，居民人均科教文娱支出反映的是创新文化的物质基础，从侧面体现了城市居民的生活水平。城市基础设施也是城市创新的前提条件，采用每百人公共图书馆藏书来体现文化基础设施水平，同时也反映了政府对文化事业的支持和城市学习文化的氛围。只有城市居民支持和尊重创新，才能孕育出良好的社会文化学习氛围；只有政府注重文化事业和公众热爱学习的城市，才能有源源不断的创新火光闪现。社会和谐是城市创新的另一个基础条件，而社会保障程度是创建和谐社会的重要衡量指标，基本养老、医疗、失业保险平均覆盖人口比率是当今中国城市发展状态下，社会保障程度的重要体现。三大社会保障制度的主要险种平均覆盖人口比

率越高，说明居民享受经济福利的社会化程度越高，就越能促进社会的稳定发展，从而提升城市的创新能力，实现向创新型城市的转变。

2．创新环境指数

创新环境实质上是有助于提升创新能力，适宜于创新型城市建设发展的社会环境。一个城市的创新环境是否优化、是否宽松，将直接关系到创新要素能否聚集、创新人才能否聚集。创新环境包括经济水平、风土人情、福利保障等因素。由于创新基础指数里已经涉及相关的内容，所以这里的创新环境指数主要关注政策环境和社会信息化环境，包括政府支持和社会生活信息化水平两个二级指标。

1）政府支持

促进创新要素集聚不仅是市场机制发挥作用的结果，也是政府主动推动的结果，因此政府的支持和驱动对创新型城市的发展有着举足轻重的作用。然而政府的行为难以用确切的量化指标表示，这里将政府支持程度分解为三个量化指标：地方财政教育经费、地方财政科技拨款、财政科技拨款占财政支出的比例，从侧面衡量政府对创新的支持。前两个指标是绝对数，衡量政府资金对教育和科技的总体支出水平。一方面，教育是创新的必要基础，主要用地方财政教育经费的指标反映政府对教育的支持和教育对创新的支持情况。另一方面，对于大中型企业的技术创新，政府往往会在财政支出中给予专项拨款，即科技三项经费。地方财政科技拨款除了政府一般性科技支出，还包括科技三项经费，体现政府科技资金对创新的支持。财政科技拨款占财政支出的比例是相对数，可以反映政府对科技的投入力度和对创新的重视程度，同时去除财政支出规模大小的影响，利于不同城市之间政府对创新的资金支持的比较。

图 3-4 为十大城市在 2001 年、2006 年和 2011 年财政科技拨款占政府财政支出比例的情况，财政拨款比例较高的城市为北京、上海、深圳与杭州，其中深圳在 2006～2011 年增长迅猛。

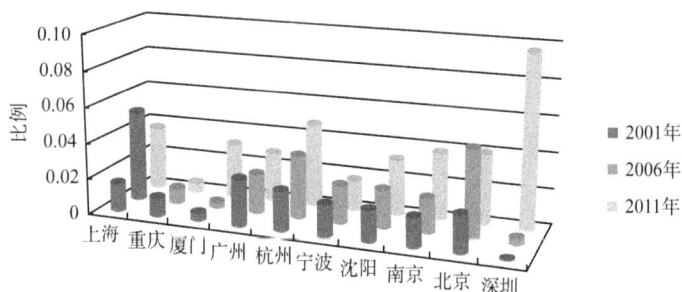

图 3-4　2001 年、2006 年、2011 年平均财政科技拨款占财政支出比例

2）社会生活信息化水平

在经济全球化、信息化相互交织、相互作用的今天，一个国家信息化水平的高低，不仅能反映其综合竞争实力和经济发展水平，也能反映其创新能力。工信部在 2011 年发布的《"十二五"产业技术创新规划》将信息产业领域纳入了规划范围，可见信息化对技术创新的重要性。信息化的水平同样也是一个城市创新能力的重要标志。衡量城市信息化水平的指标较多，如每百人固定电话线数、每百人移动电话用户数等，但是当前我国各大城市的电话普及程度已经达到较高水平，城市之间的差距较小，并且创新信息的主要来源是互联网，因此可以用计算机、互联网的普及率来体现社会生活信息化水平，具体为每百名居民互联网用户数和每百户居民个人计算机拥有量。互联网和计算机是居民与国家、与世界沟通的另一扇大门，极大扩展和丰富了群众的信息来源，不断更新公众的创新视角。信息化程度越低，城市创新就越孤立、封闭，越不具有系统性。一般来说，居民计算机和互联网的普及率越高，城市信息化水平越高，政府通过信息化创新社会管理、企业通过信息化创新产业管理、社会通过信息化与外界的沟通和学习的能力就越强，加快创新型城市建设步伐的可能性就越大。

图 3-5 显示了十大城市在 2001 年、2006 年、2011 年每百户城市居民互联网的用户数，基本呈增长趋势，其中北京、上海和南京居领先地位。

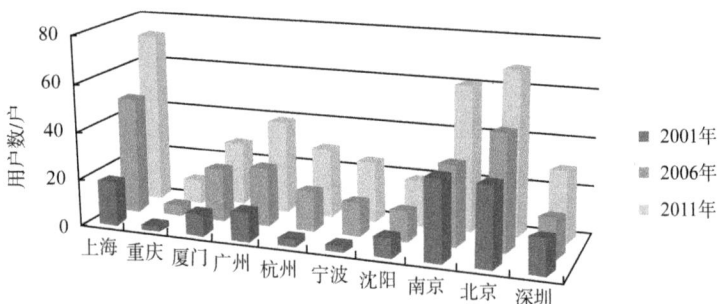

图 3-5　2001 年、2006 年、2011 年平均每百户城市居民互联网用户数

3. 创新绩效指数

在某种程度上，城市创新能力反映在企业的创新产出上。获得创新效益是开展创新活动的主要目的，也是城市提高创新能力的主要目的之一。创新效益以增加值、企业利润、劳动者收入等为主，但也应包括得益于创新环境的改善和人民生活水平的提高。因此，我们将创新绩效指标进一步分解为产出成果和可持续发展能力两个二级指标来表征企业创新效益、技术创新效益和环境保护效益。

1）产出成果

国外对于创新产出能力的衡量一般采用发明专利，然而，要全面衡量创新成果产出的能力，还应将城市创新产品的生产情况纳入考虑范围，如工业新产品情况、高新技术产品出口情况、有自主知识产权的高新技术产品情况、高新技术产品利润情况、技术扩散能力水平、科技进步贡献率等情况。考虑到各城市统计年鉴中指标的健全性，主要选取以下 5 个指标：高新技术产业产值、高新技术产业产值占 GDP 比例、高新技术产品出口占出口总额的比例、工业新产品产值率、每百万人拥有专利授权量。

随着创新能力在城市发展中发挥的作用不断提升，城市的产业结构必然向以高新技术产业、知识产业、现代服务业为主导的产业结构方向发展。高新技术产业产值指标和高新技术产业产值占 GDP 比例指标能反映产业结构优化水平，进而体现城市创新能力的发展程度。高新技术产品出口占出口总额的比例反映了产业的国际竞争力，高新技术产品出口额越多，说明产品在国际市场上的竞争力越强，被认可程度越高，科技成果的商品化越有效，城市的创新能力越强。工业新产品产值率代表新产品产值占工业总产值的比例，是衡量企业创新投入效果的重要指标，直接反映了企业将技术转化为产品的能力。此外，高新技术产业产值、高新技术产业产值占 GDP 比例、高新技术产品出口占出口总额的比例这些指标只考虑高技术产品的产出情况，忽略了中低技术的创新产出，因此增加工业新产品产值率这一指标作为补充，使得产出成果的衡量更为全面。

图 3-6 是十大城市在 2001 年、2006 年和 2011 年高新技术产业产值的情况。总体上，上海、深圳、北京和广州的表现最好，厦门的高新技术产业产值较低。

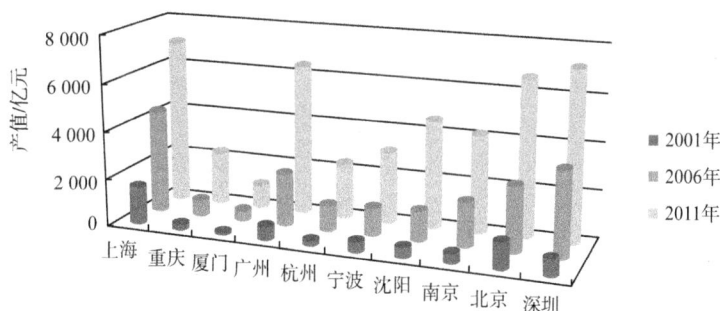

图 3-6　2001 年、2006 年、2011 年平均高新技术产业产值

2）可持续发展水平

可持续发展水平表征为万元 GDP 综合耗能。健康、长久的产业发展建立在资源、生态环境的可持续能力之上，与资源、生态环境的承载能力相协调；能稳健发展的技术创新和产业创新，应具备物能消耗少、环境污染低的特点。因此，在

创新效益指数模块中设置资源节约和环境友好方面的评价要素——万元 GDP 综合耗能。万元 GDP 综合耗能衡量了资源消耗水平,同时也反映了随经济结构演进和技术进步而形成的环境保护意识和治理水平改善的情况。资源是宝贵且有限的,城市的万元 GDP 综合耗能越低,其创新能力就越高,建立在此基础上的创新型城市就越是可持续发展水平高、环境和谐友好的城市。

图 3-7 是十大城市在 2001 年、2006 年和 2011 年的万元 GDP 综合耗能情况,可以看出各个城市的万元 GDP 耗能基本呈下降趋势,平均耗能最高的城市依次是南京、重庆、沈阳。

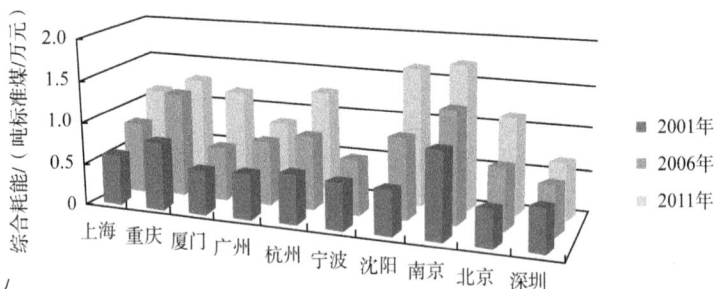

图 3-7　2001 年、2006 年、2011 年平均万元 GDP 综合耗能

3.5　评价指标的筛选与最终评价指标体系

考虑到所建立的创新型城市创新能力评价指标体系的科学性、合理性、可操作性,可能会出现评价指标数量过多,部分指标鉴别力较弱的情况。因此,必须用城市数据进行初步测试,删除鉴别力较弱的部分评价指标,从而进一步优化、完善评价指标体系。

评价指标的鉴别力指的是评价指标区分其评价对象的特征差异的能力。也就是说,在运用所构建的评价指标体系时,如果大多数被评价的城市在某一个或几个评价指标上一致呈现很高或很低的得分,则可以认为这一个或几个评价指标的鉴别力较弱,不能判断不同城市创新能力的差异;与之相反,如果被评价的城市在某一个或几个评价指标上的得分有较为明显的差异,则可以认为这一个或几个评价指标的鉴别力较高,能够较好地区分不同城市的创新能力的差异。评价指标反应理论(index response theory,IRT)一般将指标特征曲线的斜率作为考察指标鉴别力的标准参数,其斜率越大则其鉴别力越强,斜率越小则其鉴别力越弱。为了提高评价指标体系的整体鉴别力,通常会删除变差系数相对较小的评价指标。

在实际应用时,可以用变差系数(Vt)衡量评价指标的鉴别力:

$$Vt = \frac{St}{\overline{X}}$$

其中，St 为 X 的标准差，$\overline{X}$ 为 X 的平均值。

根据以上原理，通过运用 SPSS 13.0 for Windows 统计软件对所收集的 10 个城市 27 个指标的全部数据进行方差分析，在方差分析的基础上计算出 27 个评价指标的变差系数，从而得出鉴别力分析结果。体系中 27 个评价指标的描述统计量和变差系数如表 3-5 所示。

表 3-5　描述统计量和变差系数

项目	N	Minimum	Maximum	Mean	Std. Deviation	Std. Deviation/Mean
高校数量	110	3.000	89.000	38.709	23.233	0.600
规模以上工业企业办科技机构	110	40.000	1 397.000	320.745	284.752	0.888
高新技术企业数	110	73.000	3 455.000	940.111	754.944	0.803
每万名劳动力中 R&D 人员数	110	13.045	189.647	61.206	34.883	0.570
R&D 经费占 GDP 比例	110	0.004	0.058	0.020	0.013	0.678
每万名劳动力中科技活动人员数	110	27.851	300.198	117.725	69.286	0.589
科技经费投入占 GDP 比例	110	0.010	0.175	0.043	0.041	0.952
每万人高校在校生数	110	25.610	1 100.100	289.491	234.818	0.811
本市国民生产总值	110	558.327	19 195.690	5 190.485	3 926.320	0.756
人均 GDP	110	6 963.000	105 419.448	47 771.411	22 192.037	0.465
第三产业增加值比例	110	0.362	0.761	0.509	0.093	**0.183**
居民家庭教育文化娱乐服务支出	110	697.425	4 691.514	1 940.953	853.057	0.440
每百人公共图书馆藏书	110	21.774	620.390	139.250	99.355	0.713
基本养老保险覆盖人口比率	110	0.158	0.718	0.343	0.124	0.361
医疗保险覆盖人口比率	110	0.042	0.910	0.357	0.201	0.564
失业保险覆盖人口比率	110	0.112	0.436	0.212	0.068	0.320
地方财政教育经费	110	9.399	549.239	100.706	109.555	1.088
地方财政科技拨款	110	0.386	183.070	29.237	42.298	1.447
财政科技拨款占财政支出的比例	110	0.001	0.097	0.027	0.019	0.691
每 100 名居民互联网用户数	110	0.923	72.035	25.594	16.675	0.652

续表

项目	N	Minimum	Maximum	Mean	Std. Deviation	Std. Deviation/Mean
每100户居民个人计算机拥有量	110	3.456	168.000	66.888	39.327	0.588
每百万人拥有专利授权量	110	24.787	4 900.911	940.852	954.769	1.015
高新技术产业产值	110	119.230	7 208.540	2 225.659	1 890.942	0.850
高新技术产业产值占GDP比例	110	0.121	0.781	0.410	0.157	0.384
工业新产品产值率	110	0.045	0.340	0.144	0.048	0.330
高技术产品出口占出口总额的比例	110	0.085	0.591	0.312	0.105	0.337
万元GDP综合耗能/（吨标/万元）	110	0.430	1.722	0.851	0.305	0.359
Valid N (listwise)	110					

为了适当地取舍指标，设变差系数取舍的临界值为0.3，将变差系数小于0.3的指标认为是鉴别力弱的指标，并予以删除。在27个指标中，除了X_{11}第三产业增加值比例的变差系数为0.183外，其余指标的变差系数全部大于0.3，表明X_{11}的鉴别力较弱，可以剔除。通过鉴别力分析，保留其余26个指标，作为最终确定的创新型城市创新能力评价指标，如表3-6所示。

表3-6　最终创新型城市指标体系

一级指标	二级指标	三级指标	单位
创新基础指数	创新主体建设	X_1: 高校数量	个
		X_2: 规模以上工业企业办科技机构	个
		X_3: 高新技术企业数	个
	人力、财力资源	X_4: 每万名劳动力中R&D人员数	人/万人
		X_5: R&D经费占GDP比例	%
		X_6: 每万名劳动力中科技活动人员数	人/万人
		X_7: 科技经费投入占GDP比例	%
		X_8: 每万人高校在校生数	人/万人
	经济和社会发展水平	X_9: 本市国民生产总值	亿元
		X_{10}: 人均GDP	元
		X_{11}: 居民家庭教育文化娱乐服务支出	元
		X_{12}: 每百人公共图书馆藏书	册/百人
		X_{13}: 基本养老保险覆盖人口比率	%
		X_{14}: 医疗保险覆盖人口比率	%
		X_{15}: 失业保险覆盖人口比率	%

续表

一级指标	二级指标	三级指标	单位
创新环境指数	政府支持	X_{16}：地方财政教育经费	亿元
		X_{17}：地方财政科技拨款	亿元
		X_{18}：财政科技拨款占财政支出的比例	%
	社会生活信息化水平	X_{19}：每 100 名居民互联网用户数	人/百人
		X_{20}：每 100 户居民个人计算机拥有量	台/百户
创新绩效指数	成果产出	X_{21}：每百万人拥有专利授权量	份/百万人
		X_{22}：高新技术产业产值	亿元
		X_{23}：高新技术产业产值占 GDP 比例	%
		X_{24}：工业新产品产值率	%
		X_{25}：高技术产品出口占出口总额的比例	%
	可持续发展能力	X_{26}：万元 GDP 综合耗能	吨标/万元

3.6　指标体系的特点与不足

相对于其他指标体系,本套创新型城市创新能力评价指标体系具有以下特点:

(1)传统的创新环境大多数主要考虑了宏观经济环境、产品和要素市场环境、基础通信设施三个方面,如潘艳平和潘雄锋(2010)构建的创新环境指标只包括了宏观经济环境和国际投资规模两方面,而本套评价指标体系增加了反映社会文化等人文软环境的相关指标,如每百人公共图书馆藏书量等。传统的创新绩效大多数主要考虑了工业新产品、高新技术产品等实际产出成果,忽略了得益于创新的环境改善效益,如万元 GDP 综合耗能指标。相对而言,本套评价指标体系较好地体现了城市经济增长方式转变和创新能力可持续发展的现实需要。

(2)本套评价指标体系综合考虑了从国家、企业和个人层面的主要评价指标,突出了创新能力在宏观和微观两个层面上的有效结合与互动特征。

然而,本套创新型城市创新能力评价指标体系也存在一定的不足,如体系中没有衡量创新辐射示范作用的指标来体现城市创新对周边地区的辐射和示范。由于指标难以量化或数据难以收集等情况,从可操作性出发,只能剔除一些有鉴别力但难以实际操作的指标,这对更全面地衡量创新型城市创新能力有一定影响。

第4章 创新型城市创新能力评价实证研究

4.1 评价方法的选取

为了尽可能地避免评价指标中所包含的信息的重叠，使在定量分析的过程中涉及的变量较少，同时得到的信息量较多，在此选取主成分分析法（principal components analysis, PCA）对创新性城市创新能力进行评价。

评价指标赋权的方法有很多，大致上可分为主观赋权法、客观赋权法两种。主观赋权法主要依据主观经验、前人文献、专家评判等，对评价指标体系中各项指标的权重进行预先设定，因此更偏向于定性分析，因其简单明了、优点突出，被广泛接受和使用；客观赋权法则更着重于对评价指标体系中各项指标的联系的考察，运用多元统计的分析方法，根据评价指标的数字特征确定每一个评价指标的权重。客观赋权法不仅克服了主观赋权法天生的缺陷，即仅对评价指标所反映内容的重要程度以个人主观进行判断，还由于其考虑了各评价指标之间的内在联系，避免了对某个评价指标的重要性给予过高或过低的判断，最终的评价结果更能客观、真实地反映被评价对象的真实情况。

此外，由于综合评价方法最终都以加权平均的形式获得被评价对象的评价结果，而这又要求各项指标之间是相互独立的，否则无法保证评价指标之间没有相关性，其信息将会重叠。在综合评价体系中，每个指标只是在某种程度上反映出被评价对象某一方面的信息，但由于评价指标的数量较多，并且都是源自于同一个城市，所以不仅增加了评价的复杂性和分析的工作量，还会使评价指标之间存在一定的相关性。这种相关性会使数据所反映的信息有不同程度的重叠，造成信息的重复使用，影响评价结果的客观性、有效性，从而大大降低评价结果的说服力。因此，需要找到少量的、彼此无关或相关性较小的指标来代替原来大量的、很可能存在相关性的指标，并要求这些新指标能够尽量充分地反映原指标所包含的信息量，使评价信息不缺失、不重复，以简化评价的工作量，提高评价结果的客观性、有效性。

要解决上述两个问题，主成分分析法作为一种多元统计方法，提供了很好的解决方案。

首先，主成分分析法可以通过求出协方差阵或相关系数矩阵的特征值，在最大限度保留原始信息的情况下，按各指标的贡献率，从原始指标集中抽取互不相关的主成分，展现出指标之间的内在联系，解决创新型城市创新能力评价指标体系中指标相关性问题的同时，达到简化、优化评价指标体系的目的。

其次，主成分分析法作为一种客观赋权的多元统计方法，可以避免主观赋权的主观性。使用主成分分析法，从反映城市特征的变量中提取主要的成分，分析影响创新型城市创新能力的主要因素，并以被抽取出来的主成分各自的方差贡献率作为其权重，构建综合评价函数，进而以此函数对创新能力进行评价。

综上所述，主成分分析法可以有效解决评价指标赋权和相关性两个问题，因此我们拟采用主成分分析法来构建创新型城市创新能力评价模型。

4.2　主成分分析法原理

主成分分析法是数学上对数据进行降维的一种统计方法，借助于正交变换，对原来的分量相关的随机向量进行转换，使之变为新的分量不相关的随机向量。这样的转换在代数上就是将原来的随机向量的协方差矩阵转换为新的对角形矩阵，而体现在几何上则是将原来的坐标系转换为新的正交坐标系，令其指向样本点分布的最散开的一个或几个正交方向。基于新的分量不相关的随机向量，对原来的多维变量体系作降维处理，令其可以在精确程度较高的标准下转换为新的低维变量体系，进而通过构建合适的评价函数，将所得到的新的低维变量体系转变为最终的一维体系。

1. 数据标准化

由于原始数据的量纲和量级有可能存在较大差别，因此首先要对原始数据进行标准化处理。采集 p 维随机向量 $X=(X_1,X_2,\cdots,X_p)^{\mathrm{T}}$ 的 n 个样品 $X_i=(X_{i1},X_{i2},\cdots,X_{ip})^{\mathrm{T}}$，其中 $i=1,2,\cdots,n$，且 $n>p$，构建出样本矩阵，对样本矩阵进行标准化转换：

$$Z_{ij}=\frac{X_{ij}-\overline{X_i}}{S_j}, i=1,2,\cdots,n; j=1,2,\cdots,p$$

其中

$$\overline{X_j}=\frac{\sum_{i=1}^{n}X_{ij}}{n},\ S_j=\sqrt{\frac{\sum_{i=1}^{n}(X_{ij}-\overline{X_j})^2}{n-1}}$$

经过标准化后，数据都是没有单位的纯数量，从而得到标准化矩阵 Z。

2. 求相关系数矩阵

使用标准化矩阵 Z 得到相关系数矩阵：

$$R = [r_{ij}]_p \, X_p = \frac{Z^{\mathrm{T}}Z}{n-1}$$

其中

$$r_{ij} = \frac{\sum Z_{ki} \cdot Z_{kj}}{n-1}, \quad i, j = 1, 2, \cdots, p$$

3. 获取特征根与确定主成分个数

一般用因子的累积方差贡献率来确定主成分的个数。累积方差贡献率是衡量主成分相对重要性的指标,在一般情况下,主成分的累积方差贡献率应在80%以上。

根据标准特征方 $\left| R - \lambda I_p \right| = 0$,利用数学方法求出特征根 $\lambda_1, \lambda_2, \cdots, \lambda_p$,按 $\dfrac{\sum_{j=1}^{m} \lambda_j}{\sum_{j=1}^{p} \lambda_j} \geqslant 0.8$ 确定 m 的值,使信息的利用率达到 80%或以上。对每个 $\lambda_j \, (j = 1, 2, \cdots, m)$ 解方程组 $Rb = \lambda_j b$,得到单位特征向量 b_j^o 。

4. 将标准化后的指标变量转换为主成分

$U_{ij} = z_i^{\mathrm{T}} b_j^o$ 其中 $j = 1, 2, \cdots, m$ 。U_1 称为第一主成分,U_2 称为第二主成分,依此类推,U_m 称为第 m 主成分。

5. 对 m 个主成分进行综合评价

对 m 个主成分进行加权求和,每个主成分的权重为其方差贡献率,进而得到最终评价值。

4.3　评价城市的选择与数据来源

考虑到城市数据的可获得性、城市所处地域的均衡性、城市之间的可比性,选取我国 10 个在创新型城市建设领域较为领先的、处在不同地域的城市作为评价对象,依据前面所构建的创新型城市评价体系对这 10 个城市的创新得分进行评价,这 10 个城市分别为:北京、上海、广州、深圳、杭州、宁波、南京、厦门、重庆、沈阳。

依据前面所设定的创新型城市创新能力评价指标体系的构建原则，经过指标的初步选择、鉴别力筛选，最终构建出的评价指标体系包含 26 项指标。考虑到分析的严谨性和全面性、相关城市统计数据的滞后性，以及各城市发展的轨迹，选取 2001～2011 年作为评价年份。相关数据的来源主要为各城市相关年份的统计年鉴、高新技术企业认定管理工作网站、各城市政府的公开网站等。由于指标数量较多，在部分年份中，部分城市的统计年鉴、政府公开网站没有统计到相关数据，因此采用前人文献中的数据，或基于网络数据作尽可能接近现实情况的估计。在大量查询上述数据来源的基础上，得到了创新型城市创新能力评价指标的原始数据库（附录 1）。

4.4　原始数据标准化

由于各项指标的单位不统一，个别指标的方差比较大，为了尽量避免对因子载荷产生影响，首先对 10 个样本城市的 26 项指标的原始数据进行标准化处理。运用 SPSS 软件进行数据标准化，在计算描述统计量时选中[Save Standardized Values As Variables]选项，SPSS 就会计算数据的标准化值，并将结果保存在以 Z 开头命名的新变量中（以广州为例，表 4-1）。

表 4-1　原始数据标准化（以广州为例）

指标	ZX_1	ZX_2	ZX_3	ZX_4	ZX_5	ZX_6	ZX_7	ZX_8	ZX_9
GZ2001	−0.073 56	−0.564 51	−0.700 86	0.004 14	−0.483 66	0.077 52	−0.143 47	0.229 75	−0.598 23
GZ2002	0.012 52	−0.561	−0.659 8	0.054 06	−0.423 56	0.378 11	−0.116 65	0.534 36	−0.505 95
GZ2003	0.227 73	−0.571 53	−0.129 96	0.159 5	−0.378 49	0.222 5	−0.075 2	0.967 81	−0.364 68
GZ2004	0.572 06	−0.592 61	−0.008 09	0.116 04	−0.325 91	0.024 21	−0.172 72	1.420 88	−0.188 45
GZ2005	0.873 35	−0.610 16	−0.016 04	0.222 84	−0.235 76	0.351 96	−0.150 78	1.912 49	−0.009 23
GZ2006	0.916 4	−0.557 49	0.028 99	0.327 07	−0.168 15	0.743 55	−0.106 9	2.234 87	0.227 03
GZ2007	1.045 52	−0.322 19	0.258 15	0.366 81	0.004 63	1.947 77	−0.024	2.550 31	0.496 61
GZ2008	1.045 52	−0.301 12	0.584	0.493 73	0.124 82	1.715 57	0.054 01	2.765 03	0.788 75
GZ2009	1.518 98	0.130 83	0.464 79	0.986 3	0.342 67	1.296 5	0.117 4	3.033 23	1.005 45
GZ2010	1.648 1	0.081 67	0.623 74	1.193 99	0.530 47	1.161 23	0.149 1	3.225 43	1.415 52
GZ2011	1.648 1	0.169 46	0.368 09	1.346 15	0.650 66	1.369 07	0.197 86	3.452 07	1.842 17
指标	ZX_{10}	ZX_{11}	ZX_{12}	ZX_{13}	ZX_{14}	ZX_{15}	ZX_{16}	ZX_{17}	ZX_{18}
GZ2001	−0.866 73	−0.914 21	−0.714 23	−1.492 35	−1.566 18	−0.419 64	−0.640 34	−0.487 97	0.004 29
GZ2002	−0.695 4	−0.661 55	−0.610 16	−1.461 51	−1.227 87	−0.361 45	−0.594 47	−0.458 75	0.046 05
GZ2003	−0.422 38	−0.272 12	−0.513 15	−1.345 74	−0.969 81	−0.083 89	−0.575	−0.474 48	−0.214 56
GZ2004	−0.084 06	0.113 93	−0.395 56	−1.215 02	−0.796 29	0.232 45	−0.506 56	−0.450 8	−0.237 5
GZ2005	0.272 06	0.262 6	−0.136 44	−1.043 07	−0.690 32	0.470 53	−0.486 8	−0.418 92	−0.161 11

续表

指标	ZX_{10}	ZX_{11}	ZX_{12}	ZX_{13}	ZX_{14}	ZX_{15}	ZX_{16}	ZX_{17}	ZX_{18}
GZ2006	0.663 46	0.477 76	0.021 56	−0.986 94	−0.203 06	0.531 2	−0.440 99	−0.386 26	−0.220 94
GZ2007	0.986 91	1.255 44	0.041 16	−0.960 15	−0.159 47	0.557 04	−0.181 96	−0.190 97	−0.123 3
GZ2008	1.291 84	1.529 14	0.057 83	−0.878 6	−0.091 5	0.355 75	−0.043 44	−0.071 28	−0.049 75
GZ2009	1.424 46	2.185 46	0.077 83	0.139 93	0.853 45	0.863 87	0.087 75	0.073 9	0.177 34
GZ2010	1.788 33	2.710 67	0.068 52	0.409 28	0.971 75	0.897 38	0.108 88	0.063 87	−0.305
GZ2011	2.244 8	3.224 36	0.108 53	0.546 53	1.026 03	1.037 52	0.681 17	0.318 09	0.078 16

指标	ZX_{19}	ZX_{20}	ZX_{21}	ZX_{22}	ZX_{23}	ZX_{24}	ZX_{25}	ZX_{26}
GZ2001	−0.806 45	−0.217 28	−0.491 06	−0.849 22	−1.218 69	−0.550 82	−1.551 92	−0.034 55
GZ2002	0.109 79	−0.060 11	−0.451 26	−0.742 46	−0.974 76	−0.195 92	−0.837 76	−0.132 86
GZ2003	0.393 43	0.513 33	−0.258 55	−0.583 76	−0.707 63	0.097 17	−1.241 91	−0.165 64
GZ2004	0.001 9	0.926 85	−0.192 56	−0.391 13	−0.482 16	0.344 06	−1.022 25	−0.231 18
GZ2005	−0.107 18	0.451 68	−0.179 99	−0.189 21	−0.300 92	−0.101 06	0.276 74	−0.231 18
GZ2006	−0.093 58	0.534 48	−0.096 2	0.031 29	−0.216 41	−0.285 34	−0.077 96	−0.329 49
GZ2007	−0.396 72	0.676 13	0.178 21	0.449 34	0.133 59	−0.072 27	−0.150 24	−0.460 58
GZ2008	−0.232 67	1.039 66	0.101 75	0.812 9	0.282 07	−0.292 83	−0.121 71	−0.558 9
GZ2009	−0.075 22	1.282 22	0.487 18	1.050 28	0.325 62	−0.068 63	1.263 81	−0.657 21
GZ2010	0.528 74	1.336 47	0.988 88	1.717 98	0.633 7	0.054 09	1.656 55	−0.755 52
GZ2011	0.811 04	1.492 67	1.463 34	2.240 46	0.702 71	0.188 08	2.658 84	−1.050 47

4.5 析取主成分

主成分指的是在所有的评价指标中部分能解释绝大部分结果的指标变量的特殊线性组合，各主成分之间互不相关，即第一主成分是样本变量的线性组合中方差最大的部分变量的线性组合，而第二主成分是与第一主成分相关性较低，且具有第二大方差的部分变量的线性组合，第三、第四等主成分依此类推。根据被选取主成分的特征值大于 1，且对方差解释的累计贡献百分比大于 80% 的原则，以主成分分析法的结果确定主成分的个数。

在 KMO and Bartlett 检验（表 4-2）中，KMO 统计量为 0.814，Bartlett 球体检验值为 4354.044，卡方统计值的显著性水平接近于 0，均表示原变量适合进行主成分分析。

表 4-2　KMO and Bartlett's Test

Kaiser-Meyer-Olkin Measure of Sampling Adequacy.		0.814
Bartlett's Test of Sphericity	Approx. Chi-Square	4354.044
	df	325
	Sig.	0.000

　　表 4-3 为总方差解释表。此外，根据成分被提取的顺序，画出碎石图（图 4-1），直观展示成分的特征值随成分个数变化的情况。可以看出，自第 1 个成分开始，曲线迅速下降；自第 6 个成分开始，曲线变得较为平缓。也就是说，前 6 个成分已经对原变量有较高程度的解释作用，能较为显著地刻画原变量所包含的信息，而自第 7 个成分开始往后的成分则相对较为无关紧要。对比总方差解释表，可知前 6 个成分共解释了原变量总方差的 83.117%，在一定程度上反映了原变量的信息，主成分分析效果理想。

表 4-3　总方差解释表

Compoent	Initial Eigenvalues			Extraction Sums of Squared Loadings			Rotation Sums of Squared Loadings		
	Total	% of Variance	Cumulative %	Total	% of Variance	Cumulative %	Total	% of Variance	Cumulative %
1	13.154	50.591	50.591	13.154	50.591	50.591	5.419	20.842	20.842
2	2.970	11.424	62.015	2.970	11.424	62.015	5.229	20.112	40.955
3	1.690	6.501	68.517	1.690	6.501	68.517	4.288	16.492	57.446
4	1.580	6.079	74.595	1.580	6.079	74.595	3.462	13.317	70.763
5	1.186	4.563	79.159	1.186	4.563	79.159	1.646	6.331	77.095
6	1.029	3.958	83.117	1.029	3.958	83.117	1.566	6.022	83.117
7	0.861	3.311	86.427						
8	0.764	2.937	89.364						
9	0.626	2.408	91.772						
10	0.488	1.876	93.648						
11	0.312	1.200	94.848						
12	0.261	1.003	95.850						
13	0.235	0.903	96.753						
14	0.173	0.666	97.419						
15	0.171	0.658	98.077						
16	0.118	0.454	98.530						
17	0.101	0.388	98.918						
18	0.081	0.313	99.231						
19	0.062	0.238	99.469						
20	0.045	0.172	99.641						

Compoent	Initial Eigenvalues			Extraction Sums of Squared Loadings			Rotation Sums of Squared Loadings		
	Total	% of Variance	Cumulative %	Total	% of Variance	Cumulative %	Total	% of Variance	Cumulative %
21	0.031	0.119	99.760						
22	0.022	0.085	99.844						
23	0.019	0.072	99.916						
24	0.014	0.052	99.968						
25	0.006	0.021	99.990						
26	0.003	0.010	100.000						

Extraction Method: Principal Component Analysis

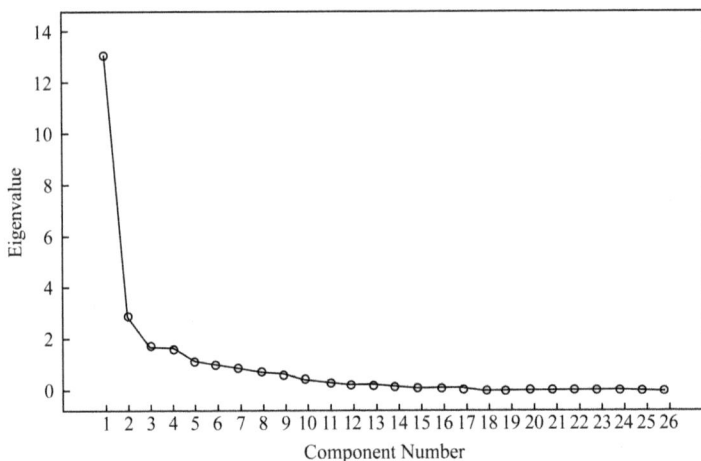

图 4-1　碎石图

4.6　对主成分进行命名解释

我们使用方差最大法对因子载荷矩阵进行正交旋转，使主成分具有命名解释性。按照第一因子载荷降序输出正交旋转后的因子载荷，得出方差最大化后的因子载荷矩阵（表4-4）。为了更直观地展示各主成分中所包含的因子，所有因子已改为中文表达。

表 4-4　正交旋转因子载荷矩阵 [a]

项目	Component					
	1	2	3	4	5	6
Zscore(科技经费投入占 GDP 比例)	**0.9035**	0.2414	0.0009	−0.0921	0.1044	0.0820
Zscore(R&D 经费占 GDP 比例)	**0.8204**	0.3578	0.2165	0.0708	0.1059	0.0792
Zscore(失业保险覆盖人口比率)	**0.7287**	0.1737	0.3871	0.1794	0.0454	0.1493
Zscore(每 100 户居民个人计算机拥有量)	**0.7013**	0.2950	0.1900	0.5370	−0.0528	0.1049
Zscore(每万名劳动力中科技活动人员数)	**0.6913**	0.4006	0.2175	0.2408	0.2812	0.3110
Zscore(工业新产品产值率)	**0.5803**	0.0388	0.5053	0.1715	0.1107	−0.1859
Zscore(每 100 名居民互联网用户数)	**0.5694**	0.4965	−0.0357	0.3872	0.2685	−0.0420
Zscore(每万名劳动力中 R&D 人员数)	**0.4866**	0.3745	0.4505	0.3349	0.3895	0.1121
Zscore(本市国民生产总值)	0.3077	**0.8635**	0.2422	0.2174	0.0805	0.1415
Zscore(地方财政教育经费)	0.4096	**0.8487**	0.1742	0.0210	0.0011	−0.0304
Zscore(高新技术企业数)	0.2143	**0.7732**	0.2886	0.2465	0.2176	−0.0414
Zscore(地方财政科技拨款)	0.4997	**0.7110**	0.3035	0.1199	0.2088	−0.0756
Zscore(高新技术产业产值)	0.2294	**0.6754**	0.3102	0.5246	0.2096	0.1284
Zscore(高校数量)	0.5159	**0.5415**	−0.3562	−0.0441	0.2399	0.4241
Zscore(每百万人拥有专利授权量)	0.1091	0.2167	**0.8509**	0.1898	0.1163	0.0848
Zscore(基本养老保险覆盖人口比率)	0.3232	0.1083	**0.7797**	0.2117	−0.0279	−0.1462
Zscore(规模以上工业企业办科技机构)	−0.1216	0.5117	**0.7051**	0.0552	0.2956	0.0009
Zscore(万元 GDP 综合耗能)	−0.2188	−0.1539	**−0.6148**	−0.2959	0.3731	−0.2945
Zscore(高新技术产业产值占 GDP 比例)	−0.0537	−0.1079	0.1232	**0.8180**	0.3174	0.0814
Zscore(人均 GDP)	0.2359	0.3008	0.5609	**0.6371**	0.1309	0.2786
Zscore(居民家庭教育文化娱乐服务支出)	0.2465	0.4807	0.2162	**0.6320**	−0.0935	0.2535
Zscore(医疗保险覆盖人口比率)	0.2286	0.1813	0.5324	**0.6225**	−0.0998	−0.1149
Zscore(高技术产品出口占出口总额的比例)	0.0648	0.3693	0.1445	**0.5422**	−0.0362	−0.1276
Zscore(每百人公共图书馆藏书)	0.3580	0.3967	−0.0526	0.2002	**0.6392**	−0.0590
Zscore(财政科技拨款占财政支出的比例)	0.3965	0.2319	0.4116	0.0876	**0.5638**	0.1481
Zscore(每万人高校在校生数)	0.1195	−0.0204	0.0205	0.0608	0.0006	**0.9112**

Extraction Method: Principal Component Analysis. Rotation Method: Varimax with Kaiser Normalization

a. Rotation converged in 8 iterations

第一主成分定义为创新投入成分。观察旋转后的因子载荷矩阵，可以得出第一主成分由科技经费投入占 GDP 比例、R&D 经费占 GDP 比例、失业保险覆盖人口比率、每 100 户居民个人计算机拥有量、每万名劳动力中科技活动人员数、工业新产品产值率、每 100 名居民互联网用户数、每万名劳动力中 R&D 人员数组成，其作用在第一主成分上的载荷分别为 0.9035、0.8204、0.7287、0.7013、0.6913、0.5803、0.5694、0.4866。在上述指标中，科技经费投入占 GDP 比例、R&D 经费占 GDP 比例反映了社会对科技与研发的投入和支持程度；每万名劳动力中科技活动人员数、每万名劳动力中 R&D 人员数反映知识创新投入的能力；工业新产品产值率能较全面地代表当前发展状态下社会的创新氛围和科技成果的商业化水平；失业保险覆盖人口比率、每 100 户居民个人计算机拥有量、每 100 名居民互联网用户数反映了有利于城市创新的社会信息化水平和生活环境。这些指标都是从一定程度上影响和制约着城市创新能力的进一步挖掘和充分发挥的因素，因此可以将第一主成分定义为创新投入成分。

第二主成分定义为创新技术成分。可以得出第二主成分由本市国民生产总值、地方财政教育经费、高新技术企业数、地方财政科技拨款、高新技术产业产值、高校数量等组成，其作用在第二主成分上的载荷分别为 0.8635、0.8487、0.7732、0.7110、0.6754、0.5415。在上述指标中，本市国民生产总值反映了城市经济发展水平；高新技术企业数、高新技术企业产值反映了作为城市创新重要支撑的创新行业产业发展情况；高校数量体现了地区培养具有创新意识的高级技术人才和知识分子的潜力；地方财政教育经费和地方财政科技拨款反映政府对教育和科技发展的支持。这些指标都深刻影响着城市向创新型城市转型的历程和步伐，但由于地方财政科技拨款、高校数量等指标反映和体现的内容与第一主成分相似，为突出高新技术企业数、高新技术企业产值等指标在第二主成分中的作用，同时区别于第一主成分，因此可以将第二主成分定义为创新技术成分。

第三主成分定义为创新支撑成分。可以得出第三主成分由每百万人拥有专利授权量、基本养老保险覆盖人口比率、规模以上工业企业办科技机构、万元 GDP 综合耗能等组成，其作用在第三主成分上的载荷分别为 0.8509、0.7797、0.7051、–0.6148。在上述指标中，每百万人拥有专利授权量反映了知识创新的产出能力；基本养老保险覆盖人口比率主要反映了社会保障的普及程度；万元 GDP 综合耗能反映了城市人民生活水平以及经济增长方式的变化，随着城市创新水平提高，经济产业结构进一步改善，生产方式由粗放型向效率集约型转变，因此城市创新水平越高，每单位耗能的产出水平越高，万元 GDP 的综合耗能越低，创新水平与万元 GDP 综合耗能呈现负相关关系；规模以上工业企业办科技机构体现了企业对科技发展的重视和投入程度。由于城市的创新发展必然要建立在一定的经济水平、自然资源、社会保障、科技发展程度之上，因此可以将第三主成分定义为创新支撑成分。

　　第四主成分定义为创新产出成分。可以得出第四主成分由高新技术产业产值占 GDP 比例、人均 GDP、居民家庭教育文化娱乐服务支出、医疗保险覆盖人口比率、高技术产品出口占出口总额的比例组成，其作用在第四主成分上的载荷分别为 0.8180、0.6371、0.6320、0.6225、0.5422。在上述指标中，居民家庭教育文化娱乐服务支出反映了社会对于文化创新的投入，与医疗保险覆盖人口比例、人均 GDP 相结合体现了经济社会发展水平，创新型城市必然是建立在一定的经济社会发展水平基础上的，并反过来进一步支持和带动社会的发展；高新技术产业产值占 GDP 比例反映了作为城市创新重要支撑的高新区的发展情况，衡量了城市当前的创新产出水平；高新技术产业产值出口占出口总额的比例反映了城市高新技术产品的国际竞争力，随着拥有自主知识产权的高新技术产品的输出，创新的成果对其他地区和国家的创新起到示范和推动作用。为突出高新技术产业产值占 GDP 比例和高新技术产业产值出口占出口总额的比例两个指标的作用，因此可以将第四主成分定义为创新产出成分。

　　第五主成分定义为政府资源成分。可以得出第五主成分由每百人公共图书馆藏书、财政科技拨款占财政支出的比例组成，其作用在第五主成分上的载荷分别为 0.6392、0.5638。在上述指标中，财政科技拨款占财政支出的比例体现了政府对城市科技发展的支持程度；每百人公共图书馆藏书则体现了政府对创造全民文化学习的氛围、提高民众素质所作出的努力。这两个指标都体现了政府对社会知识、科技进步的重视和投入水平，因此可以将第五主成分定义为政府资源成分。

　　第六主成分定义为创新潜力成分。可以得出第六主成分由每万人高校在校生数决定，其作用在第六主成分上的载荷为 0.9112。每万人高校在校生数量体现了社会创新人才的储备，社会创新后备军越庞大对于城市的创新型发展越有利。人才是社会进步最重要的资源，高端人才的孵育，新生力量的培养深刻地影响着民族的继承发展、社会创新的潜力发挥，因此可以将第六主成分定义为创新潜力成分。

4.7　各城市各主成分得分

　　用正交旋转因子载荷矩阵（表 4-4）中各因子的载荷除以各主成分对应的特征值的平方根，即可得到各因子在各主成分中的权重，即

$$\text{Weight of Factor} = \text{Rotated Component} / \sqrt{\text{Initial Eigenvalues}}$$

　　各主成分的得分为各因子在各主成分中的权重乘以各因子标准化后的数值，即

$$F_i = \sum \text{weight of Factor}_i \times ZX$$

　　由于主成分得分有正有负，为了更直观地展示各城市的主成分得分之间的关系，运用一定的数学方法将各项得分进行变换，即各项得分都加上一个相同的数，将其最小值变为15，然后将变换后的得分中的最大值变为100，其他得分也扩大相同的倍数，由此分别得到各主成分最终得分，如表4-5所示。

表4-5　转换后创新型城市各主成分得分

主成分	年份										
	2001	2002	2003	2004	2005	2006	2007	2008	2009	2010	2011
SH1	66.48	67.74	68.83	70.99	74.22	75.81	77.30	77.71	80.87	83.04	86.98
SH2	65.89	67.69	70.12	73.48	77.21	79.58	83.14	84.18	89.72	93.24	96.96
SH3	63.40	64.23	66.30	67.56	70.59	72.10	74.46	75.32	80.84	81.97	85.22
SH4	62.69	64.48	67.88	71.03	73.70	74.00	76.63	77.24	79.85	82.90	85.72
SH5	69.42	70.01	70.97	72.44	75.99	76.20	77.39	76.90	80.52	81.15	80.81
SH6	63.43	64.25	65.34	66.89	67.50	67.78	69.03	69.69	70.86	71.56	71.81
CQ1	52.19	52.65	53.16	54.00	54.31	55.10	55.98	57.02	58.02	59.45	61.77
CQ2	53.07	53.94	55.01	55.81	56.29	57.27	58.59	58.84	59.94	62.14	65.70
CQ3	51.80	52.45	53.06	54.69	54.74	55.43	56.44	57.27	58.57	60.31	62.82
CQ4	49.15	50.31	51.84	53.11	53.36	53.65	54.47	54.33	54.71	56.75	59.81
CQ5	56.87	56.85	57.16	57.65	58.08	58.35	58.37	57.68	58.08	58.37	59.65
CQ6	58.63	58.81	58.98	59.12	59.21	59.60	59.86	61.02	61.68	62.33	63.66
XM1	56.48	59.64	60.97	60.29	61.69	61.65	65.23	66.29	68.42	71.14	75.01
XM2	53.46	56.07	56.99	56.58	57.54	58.08	60.78	60.84	62.07	64.35	66.79
XM3	59.95	63.42	64.47	61.74	62.69	63.43	66.67	68.05	69.62	73.16	77.24
XM4	55.46	59.74	62.19	60.91	62.73	63.30	66.08	66.37	67.20	70.10	73.51
XM5	57.28	58.41	56.16	56.35	57.02	58.04	61.52	61.80	62.87	64.06	66.01
XM6	56.49	58.56	58.45	60.90	61.93	62.95	64.88	65.44	66.81	67.55	67.82
GZ1	60.09	62.44	64.53	65.87	66.76	68.10	70.93	71.99	75.34	77.17	80.01
GZ2	58.17	60.35	62.21	63.59	65.47	66.92	70.14	72.12	75.85	78.62	82.44
GZ3	57.92	59.43	61.09	62.56	63.49	64.92	67.68	68.69	73.49	75.73	79.08
GZ4	55.71	58.95	61.46	63.67	65.94	67.72	70.85	72.83	77.75	81.38	85.27
GZ5	61.85	63.21	63.97	64.22	65.42	66.22	68.12	68.78	69.90	70.59	72.04
GZ6	66.47	67.50	69.32	71.28	73.28	75.20	78.30	79.43	80.38	81.66	83.47
HZ1	54.08	54.81	58.56	56.64	58.18	60.61	62.08	64.94	66.90	70.17	73.71
HZ2	54.40	55.34	59.92	58.35	60.43	62.80	64.56	65.45	68.37	70.69	73.22
HZ3	54.31	55.43	56.01	58.20	60.17	63.34	66.28	69.51	73.92	77.69	81.19
HZ4	51.73	53.06	56.30	56.52	59.29	63.06	64.40	64.16	65.58	67.80	71.10

主成分	年份										
	2001	2002	2003	2004	2005	2006	2007	2008	2009	2010	2011
HZ5	59.92	60.05	69.87	61.19	62.19	63.79	65.26	67.57	69.54	71.01	72.15
HZ6	61.72	63.07	63.46	65.27	65.91	66.05	67.04	68.58	69.28	70.12	71.38
NB1	52.05	52.72	53.96	55.17	56.89	58.27	60.06	63.33	65.50	67.03	69.60
NB2	53.13	53.59	54.87	56.17	57.60	58.80	61.17	62.92	65.46	67.15	69.66
NB3	57.01	57.49	58.20	59.57	60.35	62.49	65.16	69.50	73.43	76.69	80.87
NB4	53.47	54.58	56.92	59.16	60.14	60.84	63.14	66.19	68.37	70.67	73.57
NB5	56.39	56.61	57.84	59.12	60.13	60.28	62.58	62.88	64.38	65.33	66.82
NB6	61.18	61.78	62.25	62.95	62.63	63.60	64.17	64.99	65.95	66.51	67.36
SY1	53.76	54.97	56.06	56.34	57.34	57.97	59.51	60.53	62.20	63.48	64.67
SY2	53.25	54.21	55.32	55.83	56.77	57.53	59.48	60.02	61.97	63.50	65.27
SY3	53.54	54.79	55.72	56.78	58.11	59.06	61.30	62.45	63.72	64.88	66.41
SY4	53.13	55.46	57.26	58.56	58.98	60.48	63.96	65.49	67.75	69.67	71.20
SY5	61.63	62.30	62.26	62.15	61.78	62.17	63.16	63.88	64.77	65.25	66.07
SY6	59.49	60.35	63.44	64.37	65.43	66.01	66.85	67.95	69.13	69.85	70.99
NJ1	54.97	57.07	58.78	60.39	61.41	62.91	63.71	64.07	68.46	69.82	72.12
NJ2	55.90	56.72	57.87	59.07	61.11	62.62	63.54	64.70	68.41	70.25	72.90
NJ3	52.38	54.00	55.31	57.33	58.54	60.40	61.30	62.42	65.55	67.88	70.25
NJ4	55.58	56.93	58.74	60.42	63.74	66.97	68.61	68.97	70.43	73.97	76.69
NJ5	64.40	64.80	65.28	65.85	66.06	68.36	67.60	67.98	71.62	72.31	73.74
NJ6	57.40	57.52	58.02	59.29	61.09	62.92	64.16	64.73	67.14	68.58	69.59
BJ1	70.54	73.39	77.70	80.54	83.92	84.78	89.16	90.18	92.69	96.61	99.44
BJ2	65.84	67.69	70.95	74.53	77.50	78.79	82.31	84.03	88.42	94.20	98.43
BJ3	61.05	62.59	65.37	68.05	70.26	71.28	75.97	77.30	79.84	84.08	87.39
BJ4	60.24	62.79	64.93	67.75	70.89	73.35	76.87	77.48	80.42	83.27	86.08
BJ5	69.60	69.79	74.31	76.15	77.82	74.94	77.15	77.39	79.00	80.71	82.34
BJ6	66.72	68.00	70.42	71.48	73.50	73.37	73.44	73.73	74.47	74.72	76.11
SZ1	56.76	57.49	59.16	61.28	61.40	64.64	69.17	72.86	74.90	81.59	87.04
SZ2	58.27	59.98	61.56	63.42	63.64	68.05	72.57	73.83	78.87	84.37	89.87
SZ3	60.76	61.50	63.19	65.97	68.33	71.52	77.26	81.31	85.40	93.23	100.00
SZ4	62.09	64.41	67.12	70.06	71.19	74.89	78.01	80.56	82.75	87.60	92.19
SZ5	55.18	55.82	56.91	58.00	59.43	64.10	70.38	71.95	75.70	80.70	86.28
SZ6	59.98	61.13	61.43	61.99	62.12	63.72	65.08	65.59	66.00	66.38	66.66

注：其中 GZ1 为广州的第一主成分的得分，依此类推

4.8 各城市创新能力得分

主成分分析法通过求协方差矩阵或相关系数矩阵的特征值，在最大限度保留原始信息的情况下，以指定的贡献率为依据，从原始指标体系中抽取部分互不相关的主因子，达到优化、简化评价体系的目的，再通过以每个被抽取出来的主成分的方差贡献率作为权重，构建出综合评价函数，最后根据综合评价函数来对创新型城市进行评分。创新型城市创新能力得分由各主成分的权重乘以得分，为保证评分结果更为合理，以各主成分正交旋转后的方差贡献率作为其权重，即

$$\text{Innovative City Score} = \sum \% \text{ of variance,Rotation Sums of Squared Loadings} \times F$$
$$= 0.208\,423F_1 + 0.201\,122F_2 + 0.164\,915F_3 + 0.133\,172F_4$$
$$+0.063\,314F_5 + 0.060\,222F_6$$

与各城市各主成分得分一样，创新能力得分有正有负，故作相似处理，计算结果如表 4-6 所示。

表 4-6　转换后创新型城市创新能力得分

城市	年份										
	2001	2002	2003	2004	2005	2006	2007	2008	2009	2010	2011
上海	72.95	74.28	76.29	78.66	81.78	83.16	85.51	86.15	90.24	92.49	95.52
重庆	60.25	60.92	61.72	62.72	63.00	63.69	64.60	65.10	66.03	67.70	70.37
厦门	64.00	67.09	68.08	67.24	68.45	68.97	72.08	72.75	74.24	76.83	79.97
广州	66.80	68.96	70.89	72.39	73.88	75.36	78.33	79.75	83.45	85.80	89.02
杭州	62.46	63.43	66.95	66.01	67.89	70.49	72.30	74.16	76.71	79.41	82.37
宁波	62.14	62.77	64.05	65.48	66.64	67.92	70.10	72.82	75.34	77.30	80.07
沈阳	62.13	63.43	64.69	65.37	66.24	67.10	69.13	70.15	71.84	73.18	74.63
南京	63.32	64.65	66.00	67.53	69.23	71.20	72.11	72.85	76.22	78.23	80.58
北京	73.35	75.37	78.72	81.55	84.38	85.30	88.98	90.08	92.98	96.87	100.00
深圳	66.59	67.87	69.57	71.74	72.61	76.25	80.78	83.43	86.70	92.55	97.88

第5章 城市创新能力比较与主成分比较

5.1 城市创新能力排名

根据表 4-6 中的转换后各城市创新型城市创新能力得分，整理出创新型城市创新能力排名，如表 5-1 所示。

表 5-1 创新型城市创新能力排名

城市	2001 年		2002 年		2003 年		2004 年		2005 年		2006 年	
	得分	排名	得分	排名	得分	排名	得分	排名	得分	排名	得分	排名
上海	53.544	1	54.308	1	55.692	2	57.172	2	58.992	2	59.863	2
重庆	46.081	10	46.653	10	47.215	10	47.871	10	48.024	10	48.384	10
厦门	48.253	5	50.329	4	50.925	5	50.089	5	50.856	6	51.173	7
广州	49.025	4	50.126	5	51.168	4	52.099	4	53.079	4	53.987	4
杭州	46.987	9	47.596	8	49.621	6	49.327	7	50.594	7	52.302	5
宁波	47.019	7	47.396	9	48.068	9	48.977	8	49.59	8	50.629	8
沈阳	46.997	8	47.791	7	48.411	8	48.765	9	49.148	9	49.595	9
南京	47.349	6	47.99	6	48.693	7	49.685	6	51.021	5	52.206	6
北京	52.938	2	54.134	2	56.104	1	57.929	1	59.546	1	60.176	1
深圳	50.413	3	51.217	3	52.279	3	53.735	3	54.575	3	56.947	3

城市	2007 年		2008 年		2009 年		2010 年		2011 年	
	得分	排名	得分	排名	得分	排名	得分	排名	得分	排名
上海	61.504	2	61.98	2	64.77	1	66.192	3	68.28	3
重庆	49.058	10	49.303	10	49.837	10	51.023	10	52.716	10
厦门	53.022	6	53.468	8	54.273	8	56.073	8	58.053	8
广州	55.773	4	56.684	4	59.3	4	60.728	4	62.82	4
杭州	53.486	5	54.393	5	56.13	5	57.795	5	59.562	5
宁波	51.925	8	54.026	6	55.686	6	56.978	6	58.835	6
沈阳	50.884	9	51.431	9	52.443	9	53.199	9	54.137	9
南京	52.858	7	53.487	7	55.317	7	56.62	7	58.104	7
北京	62.088	1	62.801	1	64.695	2	67.419	1	69.455	2
深圳	59.754	3	61.222	3	63.681	3	67.343	2	70.726	1

观察表 5-1 可以发现，10 个城市的创新能力存在着明显的差异，部分城市的创新能力排名也随着发展发生变化。依据城市创新能力的强弱，10 个城市大致上

可以划分为 3 个集团。

第一集团：北京、上海、深圳。这 3 个城市的创新能力在 2001～2011 年一直位于这 10 个城市中的前端，属于创新能力较强的城市。

第二集团：广州、厦门、杭州、宁波、南京。这 5 个城市的创新能力在 2001～2011 年基本上都位于这 10 个城市的中游，属于有一定创新能力的城市。

第三集团：重庆、沈阳。这 2 个城市的创新能力在 2001～2011 年基本上都位于这 10 个城市的末位，属于创新能力较弱的城市。

北京、上海、深圳的创新型城市实现程度较高。北京作为我国的政治中心、科学中心、文化中心，其科技资源较为密集，研发实力较为雄厚，原始创新能力较强；深圳在改革开放以后较为重视在技术、产业创新领域的投入，技术创新能力较强，高新技术产业已经成为深圳的支柱产业，集中体现为"4 个 90%"：90%以上研发人员集中在企业、90%以上研发资金来源于企业、90%以上研发机构设立在企业、90%以上研发发明专利出自于企业，基本形成了以企业为创新主体的自主创新体系；上海实施"科教兴市"战略，以此推动城市创新，凭借人才、科技、服务三大资源，基本建立了以人才高地为支撑的城市创新体系，成为国内重要的创新中心、知识扩散中心、服务创新中心。从总体上说，这 3 个城市在创新型城市创新能力的各个方面都具有较强优势。

广州、厦门、杭州、宁波、南京均具有一定的创新能力，具备建设创新型城市的基础，但在某些领域存在薄弱之处，因此需要在制定创新型城市发展战略时有所侧重。广州是第二集团中最有希望也最具有能力加入第一集团的城市，其各成分排名大部分都紧随北京、上海、深圳之后，在提升科技经费投入、吸引和培养科技人才之余，更应进一步增加工业企业办科技机构数量、提高财政科技拨款占财政支出的比例；厦门应实行有效的高新技术企业优惠政策，把产业结构逐渐调整为以高新技术为重心，实现经济增长方式的优化，同时加大教育经费的投入，提高城市未来发展能力；杭州应建立实施关于高技术产品出口的保护措施，提高当地高技术产品的竞争力，提高高技术产品占出口总额的比例；南京应对获得专利授权的单位或个人实行奖励，以提高事业单位、科技企业、科学研究者的研发力度；宁波制定鼓励引进科技人才的相关政策，鼓励更多高技术人才入户。

重庆、沈阳的创新能力在这 10 个城市中相对较弱，创新型城市实现程度相对较低，其创新环境、技术、支撑、资源的基础均相对薄弱。因此，更需要在建设创新型城市的过程中，针对创新能力的薄弱环节，实施更有效的战略措施，充分利用城市资源，培养城市创新文化，激发城市创新活力，以提高城市的综合创新水平。

5.2　城市创新投入排名

根据表 4-5 中的转换后各城市创新型城市各主成分得分，整理出创新型城市创新投入排名，如表 5-2 所示。

在创新投入方面，除了 2011 年以外，北京、上海稳居第一名、第二名；深圳经过 10 年的发展，从 2001 年的第四名上升到 2011 年的第二名，超越了广州、上海这两个城市。北京作为我国首都，一直以来都在当地企业对接中央科技经费方面具有优势。以 2012 年为例，全年在京单位承担国家"863 计划"项目（课题）569 项，占全国总量的 34.84%，涉及中央经费 18.28 亿元，占全国总量的 35.74%；承担国家"973 计划"项目（课题）1140 项，占全国总量的 38.29%，涉及中央经费 15.99 亿元，占全国总量的 39.98%；承担国家科技支撑计划项目（课题）956 项，占全国总量的 34.48%，涉及中央经费 24.85 亿元，占全国总量的 38.67%。北京承担项目（课题）数量、获得资金量均居全国首位。此外，北京实行的科技新产品认定管理办法对新产品的研发也有一定刺激作用：经认定的科技新产品在中间试验过程中，可申请使用科技经费；经认定的科技新产品在小批量生产过程中，可申请使用科技发展专项资金，并予以优先审批；经认定的科技新产品符合各类科技计划条件的，优先列入科技计划，优先使用科技贷款。

表 5-2　创新型城市创新投入排名

城市	2001 年		2002 年		2003 年		2004 年		2005 年		2006 年	
	得分	排名	得分	排名	得分	排名	得分	排名	得分	排名	得分	排名
上海	66.48	2	67.74	2	68.83	2	70.99	2	74.22	2	75.81	2
重庆	52.19	9	52.65	10	53.16	10	54.00	10	54.31	10	55.10	10
厦门	56.48	5	59.64	4	60.97	4	60.29	6	61.69	4	61.65	6
广州	60.09	3	62.44	3	64.53	3	65.87	3	66.76	3	68.10	3
杭州	54.08	7	54.81	8	58.56	7	56.64	7	58.18	7	60.61	7
宁波	52.05	10	52.72	9	53.96	9	55.17	9	56.89	9	58.27	8
沈阳	53.76	8	54.97	7	56.06	8	56.34	8	57.34	8	57.97	9
南京	54.97	6	57.07	6	58.78	6	60.39	5	61.41	5	62.91	5
北京	70.54	1	73.39	1	77.70	1	80.54	1	83.92	1	84.78	1
深圳	56.76	4	57.49	5	59.16	5	61.28	4	61.40	6	64.64	4

城市	2007 年		2008 年		2009 年		2010 年		2011 年	
	得分	排名	得分	排名	得分	排名	得分	排名	得分	排名
上海	77.30	2	77.71	2	80.87	2	83.04	2	86.98	3
重庆	55.98	10	57.02	10	58.02	10	59.45	10	61.77	10
厦门	65.23	5	66.29	5	68.42	6	71.14	5	75.01	5

城市	2007 年		2008 年		2009 年		2010 年		2011 年	
	得分	排名	得分	排名	得分	排名	得分	排名	得分	排名
广州	70.93	3	71.99	4	75.34	3	77.17	4	80.01	4
杭州	62.08	7	64.94	6	66.90	7	70.17	6	73.71	6
宁波	60.06	8	63.33	8	65.50	8	67.03	8	69.60	8
沈阳	59.51	9	60.53	9	62.20	9	63.48	9	64.67	9
南京	63.71	6	64.07	7	68.46	5	69.82	7	72.12	7
北京	89.16	1	90.18	1	92.69	1	96.61	1	99.44	1
深圳	69.17	4	72.86	3	74.90	4	81.59	3	87.04	2

上海在科研人员的引进与培养方面具有一定优势。上海以系统集成的方式，建立科技人才选拔培养体系，自 2003 年以来陆续推出以年轻科研人员为主要对象的"青年科技启明星计划""启明星跟踪培养计划"；以中青年科技人员为主要对象的"上海市优秀学科带头人计划"；以吸引境内外优秀人才来沪开展科技合作，支持上海市优秀科技人才参与国际合作交流为主的"白玉兰科技人才基金计划"；与市人事局共同推出以资助留学回国人员研发、创业为主的"浦江人才计划"等。

深圳在科研经费方面作出较大努力。深圳的自主创新体系以企业为主体，在 2004 年以前财政对科技投入相对不高。为此，深圳市政府从 2006 年开始着手建立财政对科技投入的稳定增长机制，引导和促进企业以及其他社会资金投入科技创新活动，推动全社会科技创新经费持续稳步增长。例如，设立创业投资"母基金"，即"基金的基金"，指政府不直接对项目进行投资，而是发起或者参与设立创业投资基金，投资于预期良好的科技项目或者属于鼓励发展范围的初创科技企业，这也是国外促进科技创新的重要金融政策之一。

广州在早期的投入方面位于深圳之前，如本样本中 2001～2007 年的投入水平都位于第三位，仅仅落后于北京和上海，但从 2008 年就开始出现了被深圳赶超的态势，当前处于第四的位置。深圳近年的投入势头迅猛，根据上面的测算，在创新投入得分上，2011 年甚至已经超过了上海，位居第二，仅次于北京。

5.3　城市创新技术排名

根据表 4-5 中的转换后各城市创新型城市各主成分得分，整理出创新型城市创新技术排名，如表 5-3 所示。

在创新技术领域，北京、上海依然领先，虽然第一名的位置在 2006～2009 年被上海占据，但在最近两年则是北京重新回到榜首。

表 5-3　创新型城市创新技术排名

城市	2001 年		2002 年		2003 年		2004 年		2005 年		2006 年	
	得分	排名	得分	排名	得分	排名	得分	排名	得分	排名	得分	排名
上海	65.89	1	67.69	2	70.12	2	73.48	2	77.21	2	79.58	1
重庆	53.07	10	53.94	9	55.01	9	55.81	10	56.29	10	57.27	10
厦门	53.46	7	56.07	6	56.99	7	56.58	7	57.54	8	58.08	8
广州	58.17	4	60.35	3	62.21	3	63.59	3	65.47	3	66.92	4
杭州	54.40	6	55.34	7	59.92	5	58.35	6	60.43	6	62.80	5
宁波	53.13	9	53.59	10	54.87	10	56.17	8	57.60	7	58.80	7
沈阳	53.25	8	54.21	8	55.32	8	55.83	9	56.77	9	57.53	9
南京	55.90	5	56.72	5	57.87	6	59.07	5	61.11	5	62.62	6
北京	65.84	2	67.69	1	70.95	1	74.53	1	77.50	1	78.79	2
深圳	58.27	3	59.98	4	61.56	4	63.42	4	63.64	4	68.05	3

城市	2007 年		2008 年		2009 年		2010 年		2011 年	
	得分	排名	得分	排名	得分	排名	得分	排名	得分	排名
上海	83.14	1	84.18	1	89.72	1	93.24	2	86.98	2
重庆	58.59	10	58.84	10	59.94	10	62.14	10	61.77	9
厦门	60.78	8	60.84	8	62.07	8	64.35	8	75.01	8
广州	70.14	4	72.12	4	75.85	4	78.62	4	80.01	4
杭州	64.56	5	65.45	5	68.37	6	70.69	5	73.71	5
宁波	61.17	7	62.92	7	65.46	7	67.15	7	69.60	7
沈阳	59.48	9	60.02	9	61.97	9	63.50	9	64.67	10
南京	63.54	6	64.70	6	68.41	5	70.25	6	72.12	6
北京	82.31	2	84.03	2	88.42	2	94.20	1	99.44	1
深圳	72.57	3	73.83	3	78.87	3	84.37	3	87.04	3

北京拥有中关村这一高科技产业中心，在高新技术企业产值、高新技术企业数量方面占有较大优势。中关村是中国第一个国家级高新技术产业开发区，第一个国家自主创新示范区，第一个国家级人才特区，被誉为"中国的硅谷"。经过 20 多年的发展，中关村建立了以企业为主体、政产学研用相结合的开放式自主创新模式。"十一五"期间，中关村全面开展体制创新、技术创新、组织创新、模式创新和文化创新，大力推进创新创业和高新技术产业发展。2010 年，中关村企业总收入 1.59 万亿元，比 2005 年增长 2.3 倍，占国家高新区的七分之一；技术合同成交额 1579.5 亿元，约占全国的 40%。国务院批复以来，中关村科学城、未来科技城、南北两个高新技术产业集聚区建设启动，有更多的高新技术企业进驻中关村，标志着中关村发展进入了新的阶段，也在较高程度上提升了北京的创新技术能力。

广州在 21 世纪的前 5 年基本能保持在第 3 的位置,仅次于北京和上海。但从 2006 年起被深圳赶超,之后均一直处于第 4 的位置。

5.4　城市创新支撑排名

根据表 4-5 中的转换后各城市创新型城市各主成分得分,整理出创新型城市创新支撑排名如表 5-4 所示。

在创新支撑领域,虽然北京、上海的得分也较高。但特别值得关注的是深圳,从 2001 年、2002 年的第三名、第四名上升到 2007 年的第一名,此后将第一名保持至 2011 年。广州在创新支撑领域的得分一直徘徊不前,甚至呈现下滑态势,样本后期一直徘徊在第五名和第六名的位置。2011 年广州的创新支撑得分位于第六位,低于杭州和宁波。

深圳创新支撑突出地表现在专利拥有和工业企业办科研机构等方面。深圳在"十五"期间,对引入外地科技机构、培养当地科技机构实行力度较大的优惠政策。如 2004 年,深圳着力于整合全市科技经费资源,提高资金使用效益,增强科研机构创新活力。深圳市科技三项费用、软件产业发展资金、留学人员创业资金等政府资金被整合为市科技发展资金,资金使用实行专家评审、政府决策,依照绩效原则、集中原则、放大原则、后评估原则,提高资金使用效率。整合后的科技经费重点支持企业的科研开发工作,85%以上的资金用于支持企业、科研机构的技术创新活动,重点支持技术先进、能形成自主知识产权、产业化前景良好的高新技术企业。对经认定的国家级和省市级技术研究开发机构,分别予以 500 万元和 300 万元资助,国家工程中心、国家重点实验室到深圳市设立分支机构,经认定予以 300 万元资助。此鼓励政策效果较好,到 2007 年,深圳的规模以上工业企业办科技机构已经比 2004 年增长一倍,到 2009 年再翻一倍,大大增强了深圳的创新技术能力。

表 5-4　创新型城市创新支撑得分排名

城市	2001 年		2002 年		2003 年		2004 年		2005 年		2006 年	
	得分	排名	得分	排名	得分	排名	得分	排名	得分	排名	得分	排名
上海	63.40	1	64.23	1	66.30	1	67.56	2	70.59	1	72.10	1
重庆	51.80	10	52.45	10	53.06	10	54.69	10	54.74	10	55.43	10
厦门	59.95	4	63.42	2	64.47	3	61.74	5	62.69	5	63.43	5
广州	57.92	5	59.43	5	61.09	5	62.56	4	63.49	4	64.92	4
杭州	54.31	7	55.43	7	56.01	7	58.20	7	60.17	7	63.34	6
宁波	57.01	6	57.49	6	58.20	6	59.57	6	60.35	6	62.49	7
沈阳	53.54	8	54.79	8	55.72	8	56.78	9	58.11	9	59.06	9

续表

城市	2001 年		2002 年		2003 年		2004 年		2005 年		2006 年	
	得分	排名	得分	排名	得分	排名	得分	排名	得分	排名	得分	排名
南京	52.38	9	54.00	9	55.31	9	57.33	8	58.54	8	60.40	8
北京	61.05	2	62.59	3	65.37	2	68.05	1	70.26	2	71.28	3
深圳	60.76	3	61.50	4	63.19	4	65.97	3	68.33	3	71.52	2

城市	2007 年		2008 年		2009 年		2010 年		2011 年	
	得分	排名	得分	排名	得分	排名	得分	排名	得分	排名
上海	74.46	3	75.32	3	80.84	2	81.97	3	85.22	3
重庆	56.44	10	57.27	10	58.57	10	60.31	10	62.82	10
厦门	66.67	5	68.05	7	69.62	7	73.16	7	77.24	7
广州	67.68	4	68.69	6	73.49	5	75.73	6	79.08	6
杭州	66.28	6	69.51	4	73.92	4	77.69	4	81.19	4
宁波	65.16	7	69.50	5	73.43	6	76.69	5	80.87	5
沈阳	61.30	8	62.45	8	63.72	9	64.88	9	66.41	9
南京	61.30	9	62.42	9	65.55	8	67.88	8	70.25	8
北京	75.97	2	77.30	2	79.84	3	84.08	2	87.39	2
深圳	77.26	1	81.31	1	85.40	1	93.23	1	100.00	1

5.5　城市创新产出排名

根据表 4-5 中的转换后各城市创新型城市各主成分得分，整理出创新型城市创新产出排名，如表 5-5 所示。

表 5-5　创新型城市创新产出排名

城市	2001 年		2002 年		2003 年		2004 年		2005 年		2006 年	
	得分	排名	得分	排名	得分	排名	得分	排名	得分	排名	得分	排名
上海	62.69	1	64.23	1	67.88	1	71.03	1	73.70	1	74.00	2
重庆	49.15	10	52.45	10	51.84	10	53.11	10	53.36	10	53.65	10
厦门	55.46	6	63.42	4	62.19	4	60.91	5	62.73	6	63.30	6
广州	55.71	4	59.43	5	61.46	5	63.67	4	65.94	4	67.72	4
杭州	51.73	9	55.43	9	56.30	9	56.52	9	59.29	8	63.06	7
宁波	53.47	7	57.49	8	56.92	8	59.16	7	60.14	7	60.84	8
沈阳	53.13	8	54.79	7	57.26	7	58.56	8	58.98	9	60.48	9
南京	55.58	5	54.00	6	58.74	6	60.42	6	63.74	5	66.97	5
北京	60.24	3	62.59	3	64.93	3	67.75	3	70.89	3	73.35	3
深圳	62.09	2	61.50	2	67.12	2	70.06	2	71.19	2	74.89	1

续表

城市	2007 年		2008 年		2009 年		2010 年		2011 年	
	得分	排名	得分	排名	得分	排名	得分	排名	得分	排名
上海	76.63	3	77.24	3	79.85	3	82.90	3	85.72	3
重庆	54.47	10	54.33	10	54.71	10	56.75	10	59.81	10
厦门	66.08	6	66.37	6	67.20	8	70.10	7	73.51	7
广州	70.85	4	72.83	4	77.75	4	81.38	4	85.27	4
杭州	64.40	7	64.16	9	65.58	9	67.80	9	71.10	9
宁波	63.14	9	66.19	7	68.37	6	70.67	6	73.57	6
沈阳	63.96	8	65.49	8	67.75	7	69.67	8	71.20	8
南京	68.61	5	68.97	5	70.43	5	73.97	5	76.69	5
北京	76.87	2	77.48	2	80.42	2	83.27	2	86.08	2
深圳	78.01	1	80.56	1	82.75	1	87.60	1	92.19	1

　　在创新产出领域，北京、上海、深圳历年得分差距都较小，虽然排名有所变动，但都位于 10 个城市的前三名。在研究样本的后期，从 2006～2011 年已经呈现出比较稳定的态势，深圳基本是稳居第一位、北京和上海分别位居第二、第三的位置。广州总体处于第二方阵前列，基本稳定在第四的位置。

　　北京于 2001 年成立北京技术交易促进中心，在一定程度上对高技术产品出口有促进作用。北京技术交易促进中心定位为技术转移行业的专业促进机构，一直致力于高新技术转移尤其是国际高新技术转移的跨地域、跨行业探索与实践。国际上成熟的技术转移模式的共同特点是在政府的支持、引导下，以技术转移资源网络和信息平台建设为依托，以广泛的分支组织为延伸和拓展，通过高效的专业化服务和资本运作，实现国际间技术转移。以公立组织（如科技园区）为运作载体，通过公共服务平台，有效整合国际技术转移所涉及的各要素，并协同起来提供服务，是国际技术转移促进高技术产品出口和新兴产业活跃的重要支撑。

　　上海对高新技术企业有一系列优惠政策，以增强高新技术企业的运作能力，最终提高高新技术产业产值占 GDP 比例。企业被认定为上海市高新技术企业后，可以享受的优惠政策包括：认定后 2 年内实现的增加值、营业收入、利润总额可分别补贴 4%、5%、7%，其余年度实现的利润总额可减半补贴；认定后 3 年内营业税返实际交税额的 35%；增值税返实际交税额的 8%；所得税返实际交税额的 16%；工资发放不受工资总额的限制，按实列支。高新技术企业拥有更大的运作空间，其产值占 GDP 比例得到一定程度的提升。

5.6　城市政府资源排名

根据表 4-5 中的转换后各城市创新型城市各主成分得分，整理出创新型城市政府资源排名，如表 5-6 所示。

表 5-6　创新型城市政府资源排名

城市	2001 年		2002 年		2003 年		2004 年		2005 年		2006 年	
	得分	排名	得分	排名	得分	排名	得分	排名	得分	排名	得分	排名
上海	69.42	2	70.01	1	70.97	2	72.44	2	75.99	2	76.20	1
重庆	56.87	8	56.85	8	57.16	8	57.65	9	58.08	9	58.35	9
厦门	57.28	7	58.41	7	56.16	10	56.35	10	57.02	10	58.04	10
广州	61.85	4	63.21	4	63.97	5	64.22	4	65.42	4	66.22	4
杭州	59.92	6	60.05	6	69.87	3	61.19	6	62.19	5	63.79	6
宁波	56.39	9	56.61	9	57.84	7	59.12	7	60.13	7	60.28	8
沈阳	61.63	5	62.30	5	62.26	6	62.15	5	61.78	6	62.17	7
南京	64.40	3	64.80	3	65.28	4	65.85	3	66.06	3	68.36	3
北京	69.60	1	69.79	2	74.31	1	76.15	1	77.82	1	74.94	2
深圳	55.18	10	55.82	10	56.91	9	58.00	8	59.43	8	64.10	5

城市	2007 年		2008 年		2009 年		2010 年		2011 年	
	得分	排名	得分	排名	得分	排名	得分	排名	得分	排名
上海	77.39	1	76.90	2	80.52	1	81.15	1	80.81	3
重庆	58.37	10	57.68	10	58.08	10	58.37	10	59.65	10
厦门	61.52	9	61.80	9	62.87	9	64.06	9	66.01	9
广州	68.12	4	68.78	4	69.90	5	70.59	6	72.04	6
杭州	65.26	6	67.57	6	69.54	6	71.01	5	72.15	5
宁波	62.58	8	62.88	8	64.38	8	65.33	7	66.82	7
沈阳	63.16	7	63.88	7	64.77	7	65.25	8	66.07	8
南京	67.60	5	67.98	5	71.62	4	72.31	4	73.74	4
北京	77.15	2	77.39	1	79.00	2	80.71	2	82.34	2
深圳	70.38	3	71.95	3	75.70	3	80.70	3	86.28	1

在政府资源领域，早年主要是上海和北京稳居前列。发展最为迅速的是深圳，深圳从 2001 年的第十名连续跨上多个台阶，到 2011 年上升至第一名的位置。广州在期初处于第四的位置，近年来有下滑的趋势，2011 年已经掉到了第六的位置，排在了南京和杭州之后。

从 2004 年开始，深圳市政府就制定了多项促进科技创新的有力保障机制和措施。2006 年，《深圳经济特区科技创新促进条例》草案完成，条例草案围绕市委市政府建设国家创新型城市的中心提出重大战略决策，其中的一项重大措施是作出"财政科技经费投入应当高于财政增幅"的规定，直接保证了财政科技拨款占财政支出比例的增长，显示了深圳对培养城市科学技术的决心。至 2007 年，深圳财政科技拨款占财政支出的比例已经是 2005 年的 2 倍，到了 2011 年更是 2005 年的 3 倍之多，反映出深圳对科技发展的投入力度和对创新能力的重视程度。

5.7　城市创新潜力排名

根据表 4-5 中的转换后各城市创新型城市各主成分得分，整理出创新型城市创新潜力排名，如表 5-7 所示。

表 5-7　创新型城市创新潜力排名

城市	2001 年		2002 年		2003 年		2004 年		2005 年		2006 年	
	得分	排名	得分	排名	得分	排名	得分	排名	得分	排名	得分	排名
上海	63.43	3	64.25	3	65.34	3	66.89	3	67.50	3	67.78	3
重庆	58.63	8	58.81	8	58.98	8	59.12	10	59.21	10	59.60	10
厦门	56.49	10	58.56	9	58.45	9	60.90	8	61.93	8	62.95	8
广州	66.47	2	67.50	2	69.32	2	71.28	2	73.28	2	75.20	1
杭州	61.72	4	63.07	4	63.46	4	65.27	4	65.91	4	66.05	4
宁波	61.18	5	61.78	5	62.25	6	62.95	6	62.63	6	63.60	7
沈阳	59.49	7	60.35	7	63.44	5	64.37	5	65.43	5	66.01	5
南京	57.40	9	57.52	10	58.02	10	59.29	9	61.09	9	62.92	9
北京	66.72	1	68.00	1	70.42	1	71.48	1	73.50	1	73.37	2
深圳	59.98	6	61.13	6	61.43	7	61.99	7	62.12	7	63.72	6

城市	2007 年		2008 年		2009 年		2010 年		2011 年	
	得分	排名	得分	排名	得分	排名	得分	排名	得分	排名
上海	69.03	3	69.69	3	70.86	3	71.56	3	71.81	3
重庆	59.86	10	61.02	10	61.68	10	62.33	10	63.66	10
厦门	64.88	7	65.44	7	66.81	7	67.55	7	67.82	7
广州	78.30	1	79.43	1	80.38	1	81.66	1	83.47	1
杭州	67.04	4	68.58	4	69.28	4	70.12	4	71.38	4
宁波	64.17	8	64.99	8	65.95	9	66.51	8	67.36	8
沈阳	66.85	5	67.95	5	69.13	5	69.85	5	70.99	5
南京	64.16	9	64.73	9	67.14	6	68.58	6	69.59	6
北京	73.44	2	73.73	2	74.47	2	74.72	2	76.11	2
深圳	65.08	6	65.59	6	66.00	8	66.38	9	66.66	9

在创新潜力领域，广州在 2006 年超越了北京，成为最有创新潜力的城市，并一直保持到 2011 年。

广州于 2002 年开始建设广州大学城，2004 年正式使用，极大地丰富了教育资源，提升了广州吸引更多高校学生的能力。广东的大部分高校尤其是知名高校集中在广州，在 2002 年以前，相当一部分学校面临用地上的发展困境。1999 年高校扩招，更使用地矛盾激化，中大、暨大等高校不得不招收走读生，部分高校教室不够，更是只能安排学生在中午上课。2002 年，广东高考的录取率远远低于江、浙等省，作为经济发展支撑的高等教育发展也低于全国平均水平：1998～2001年高校招生增长率，全国为 35.3%，广东为 31.6%；高校在校生增长率，全国为28.3%，广东为 27.3%。2000 年，广州提出兴建广州大学城，获得广东省政府的支持；2002 年，广州市规划局公布了《广州大学城发展规划》；2002 年，广州大学城建设正式动工；2004 年，第一批进驻大学城的 10 所广东高校新生陆续入住大学城。截至 2006 年，广州每万人高校在校生数已经是 2002 年的 2 倍。

5.8　评价体系三大板块排名

上述城市创新投入、创新技术、创新支撑、创新产出、政府资源、创新潜力排名是由 SPSS 软件自动析出的主成分因子，从左到右依次代表了这些因子在衡量企业创新能力水平方面的重要程度高低。下面对创新能力指标体系中的创新基础、创新环境、创新绩效三大板块分别再次运用上述的分析方法，得出三个板块的城市各年排名，比较各个城市分别在哪些方面做得更好。

表 5-8　创新型城市创新基础排名

排名	年份										
	2001	2002	2003	2004	2005	2006	2007	2008	2009	2010	2011
1	北京	北京	北京	北京	北京	北京	北京	北京	北京	北京	北京
2	上海	上海	上海	上海	上海	上海	上海	上海	上海	上海	上海
3	广州	广州	广州	广州	广州	广州	广州	广州	广州	广州	广州
4	深圳	深圳	杭州	深圳	深圳	深圳	深圳	深圳	深圳	深圳	深圳
5	杭州	杭州	深圳	杭州	杭州	杭州	杭州	杭州	杭州	杭州	杭州
6	厦门	厦门	厦门	南京	厦门	南京	厦门	厦门	南京	厦门	厦门
7	沈阳	南京	沈阳	厦门	南京	厦门	南京	宁波	厦门	南京	南京
8	南京	沈阳	南京	沈阳	沈阳	沈阳	宁波	南京	宁波	宁波	宁波
9	重庆	重庆	重庆	重庆	宁波	宁波	沈阳	沈阳	沈阳	沈阳	沈阳
10	宁波	宁波	宁波	宁波	重庆	重庆	重庆	重庆	重庆	重庆	重庆

从表 5-8 可以看出，在创新基础方面，北京、上海、广州、深圳、杭州基本上稳居前五。衡量创新基础的指标包括高校数量、每万名劳动力中 R&D 人员数、R&D 经费占 GDP 比例、人均 GDP、居民平均家庭教育文化娱乐服务支出等，说

明这些城市在经济和社会发展、创新主体培育、人力和财力投入方面水平较高。对比表 5-1 可知，这些城市基本上也处于城市综合创新能力的前五名，表明了物质基础和人才基础对城市创新发展的重要性。同时应引起注意的城市还有宁波，宁波近 11 年在创新基础板块的排名逐步超过重庆、沈阳，稳步上升。

创新环境板块包括地方财政教育经费、科技拨款、每 100 名居民互联网用户数等指标，体现了当地政府的支持程度和社会信息化水平。从表 5-9 可以看出，北京的创新环境稳居第一，上海的表现也较稳定，而其他大部分城市的排名较为波动，这也与财政预算约束和政策导向调整有关。广州的创新环境排名有所下降，已连续 5 年处于中等水平，这就需要政府部门加强对创新的重视程度，加大教育经费和科技拨款的投入，力求在广州构建起良好的创新氛围。

表 5-9　创新型城市创新环境排名

排名	年份										
	2001	2002	2003	2004	2005	2006	2007	2008	2009	2010	2011
1	北京	北京	北京	北京	北京	北京	北京	北京	北京	北京	北京
2	南京	广州	广州	上海	上海	上海	上海	上海	上海	上海	上海
3	广州	深圳	厦门	广州	广州	广州	深圳	深圳	深圳	深圳	深圳
4	上海	上海	深圳	深圳	厦门	南京	南京	南京	南京	南京	南京
5	深圳	南京	上海	厦门	南京	深圳	广州	广州	广州	广州	广州
6	厦门	厦门	南京	南京	宁波	厦门	厦门	厦门	厦门	厦门	厦门
7	沈阳	沈阳	沈阳	宁波	深圳	杭州	杭州	杭州	杭州	杭州	杭州
8	杭州	杭州	宁波	沈阳	杭州	宁波	宁波	沈阳	沈阳	沈阳	宁波
9	宁波	宁波	杭州	杭州	沈阳	沈阳	沈阳	宁波	宁波	宁波	沈阳
10	重庆	重庆	重庆	重庆	重庆	重庆	重庆	重庆	重庆	重庆	重庆

创新绩效不仅涵盖创新产出的水平，也衡量了环境效益问题。如表 5-10 所示，

表 5-10　创新型城市创新绩效排名

排名	年份										
	2001	2002	2003	2004	2005	2006	2007	2008	2009	2010	2011
1	深圳	厦门	厦门	深圳	深圳	深圳	深圳	深圳	深圳	深圳	深圳
2	宁波	深圳	深圳	厦门	上海	上海	北京	北京	北京	北京	广州
3	厦门	宁波	上海	上海	厦门	厦门	上海	上海	上海	广州	宁波
4	广州	广州	宁波	宁波	广州	北京	厦门	广州	广州	上海	北京
5	上海	上海	广州	广州	北京	杭州	广州	宁波	宁波	宁波	杭州
6	北京	北京	北京	北京	宁波	广州	杭州	沈阳	沈阳	杭州	上海
7	南京	南京	南京	南京	沈阳	宁波	沈阳	厦门	杭州	沈阳	厦门
8	杭州	沈阳	沈阳	沈阳	南京	南京	宁波	杭州	厦门	厦门	沈阳
9	沈阳	杭州	重庆	杭州	杭州	沈阳	南京	南京	南京	南京	南京
10	重庆	重庆	杭州	重庆	重庆	重庆	重庆	重庆	重庆	重庆	重庆

在创新基础和创新环境里一直排名领先的北京在创新绩效的表现差强人意。其他年份，北京在第四到第六名间波动，而 2008 年及左右的创新绩效排名第二，这可能与因举办奥运而开展的一系列环境治理与改善的活动有关。创新绩效表现最好的是深圳，说明深圳在发展创新的资源投入产出比最高。广州的排名波动中呈上升趋势，前景较好。

综上所述，北京在创新基础、创新环境方面表现最好，拥有得天独厚的创新能力；深圳在创新绩效方面表现最好，创新效率最高；重庆的各方面创新能力与其他城市相比较差，这与所处的地理环境和地区经济发展水平有关。广州的创新基础水平较高，创新绩效水平逐步上升，具有较大的创新发展潜力，但创新环境水平有待进一步提高，若政府能够给予足够的重视，采取措施改善广州创新环境，相信广州将会有更大的发展空间。

第6章 城市创新能力的研究结论与政策建议

城市的发展是区域经济发展的重要基础，城市的整体竞争力能在较大程度上影响国家的综合竞争力。创新型城市是有利于城市持久高速发展的理念和模式，自提出以来就得到高度关注，至今仍是学术界、政治界研究的热点问题。创新能力是创新型城市建设中最关键的因素，我们以创新型城市创新能力为对象，构建指标体系，既有理论意义又有现实意义。

在构建评价指标体系之前，我们对创新型城市的内涵、要素、发展模式、相关评价指标体系的研究现状进行了总结、分析，从城市创新基础、创新环境、创新绩效三个方面选取有实际意义且具有代表性的指标，构建了创新型城市创新能力评价指标体系，并对其中的影响机制进行分析。随后以鉴别力分析的方法对评价指标体系进行筛选，使评价指标体系更合理、更精简。

6.1 评价城市创新能力的指标

在创新型城市的建设发展中，科技创新是其动力因素，创新体系是其实现机制，核心要素是创新产业，支撑要素是创新环境。在此依据创新体系建立的原则，在参阅国内外指标体系的建立基础上，采用"投入-环境-产出"结构来设计创新能力评价体系，最后采用了创新基础指数、创新环境指数、创新绩效指数三个指标来分析其对城市创新能力的作用机制。

第一个指标为创新基础指数，主要包括创新主体建设、人力资源、财力资源、经济和社会发展水平三个二级指标。创新主体建设主要表征为高新技术企业数量、高校数量、科研机构、技术中心和实验室数量。人力、财力资源主要表征为每万人高校在校生数、每万名劳动力中 R&D 人员数、每万名劳动力中科技活动人员数、R&D 经费占 GDP 比例、科技经费投入占 GDP 比例。经济和社会发展水平主要表征为地区国民生产总值、人均 GDP、第三产业增加值比例、居民家庭教育文化娱乐服务支出、每百人公共图书馆藏书、基本养老医疗失业保险平均覆盖人口比率。

第二个指标为创新环境指数，创新环境包括经济水平、风土人文、福利保障等因素。包括了政府支持和社会生活信息化水平两个二级指标。政府支持主要表征为地方财政教育经费、地方财政科技拨款、财政科技拨款占财政支出的比例。社会生活信息化水平主要表征为每百名居民互联网用户数和每百户居民个人计算机拥有量。

第三个指标为创新绩效指数,包括产出成果和可持续发展能力两个二级指标。产出成果主要表征为高新技术产业产值、高新技术产业产值占 GDP 比例、高新技术产品出口占出口总额的比例、工业新产品产值率、每百万人拥有专利授权量。可持续发展水平主要表征为万元 GDP 综合耗能。

6.2　城市创新能力的基础性结论

运用 SPSS 统计软件和主成分分析法,对 10 个样本城市在 2001～2011 年的创新能力,利用主成分分析法将表 3-4 的各项指标构成的指标体系进行主成分分析,研究发现:

第一主成分由科技经费投入占 GDP 比例、R&D 经费占 GDP 比例、失业保险覆盖人口比率、每 100 户居民个人计算机拥有量、每万名劳动力中科技活动人员数、工业新产品产值率、每 100 名居民互联网用户数、每万名劳动力中 R&D 人员数等组成,其作用在第一主成分上的载荷分别为 0.9035、0.8204、0.7287、0.7013、0.6913、0.5803、0.5694、0.4866,因为这些因素影响着城市创新能力的进一步挖掘和充分发挥,所以第一主成分为创新投入成分。

第二主成分由本市国民生产总值、地方财政教育经费、高新技术企业数、地方财政科技拨款、高新技术产业产值、高校数量等组成,其作用在第二主成分上的载荷分别为 0.8635、0.8487、0.7732、0.7110、0.6754、0.5415,为重点突出高新技术的作用,第二主成分为创新技术成分。

第三主成分由每百万人拥有专利授权量、基本养老保险覆盖人口比率、规模以上工业企业办科技机构、万元 GDP 综合耗能等组成,因为这些因素支撑城市的创新发展,所以第三主成分为创新支撑成分,其作用在第三主成分上的载荷分别为 0.8509、0.7797、0.7051、−0.6148。

第四主成分由高新技术产业产值占 GDP 比例、人均 GDP、居民家庭教育文化娱乐服务支出、医疗保险覆盖人口比率、高技术产品出口占出口总额的比例等组成,其作用在第四主成分上的载荷分别为 0.8180、0.6371、0.6320、0.6225、0.5422,为突出高新技术占 GDP 和出口的比例,所以第四主成分为创新产出投入。

第五主成分由每百人公共图书馆藏书、财政科技拨款占财政支出的比例等组成,其作用在第五主成分上的载荷分别为 0.6392、0.5638,这些因素都体现了政府对科技的重视和投入程度,所以第五主成分为政府资源成分。

第六主成分由每万人高校在校生数决定,其作用在第六主成分上的载荷为 0.9112,人才的培养是社会创新的潜力,所以第六主成分为创新潜力成分。

以因子旋转的方法将分析得到的创新环境成分、创新技术成分、创新支撑成分、创新产出成分、政府资源成分、创新潜力成分这六个主成分,第一个主成分权重为 0.208 423,第二个主成分权重为 0.201 122,第三个主成分权重为 0.164 915,第四个主成分权重为 0.133 172,第五个主成分权重为 0.063 314,第六个主成分权重为 0.060 222,通过加权计算对各样本城市的六大成分的得分进行计算和排名。

评价结果显示,虽然城市创新能力排名在 2001~2011 年有所变化,各成分得分排名也有所不同,但总体而言,创新能力较强的城市为北京、上海、深圳。此外,广州是最具备进入创新型城市第一集团的城市。

在创新型城市创新能力排名上,将十个城市划分为三个集团。第一个集团是北京、上海、深圳三个城市属于创新能力较强的城市,第二个集团是广州、厦门、杭州、宁波、南京属于具有一定创新能力的城市,第三个集团是重庆、沈阳属于创新能力较弱的城市。前三名的城市创新能力较强,都有各自的优势,北京是我国的政治经济文化中心,原始创新能力强,深圳在改革开放中重视高新技术的发展,上海建立以高新技术人才为支撑的城市创新体系。

在以科技经费和 R&D 经费等为主的城市创新投入上,北京稳居第一位,上海基本位于第二位,广州早期位于第三位,后期屈居第四,深圳从初期的第四位跃升为第二位,甚至已经超过了上海。主要原因是北京作为我国首都,在对接中央科技经费方面具有优势,上海在科研人员的引进和培养方面具有一定优势。而深圳是在十五规划期间通过政府带动来设立科研基金,近年的投入势头迅猛,根据前面的测算,在创新投入得分上,2011 年甚至已经超过了上海,位居第二,仅次于北京。

在高新企业数量和产值等城市创新技术排名上,前一二名主要是北京和上海,虽然第一名的位置在 2006~2009 年被上海占据,但在最近两年则是北京重新回到榜首。三四名主要是广州和深圳,广州前期基本能保持在第三,但 2006 年起已经被深圳赶超。主要原因是北京拥有中关村,在技术研发和自主创新模式上相比其他城市会有优势。

在专利拥有和规模以上企业办科研机构等为主的城市创新支撑上,最特别的是后起之秀——深圳,从原先的第三名、第四名,自 2007 年上升为第一名,此后一直保持这一位置。北京、上海则处于前三名的位置。广州的排名一直在下降,排名先后被杭州和宁波赶超。

在高新技术产业产值和产品出口等为主的创新型城市产出排名上,前三名基本是北京、上海和深圳,深圳从 2006~2011 年呈现出比较稳定的态势,基本是稳居第一位,北京和上海位居第二、第三。广州总体处于第二方阵前列,基本稳定在第四位,主要原因是北京成立的技术交易促进中心对高技术产品出口有较大的促进作用,而上海通过对高技术企业实施优惠政策以增强高技术企业的运作能力。

在城市政府资源排名上,前三名基本都是北京、上海、深圳。其中,深圳发展尤为迅速,从原来的第十名跃升为第一名。而广州在 2009 年以后排名就开始从第四名降为第六名，代替广州上升的城市为南京和杭州。深圳在该领域发展迅猛与深圳对科技发展的投入力度和对创新能力的重视程度密切相关。

在创新型城市创新潜力上，广州从原先的第二名晋升为第一名，而北京的排名下降为第二名，上海稳居第三名，而深圳创新潜力则排名靠后。广州大学城的建立在其中贡献不小，大学教育发展迅速，培养了大量的大学生。

同时，按照上述方法对创新能力指标体系中的创新基础、创新环境、创新绩效三大板块也进行了比较分析。第一个板块为创新基础，衡量创新基础的指标包括高校数量、每万名劳动力中 R&D 人员数、R&D 经费占 GDP 比例、人均 GDP、居民平均家庭教育文化娱乐服务支出等。2001～2011 年，在创新型城市创新基础板块排名上，北京稳居第一名，上海稳居第二名，广州、深圳、杭州处于前五名之内。说明这些城市在经济和社会发展、创新主体培育、人力和财力投入方面水平较高。厦门、南京、宁波、沈阳位列第六至第九名，重庆基本处于最后一名。同时应引起注意的城市还有宁波，宁波近年来在创新基础板块的排名逐步超过重庆、沈阳，稳步上升。

第二个板块为创新环境，创新环境板块包括地方财政教育经费、科技拨款、每 100 名居民互联网用户数等指标。2001～2011 年，创新型城市创新环境排名上，北京稳居第一，上海基本处于第二名，第三名波动较大，最近几年深圳基本处于第三名。广州的创新环境排名有所下降，已连续五年处于中等水平。水平较高的城市体现了当地政府的支持程度和社会信息化水平相对较高。

第三个板块为创新绩效，不仅涵盖创新产出的水平，也衡量了环境效益问题。2001～2011 年，处于第一名的为深圳，广州、上海、宁波、北京则处于第二至第五名，广州的排名波动中呈上升趋势，前景较好。在创新基础和创新环境一直排名领先的北京，在创新绩效的表现差强人意。其他年份北京在第四到第六名间波动，而 2008 年及左右的创新绩效排名第二，这可能与因举办奥运而开展的一系列环境治理与改善的活动有关。

总体而言，北京在创新基础、创新环境方面表现最好，深圳在创新绩效方面表现最好，创新效率最高，上海在创新基础和创新环境上表现也是比较优秀，重庆的各方面创新能力与其他城市相比较差。广州的创新基础水平较高，创新绩效水平逐步上升，具有较大的创新发展潜力，但创新环境水平较低。

6.3　基于研究结论的广州市创新城市建设的政策建议

根据前面实证分析的结果，总体来看，城市创新能力的第一集团为北京、上海和深圳。广州属于第二集团的城市，但排名紧随前三名，是第二集团中最有希望也最有能力加入第一集团的城市。

　　广州在城市创新投入排名中逐年下降，从原先的落后于北京、上海的第三名，下降为 2011 年的第四名，自 2008 年起已经被深圳赶超，深圳近年创新投入势头迅猛，2011 年甚至已经超过了上海，位居第二，仅次于北京；在创新技术方面，广州基本上处于第四名的水平，落后于北京、上海和深圳；在城市的创新支撑上，广州的排名一直在下降，处于中等偏后水平，2011 年广州的创新支撑得分位于第六位，低于杭州和宁波。而深圳则从 2001 年的第三名上升到 2007 年的第一名，此后一直保持；在城市的创新产出上，广州基本上稳定在第四名的位置，落后于北京、上海和深圳；在城市政府资源排名上，广州的排名基本上都在下降，从期初处于第四的位置，2011 年已经掉到第六的位置上，排在南京和杭州之后。发展最为迅速的是深圳，深圳从 2001 年的第十名连续跨上多个台阶，到 2011 年上升至第一名的位置；但在创新潜力领域，广州在 2006 年超越了北京，成为最有创新潜力的城市，并一直保持至 2011 年。

　　在创新城市的三大板块因素中，广州的创新基础相对比较好，仅次于北京和上海。但创新环境排名有所下降，已连续五年处于中等水平，这就需要政府部门加强对创新的重视程度，加大教育经费和科技拨款的投入，力求在广州构建起良好的创新氛围。广州的创新绩效排名波动中呈上升趋势，前景较好。创新绩效表现最好的是深圳。

　　总体而言，在三大板块因素中，广州创新基础水平较高，创新绩效水平逐步上升，但创新环境不足。在六大主成分中，广州创新潜力好，具有一定的创新技术和创新产出基础，但创新投入存在不足，创新支撑和政府创新资源方面更是严重滞后。根据前面的分析，我们认为，广州应着力注重创新能力各领域均衡发展、构建多元化科研经费投入体系、加强高水平科研人才队伍建设、促进高新技术产业与集群发展、营造城市全民参与的创新环境，推动广州的创新型城市建设。

1. 注重创新能力各方面均衡发展

　　创新型城市的创新能力涉及多个方面，必须注重多方面能力的均衡提升。增强城市创新能力是一个复杂的系统工程，各领域内部以及领域之间需要有机结合，成为统一的整体，才能获得创新型城市建设的整体高效率。在我们的指标体系中包含创新投入、创新技术、创新支撑、创新产出、政府资源、创新潜力六个领域的因素。建设创新型城市时需要兼顾这六方面的全面发展，才能成为综合型创新型城市，才能在城市多个方面都具有强大的创新能力，才能拥有持续增长的专利技术、知识产权、创新精神，才能够保证城市有能够长久发展的创新优势，让城市充满创新活力。在建设创新型城市时不仅要着重发挥城市自身具有的优势，还要把握城市整体的均衡发展，在各领域最大限度地挖掘城市的资源，并使各创新主体与城市资源在创新活动中充分融合，取得全面的、持续的创新驱动力。

广州目前各项指标发展水平不一，广州创新潜力好，具有一定的创新技术和创新产出基础，但创新投入存在不足，创新支撑和政府创新资源方面更是严重滞后。要实现提高城市创新能力目标，就要做到城市系统整体的创新，各个领域整体协同推进。创新环境、创新技术、创新支撑、创新产出、政府资源、创新潜力这六大因素是城市创新能力的精髓，是创新型城市建设的基础、核心、保障、纽带与灵魂。"产学研"是目前成功建设创新型城市的主要路径，科研机构、企业、高校之间的良好合作能将新产生的知识、信息迅速转化为能投入使用的新生产方式、新技术，扩大创新成果。其中，科研机构、高校主要负责科技创新，企业则主要负责科技转化。政府、企业、科研机构、高校在创新型城市建设中都占有各自不可或缺的地位，需要在城市发展的过程中互相配合，在尽可能发挥各自能力的同时注重相互之间的协调、配合，可组建由高校、科研院所研发人员组成的科技特派员队伍，按"一对一"的方式，委派到企业担任科技创新顾问。在此基础上，直接将高校、科研院所的科技成果在企业转化。这些工作均需要广州加大创新投入、夯实创新支撑、开拓政府创新资源。

2. 构建多元化科研经费投入体系

科研经费的投入是建设创新型城市的最关键因素之一，要实现科研项目、高新技术、专利研发的发展，就必须要有一定的经费投入。而广州则在创新投入上存在不足。因此，应在城市均衡发展的可接受范围内，尽可能加大政府在科研方面的投资力度，可以考虑从财政经费中划出一定比例的经费，如科技三项费用、技术改造资金等经费，用于重大技术创新项目的补助，并且根据财政增收的情况逐年提高科研经费比例。深圳市充分重视对科技的投入，近年的投入势头迅猛，制定了多项促进科技创新的机制，如《深圳经济特区科技创新促进条例》等，充分保证财政科技拨款在财政支出的比例。广州在城市政府支撑的情况近几年不太乐观，可充分借鉴深圳市的做法，加大对科技科研经费的投入。

然而，城市管理者的资金有限，全社会的资金各有其流动方向。为此，应当优化科研经费投入结构，建立良好的公共投入机制。广州市政府应加强对科研经费的管理，提高经费的使用效率，整合专项资金，使有限的财政资金效用最大化。一方面，财政资金应着重解决市场资源配置无法有效解决的投入问题，体现在科研投入领域就是应重点支持基础研究、社会公益研究、前沿技术研究。另一方面，政府应通过财政、税收、金融等措施引导社会中非财政资金的流动方向，把有限的社会资源用在创新型城市建设的重点领域，使整个社会的资金能够发挥最大效用。如通过税收优惠政策促使企业加大科技研发投入，实行企业科研投入税前扣除等激励政策，鼓励企业增加科研投入；或加大对科技型企业的金融支持力度，鼓励当地金融机构积极开发能专门为企业科研服务的金融产品，提供更好的金融服务；或积极发展风险投资，发挥风险投资的嫁接作用，使企业的创新风险能够得到良好的分散，提高科研投入的信心。

建设创新型城市并非城市政府独自能完成的工作，而是全社会应共同承担的责任。因此，广州市应充分调动各行为主体对科研经费投入的积极性，提高政府投入带动全社会资源配置的能力，建立以财政科研投入为引导，企业、科研机构、公益团体等其他资金积极参与的多元化投入体系，充分利用多渠道、高效率的体系优势，形成全社会共同参与的科研经费投入机制。

3. 加强高水平科研人才队伍建设

建设创新型城市需要有人才的参与，而其中科研人才更是城市创新能力发展的重要因素。科研人才应当存在于社会的各个领域，在科研机构、企业、高校、公益团体中都应当能有所发挥，并且能得到适当的培养，使其能力能得到提升，保证城市创新能力的持久、稳健发展。因此，需要把建设创新型城市的需求作为科研人才培养、引进的基准，做好人才队伍建设。上海重视科研人员的引进和培养，可学习上海建立有关的人才基金计划，吸引优秀人才，同时构建科技人才选拔培养计划，吸引境内外优秀人才来广就业。广州在该领域得分较高，应当继续保持该领域的优势水平，继续保持对高技术科研人才的培养、引进，使科研机构、企业、高校、公益团体中的科研人才都能得到培养。

广州应进一步强化对义务教育的保障责任，为高技术科研人才的培养打下坚实的基础，如加大对基础教育的投入，高标准、高质量地普及义务教育。此外，应全面落实素质教育，提升城市高等教育水平，促进各层次教育的协调发展。在此基础上，重视增强高层次人才培养力度，以重大科技工程、重大科研项目的形式培养具有创新精神的科研人才。根据创新型城市建设的需要，有针对性地在重点产业、前沿学科、重要领域方面培养创新能力卓越的科研专家，建设能够切实解决产业发展关键技术问题的创新团队。2014 年，广州有 24 位专家入选国家高层人才培养工程"万人计划"，广州市可以进一步培养国家科技和产业发展急需紧缺的领军人才和具有较大发展潜力的青年拔尖人才，大量培育新兴产业的应用型和复合型人才队伍，满足广州市建立创新城市的需要。

科研机构、高校应为城市提供科研素质出众的科学家、专业技术人员。科研机构与高校不仅能通过自身培养的方式向城市提供高水平的人力资源，还能依靠自身的科研水平吸引众多的优秀外来劳动力向城市聚集。此外，应加强国际合作，引进、培养具有国际视野的科研人才。借助向国外典型的创新型城市、发达国家派遣访问学者的方式，或给予优秀留学生优惠条件、设立奖学金的方式，联合培养出创造性较强的青年技术创新人才。

企业应凭借自身的经济效益、企业文化、品牌效应吸引更多具有创新精神的科研人才。有创新能力的科研人才的聚集能在较大程度上增强企业的创新能力，进而影响整个产业的技术创新能力。企业应考虑实施奖励制度，对作出重大贡献的科技创新项目中的团队或个人予以重奖，或通过设立技术股份、管理股份、股票期权制等形式，将企业的利益与科研人才的利益融为一体，吸引、留住优秀的科技人才，激发人才的创新积极性。

4．促进高新技术产业与集群发展

新技术的产生代表着城市的创新，而高新技术的发展则反映了城市创新的质量。处在市场竞争之中的高新技术企业，更具有创新的动力，其创新也更具有实用性，更能提高城市的创新能力，不断推进产业结构升级。而高新技术产业的集群情况将直接影响产业的发展程度，进而影响高新技术企业的活跃程度。

高新技术企业时刻面对着激烈的市场竞争，由此带来的压力能促使企业通过技术创新的方式实现利润最大化，因此更具有创新的内在驱动力。在生产经营活动中，高新技术企业能针对市场的需求选择技术创新的方向和目标，具有将创新成果转化为产品的工程技术能力、生产设备社会化配套能力。高新技术企业能够把科技要素、资金要素、市场要素直接结合起来，提高技术创新的成功率和效率，从而降低创新成本。

在创新型城市发展的初期，应大力发展高新技术产业，构建以高技术、新技术为重心的产业发展模式，促进产业结构的高级化。广州市除了在资金、人才方面能为高新技术产业提供帮助之外，还应引导企业加强技术引进，对技术进行消化吸收再创新，并确保对技术引进项目的评估和跟踪。还可以借鉴北京的模式，北京成立了北京技术交易促进中心，致力于高新技术转移，国际上成熟的模式都是在政府的支持引导下，以技术转移资源网络和信息平台建设为依托，通过高效的专业化服务和资本运作，实现国际间技术转移，广州应适当加强国际科技合作与交流，举办以促进国际间交流为目标的高新技术成果交易会等多种形式的会展，为高新技术企业的发展提供参与国际交流与合作的平台。结合本市情况，根据《中华人民共和国促进科技成果转化法》，落实广州市促进科技成果转化条例，完善科技成果转化服务体系建设；或利用高新技术的扩散性，出台相关的配套政策，鼓励外商投资本地高新技术产业及其配套产业、延伸产业；鼓励国外高新技术企业在当地设立研发中心、转让技术成果；鼓励跨国高新技术企业与当地企业开展研发合作。

当城市的高新技术产业发展有一定成果时，则应利用城市的服务经济和知识经济，针对已具备良好发展趋势的高新技术产业进行集群，构建有利于高新技术产业集聚、促进技术和知识流动的平台。如加快高新技术产业开发区、高新技术园区、民营科技园区的建设进程，引导社会资源向园区聚集，同时发展高新技术支柱产业，营造有利于高新技术产业高速发展的集群环境和条件，使各类园区成为有利于城市创新能力发展的因素的集聚地。基于此，充分发挥各园区在自主创新过程中的示范作用，促进园区内外的高新技术企业的互动，支持社会中全体高新技术企业加速发展，带动城市创新能力的快速提升。

5. 营造城市全民参与的创新环境

城市的创新能力来源于创新的动力与活力，又源自对创新有激励作用的体制环境，更扎根于能够催生创新的文化氛围。创新体制与创新文化共同构成社会的创新环境，在增强城市创新能力的作用上是不可或缺的。而在三大板块因素中，广州突出地表现为创新环境的局限。完善创新体制，达到以城市制度的设计和实施保障创新的目的；发展创新文化，达到以倡导社会风尚和孕育创新的目的。良好的创新文化能为形成良好的创新体制带来促进作用，良好的创新体制能为形成良好的创新文化带来引领作用。

良好的创新文化应倡导勇于创新、敢于冒险、追求成功，良好的创新体制应崇尚竞争、宽容失败、开放包容，两者的有机结合有助于创造出良好的创新环境。因此，应做到完善创新体制、发展创新文化同步进行，营造有利于激发全社会创新动力、提升全社会创新活力的良好创新环境。良好的创新环境有利于在全社会营造崇尚创新、激励创新、保障创新、宽容失败的氛围，摒弃传统文化中不利于创新能力发展的落后意识，促进科学与人文的融合、互补，培育社会的创新精神，使全社会能充分认识到创新能力对城市发展的重要意义，为建设创新型城市带来内在推动力。

具有创新特点的城市环境是城市发展的根基，良好的创新环境能够有效地推动、促进创新型城市的建设。当城市全体都运行在良好的创新环境之中时，创新意识就会渗透到城市的各个方面。科研机构、高校、民间团体将更积极地进行创新研究，收获更多的专利技术；企业将更注重可持续发展，对生产工艺进行创新，降低生产过程中给环境带来的污染，降低综合能耗。社会中每个成员都将意识到，自己有创新的义务，更有创新的能力，并会将创新活动付诸实践，城市的创新能力将能得到全面的提升，创新型城市的建设进程将会大幅加快。

由于理论水平和能力有限，当前的研究也存在一些局限：

（1）仅选择我国较有代表性的 10 个城市作为样本进行评价，包括北京、上海、广州、深圳、杭州、宁波、南京、厦门、重庆、沈阳。这 10 个城市在严格意义上尚未完全形成真正的创新型城市，即使是在文中获得创新能力排名第一的城市也并未具备创新型城市的全部要素、特征，因此我们得出的评价结果属于相对评价结果，即相对于国内其他城市而言的创新能力评价结果，绝对意义较弱。

（2）分析覆盖 10 个城市 2001～2011 年的情况，数据量较为庞大，各城市统计年鉴的统计口径可能存在差异，同一城市不同年份的统计年鉴也会出现统计指标变化的情况。我们已对无法获得的数据作尽可能与实际情况相符的估计，但仍无法保证其完全准确，因此可能会对实证分析结果的客观性产生影响。

（3）构建的创新型城市创新能力评价指标体系以可操作性为原则之一，在选择评价指标的过程中，当出现理论的全面性与实践的可行性相矛盾时，通常以保证可操作性为目标。因此，评价指标体系可能在理论层面存在不足，未来需要在实践中对评价指标体系进行不断的跟踪、修改与完善。

第二篇

城市金融支持与金融创新能力评价

第7章　金融支持与金融创新的概念

随着创新型国家和自主创新战略的提出与实施，国内多个城市提出了建立创新型城市的战略目标，创新型城市也成为一个热门的研究课题。目前的研究主要集中在创新型城市的内涵与特征、要素、评价以及国外创新型城市建设经验借鉴等方面，其中多数研究都强调了资金投入和金融环境的重要作用。他们认为金融因素作为城市综合竞争力的重要环境因素，决定着城市动员储蓄、吸纳并配置资本的能力与效率。目前我国已形成以国有银行为主体、多层次金融机构并存的金融组织体系，以中央银行为核心的金融监管控制体系。随着金融开放步伐和金融市场化进程的加快，金融体系竞争力在城市和区域经济发展中的重要作用将更加突出。

但对金融体系与创新型城市建设之间互动关系缺乏进一步的探讨，更没有一套较为完善的评价体系。金融作为现代经济的核心，在增强自主创新能力和促进城市发展等方面具有不可替代的作用。目前大部分经济学家认为，金融发展与技术创新是经济增长的两大决定因素，仅仅靠物质资本的积累，不能带来经济的长期增长，充分肯定了金融发展对经济发展的促进作用。

因此，希望通过对创新型城市金融支持度以及金融创新能力的科学评估，进一步把握金融在创新型城市建设中所发挥的作用、存在的问题以及未来的发展方向。借助这些研究结果，我们可以及时提供对策建议，确保创新型城市战略目标和发展计划的顺利实施。在建立科学详尽的指标体系之前，我们首先要明确金融支持和金融创新的概念。

7.1　金融支持的概念

1. 金融支持的内涵

狭义上的金融支持，一般指"金融资源的配置不完全按照通常意义上的效率标准（如资金的安全性、流动性、营利性三原则），而是根据某种特定的标准（如政府特定的目的或需求）来运作的一种信贷政策或货币政策"，强调政府的意愿及相关政策实施。而这里将金融支持定义为在经济发展过程中，金融发展与经济发展、城市发展之间的内在协调机制，具体体现在金融产业对经济发展的贡献度、与经济发展的和谐性方面。不单纯是金融发展对城市经济增长的推动作用，更包括金融结构自身演进对城市制度创新、发展转型的支持。因此，为了更好地理解金融产业对经济增长和城市发展、创新的支持作用，我们有必要进一步探讨金融产业的定义。

金融产业是一个国家整个产业链中的重要一环，是以社会金融资源的利用为核心、为有效完成金融交易活动而形成的相关企业的集合体。传统观点认为，金融产业就是银行、保险公司、证券公司、信托公司、租赁公司以及基金公司、财务公司等金融企业的组合。多数学者认为，现代金融业已经完全突破了原来的金融运作模式，逐步延伸为一个庞大独立的产业。或者说现代金融产业是以社会金融资源的利用为核心、为有效完成金融交易活动而形成的相关企业的集合体。

按照联合国对产业划分方法的理解，金融中介作为现代服务产业，金融产业不仅仅包括以资本市场和金融机构为中介的资金交易，还包含更为广泛的金融资产交易和管理；金融产业链条里面不仅仅包含传统意义的金融机构，还包括广泛的投资公司、经纪公司、咨询评估、会计、审计、信用评级等众多中介机构。现代市场经济中的金融产业已经完全突破了传统的金融机构的范畴，大金融概念已经出现，形成与传统核心金融业务为纽带的不同行业的企业聚合而成的现代金融服务产业群。

我国最早对金融产业进行研究的是秦池江教授，他认为金融产业是由金融企业组成的以社会金融资源为利用对象，经过自己的加工以后，能够为社会提供特有功能和规模的金融产品，并通过市场交换为社会为自身带来净收益的企业群体；曾康霖教授认为，金融产业是按照一定标准划分的同一属性的部门和企业，成为国民经济的一个集合体；张凤超认为，所有金融要素按照一定比例参与地域运动，通过专业部门运作，构建出完整、独特的价值运动系统，凝集成具有统一属性的产业集合，即金融产业。学者付一书从不同金融产业群的角度分析了金融产业的基本结构，主要分为三个部分：核心金融产业、辅助金融产业和支撑金融产业。其中核心金融产业是指直接从事金融交易活动的金融机构，主要包括银行、证券、保险、信托、租赁以及专业化金融机构（如基金公司、信用卡公司、资产管理公司、货币经纪公司、财务公司、汽车金融公司等）。辅助金融产业是指为核心金融产业的金融交易行为和参与交易的供需双方提供公正、公开、公平交易服务的企业，主要包括会计与审计师事务所、律师事务所、资产评估公司、征信公司、信用担保公司、投资咨询公司、保险精算师事务所、保险公估公司等。这些金融专业服务企业的参与，可以保证交易的公正、公平，增强信用契约交易的可信度，降低和控制信用风险，保障金融交易双方的权利和利益，增加交易频率，大大提高金融交易效率，促进核心金融产业发展。支撑金融产业主要是指为提高金融交易服务水准、进一步扩展金融交易范围、开拓金融交易市场、提升金融机构内在质量档次和可持续发展的专业服务机构，包括金融培训机构、金融软件公司、金融智能卡公司、金融产品研发中心、金融数据处理中心、专业结算公司、金融媒体机构、金融展览、承接金融服务外包业务的公司等。核心金融产业的发展和金融服务功能的提升需要发达的辅助金融产业和支撑金融产业。

可以看到，金融支持体系的建立依赖于金融产业的发展。从某种意义上说，金融支持体系就是金融产业对其他产业的促进和支撑机制，他们强调的重点都是金融资源的配置。研究金融支持体系，目的是了解金融产业的各个组成部分是如何对创新型城市的建设产生影响的。

2. 金融支持对创新型城市建设的作用

金融支持体系的建立与发展是实体经济发展的结果与需要，如整个经济的技术和产业结构只有在适应于本国资源禀赋结构时，才能够更好地发挥本国比较优势。而金融支持的目标就是为不同时期经济发展中具有比较优势的企业和产业提供服务、配置资本，促使金融结构不断适应经济结构发展的需要。

大量的研究表明，一国或地区的金融体系在增强自主创新能力、促进经济增长方面具有不可替代的作用。Bagehot（1873）的研究发现金融体系通过为大型的工业项目提供资金而大大加快了英国工业革命进程。Hicks（1969）也支持这一观点，指出英国工业革命中所使用的技术在工业革命之前就已经存在，真正引发工业革命的是金融系统的创新而不是通常所说的技术创新。强调功能良好的银行通过甄别并向最有机会在创新产品和生产过程中成功的企业家提供融资而促进技术创新。莫顿从金融功能观的角度，指出金融体系的最主要功能是在不确定环境下跨时空地配置金融资源，从而极大地降低了信息获取成本和交易成本，促进资本聚集和技术创新，推动经济增长。

建设创新型城市意味着要使创新的意识、创新的精神、创新的力量贯穿于城市现代化建设的各个方面及各个领域，使创新成为经济社会持续协调发展的主导力量。这是一个复杂的系统工程，涉及科技、知识、人力、文化、管理、体制、基础设施建设等诸多创新要素，以及各要素之间的有机结合和协调。在影响创新型城市建设的各种要素中，金融体系具有不可替代的作用。例如，对于以科技创新为核心驱动力的创新型城市而言，完善的金融体系不仅可以为不同类型、规模、性质的企业提供科技创新所需资金，而且通过对科技创新项目事前的评估和事中、事后的监督以及为科技创新提供风险分担机制和激励机制，能有效避免资源配置的逆向选择和创新企业的道德风险行为，减少创新所带来的不确定性，提高创新的积极性。因此，在影响创新型城市建设的各种要素中，金融体系具有不可替代的作用。功能完备、优质高效的金融支持体系是影响科技进步和创新型城市建设的关键。在创新型城市的建设中，金融支持主要从以下几个方面发挥作用：

第一，筹集资金功能。创新型城市的核心和精髓就在于实施科技创新、知识创新，提高自主创新能力。科技创新活动的开展，高新技术企业的创立、生存和发展，必须以投入、保持和再投入一定的资金为前提。资金是科技创新活动的第一要素，是创新型城市发展中最为活跃的要素。现代金融的基本使命就是通过开发设计一系列金融产品、金融工具，提供投融资服务，为高新技术产业发展和城市自主创新提供充足的资金保障。

第二，分散风险功能。科技创新具有高投入、高风险和高收益等特点。高新技术的开发和成果转化需要进行长期研究和试验。这决定了科技创新活动存在着诸多不确定因素，技术开发能否成功、能否实现成果转化面临着极大的风险。当然，一旦成功，将形成企业的核心竞争力，带来巨额的投资回报。在一个充满风险的"惊险的跳跃"过程中，针对技术创新的不确定性，在高新技术产业发展的不同阶段，金融业可提供风险投资、私募、信贷、股权融资等不同的金融产品和工具，以分散和转移风险，满足高新技术产业发展的需要。

第三，资源优化功能。金融在整个市场经济体系的资源配置中，处于基础和核心地位。创新型城市建设中的各种生产要素和经济资源通过金融机制有机结合在一起。高新技术产业的投融资，实质上是以资金供求形式表现出来的资源配置过程。不同类型的资金提供者通过不同的机制，进行风险、收益的比较选择，寻找成长性好、盈利潜力大的创新型项目进行投资。如果获得资金的企业最终能够为资金提供者提供预期的回报，增加社会总体福利，社会资源得到了有效配置；反之，则浪费社会资源。整个社会的资金在不断运动中，引导整个社会资源的优化配置和经济效率的提高。

第四，信用约束功能。科技创新主体在筹集到资金的同时，还要接受来自资金提供者以及金融市场施加的各种约束。一是来自股东的监督，包括风险投资者等在内的股东关心企业的经营状况和发展前景；二是来自债权人的监督，包括商业银行等在内的债权人对企业发挥的监督作用；三是来自资本市场的压力，企业经营好坏影响其金融产品的价格，价格高低直接关系到企业和投资者的利益，特别是资本市场收购兼并机制使得企业处于被购并的风险之中；四是来自社会的监督，包括会计师事务所、律师事务所、资产评估公司等中介机构以及新闻媒体也对企业形成有力的监督。这些监督促使企业改善经营管理，推动企业健康发展。当然，金融市场在施加约束的同时，也提供了有效的激励手段，如股权和期权计划，可以促使自主创新的企业形成良好的激励机制和公司治理结构。

7.2　金融创新的概念

1. 金融创新的内涵

最早提出创新这一概念的是熊彼特。熊彼特对创新的研究主要是微观生产力与生产关系的创新，他在其著作 *Theory of Economic Development* 一书中对创新的定义为：创新是指将经济活动过程中生产要素和生产条件的"新组合"引入生产体系，是增长的最主要动力。这种新组合包括以下内容：新产品的出现、新生产方法或技术的采用、新市场的开拓、新原材料供应来源的发现、新企业管理方法或组织形式的推行等五个方面。他还指出，创新是一种经济行为，是为了获得更高的经济和社会效果，创造并执行一种新方案的过程和行为，它与"发明"和"试验"不同。在更广义的方面，创新就是推动并维持资本主义发动机的基本动力。主流经济学专注于价格竞争及一般均衡，在熊彼特看来，关键在于创新活动环境中的竞争。资本主义是一种创造性的毁灭的过程，不断地通过摧毁旧的并创造新的，从而对经济结构进行不间断的改革。

熊彼特的创新定义也为金融创新的定义奠定了基础。但金融创新是更复杂的现象，同时包括产品创新和流程创新，在很大程度上是无形的，几乎无法注册专利，或获得特许，其最基本的特点就是价值的不确定性。

Rogers（1983）认为，金融创新包括创造活动和新产品、服务、观念的扩散两方面。狭义上的金融创新则是金融产品和金融业务的创新。Tufano（2003）认为，广义上金融创新是创造金融工具、金融技术、金融机构和金融市场的活动。"创新"有时可分解为产品或过程创新。例如，衍生合同、新型公司证券或集合投资新形态是产品创新；而改造证券交易及定价的新方法是过程创新。狭义和广义的金融创新并没有明显的界限，很多时候它们是相互交织在一起的。

陈岱孙和厉以宁（1991）指出，金融领域存在许多潜在的利润，但在现行体制下运用现行手段无法获得这个潜在利润，因此金融领域必须进行改革，包括金融体制和金融手段方面的改革。金融业的每一次重大发展，都离不开金融创新，如信用货币的出现、商业银行的诞生、支票制度的推广等是历史上最重要的金融创新。从理论上说，金融创新的本质就是金融业生产函数的改进，是为了追求利润机会而形成的市场改革，其背后的动力则来自于金融企业自身对利润的追求。黄达（2004）认为，金融创新就是突破金融业务多年传统经营局面，在金融工具、金融方式、金融技术、金融机构以及金融市场等方面进行的明显的创新、变革。王爱俭（2002）认为金融创新是指金融业务创新、金融市场创新以及政府对金融业监管方式创新的综合。生柳荣（1998）认为金融创新是金融业各种要素的重新组合，具体是指金融机构和金融管理当局出于微观利益和宏观利益的考虑，而对机构设置、业务品种、金融工具及制度安排所进行的金融业创造性变革和开发活动。李扬和黄金老（2000）注重从技术因素解释金融创新，其基本原理是将现有金融工具的特性加以分解，再根据市场需要，进行取舍并重新组合，制造出新的金融工具。喻平和李敏（2007）从侧重宏观层面，认为金融创新是金融当局或金融机构为更好地实现金融资产的流动性、安全性和营利性目标，改变金融体系基本要素的搭配和组合。

综上所述，金融创新可以认为是金融当局或金融机构为更好地实现金融资产的流动性、安全性和营利性目标，利用新的观念、新的技术、新的管理方法或组织形式，改变金融体系中基本要素的搭配和组合，推出新的工具、新的机构、新的市场、新的制度，创造和组合一个新的高效率的资金营运方式或营运体系的过程。

2. 金融创新的分类

借鉴熊彼特的观点，西方通常将金融创新分为五类：第一类是新技术在金融业的应用；第二类是国际新市场的开拓；第三类是国内和国际金融市场上各种新工具、新方式、新服务的出现；第四类是银行业组织和管理方面的改进；第五类是金融机构方面的变革。

国内的大部分文献沿用李健在《金融创新与发展》中对金融创新的分类：第一是金融制度创新（宏观层面），包括各种货币政策创新、信用制度创新、金融管理制度创新等与制度安排相关的金融创新；第二是金融业务创新（微观层面），包括金融工具创新、金融技术创新、金融交易方式或服务创新、金融市场创新等与金融业务活动相关的创新；第三是金融组织结构创新（中观层面），包括金融机构创新、金融结构创新、金融机构内部经营管理创新等与金融业组织结构相关的创新。鉴于金融组织结构创新也可看成金融制度创新的一个部分，因此，总的来说金融创新分为两大部分：产品创新和制度创新。

1）金融产品创新

金融产品创新是金融创新的核心内容。在国际金融市场上，金融创新的主要部分也属于产品创新。20世纪60年代的国际金融创新，主要目的在于逃避各国的金融控制和资本管制，这一时期最具代表性的金融创新为欧洲货币、欧洲债券和平行贷款。70年代的金融创新与60年代的金融创新有很大区别，创新的主要目的在于转嫁市场风险，具有代表性的创新为浮动利率票据、货币远期交易和金融期货等。80年代，金融创新进程加快，至80年代中期，金融创新达到高潮。80年代后金融创新主要是融资方式的创新，它使国际金融市场的融资更为灵活、方便，且对整个国际金融业产生了前所未有的巨大影响。80年代最具代表性的创新为票据发行便利、互换交易、期权交易和远期利率协议。此后金融衍生工具更是掀起了金融创新的新浪潮。

20 世纪 90 年代，德鲁的一个研究综述考察了影响企业有关新产品开发时期的决策因素。他发现"快速进入市场"对金融企业获得竞争优势是关键的。对递增开发速度要求的压力来自于计算机技术的创新基础、行业管制的快速变迁和消费者需求的快速变化。加速的新产品开发可以（或潜在地）从多种途径对组织绩效的提高作出贡献，包括利润的提高、较大的市场份额、降低收支平衡所需的时间、竞争优势的提高、形象和声誉。我国的商业银行现在正处在金融市场竞争加剧和消费者需求快速变化的时期，面临着德鲁说的"递增开发速度要求的压力"，如果要做到"快速进入市场"，以获得"利润的提高、较大的市场份额、降低收支平衡所需的时间、竞争优势的提高、形象和声誉"，只有通过"加速新产品的开发"，即加速金融产品创新来谋求真实利润最大化。相对于金融体制等创新而言，金融产品创新无论是创新难度、涉及面、影响力都较小，各个银行可以独立进行。并且，金融产品创新与商业银行的其他改革和创新的联系较弱，可以不受其他诸多方面改革滞后的影响而率先进行。因此，金融产品创新是商业银行金融创新的先导和着力点。

2）金融制度创新

一个金融体系的本质与特征完全取决于其制度架构。金融制度指基于保证一个相对独立的金融系统得以运行而确立的规则体系。金融制度对社会金融活动进行规范、支配和约束，减少金融行为中的不可预见性与投机欺诈，协调和保障金融行为当事人的利益，润滑金融交易过程，从而降低金融交易过程中的成本、提高金融效率，拟合金融发展与经济社会进步的进程。

金融制度创新包括引入新的金融制度因素或对原有金融制度进行重构。具体包括：金融组织变革或引进；新金融商品引进；拓展新市场或增加原金融商品的销量或市场结构的变化；管理的组织形式创新；金融文化领域的创新。金融制度创新是金融制度变迁的主要方式之一。已有金融制度的变迁大致通过两个途径实现：一是从其他金融共同体中移植，即引入外部的、其他国家已有的金融制度模式或内容；二是创新，即根据自身金融体系发展的客观需要，从无到有地形成新的制度内容乃至整体的制度系统。金融制度创新主要指的是后一种情形。但实践中的金融制度变迁，往往是移植与创新的结合。

中国近年来的金融改革可看成一种制度上的创新。虽然其主要内容在发达的市场化国家早已有之，不能算是原创性的创新。但因为这些改革均带有显著的中国特色，在借鉴西方市场化国家金融制度模式的同时，均保留了受特定国情制约的特征，远非一般的移植和模仿，所以可以将整个体制意义上的金融改革看成制度创新。金融制度创新内容丰富，就主要方面看，可大致概括为三类：

（1）金融交易制度创新是指围绕着金融交易运作方式进行的制度创新。创造新的金融交易载体，改变金融交易流程，增加金融交易的形式，启动新的金融交易资源，乃至建立针对不同交易对象的工具的具有新特征的金融交易空间（新类型的交易市场）等，都可以看成金融交易制度创新的内容。金融市场的创新也可归入这类制度创新的范畴。金融交易制度创新的目的，集中体现为提高实践中的金融活动相对于社会客观需要的反应与适应能力，提升金融运行的效率，它也是金融制度创新中最常见的内容。

（2）金融组织制度创新是指围绕着金融组织方式包括其结构优化而进行的创新。金融活动或交易行为是由一定的经济主体协同完成的。金融组织首先必须具有明细的受到制度保护的产权组织方式，从而奠定进行有效竞争的基础。同时，在金融交易过程中还必须形成广泛的分工，这既需要直接的主体性交易组织，也需要各种各样的中介、管理机构。不同的金融组织承担着不同的金融职能，负责完成不同的金融活动。各类金融组织是否存在着明确的产权边界和有效的产权实现形式，在组织职能上科学的界定与保护，以及整体上的比例结构关系是否能保证有效的分工合作的实现，直接决定着金融运行的方式、规模、成本与效率，因此必须通过有效的制度安排来加以规范、指导和协调。当既有的金融组织形式与结构已经出现非优化状态时，制度调整与创新就必不可少。

（3）金融保障制度创新是指围绕着保障社会金融活动按照特定的交易、组织制度安全和高效运行而进行的制度创新。金融保障制度包括各种旨在保障金融交易活动公平、提高金融运行效率、维护金融秩序、防范金融风险、保护金融当事人权益的金融法律、规章与政策干预准则，其中的核心部分是金融监管制度。一定的金融监管及其他保障性制度均有其特定的使用背景。当背景条件发生变化及出现新的风险因素时，金融保障制度本身必须进行相应的调整和创新。

第8章 城市金融支持与金融创新能力 评价的理论研究

对金融支持和金融创新概念的梳理，为进一步对城市金融支持与金融创新能力进行定量化的评价奠定了基础。金融作为现代经济的核心，在增强自主创新能力和促进经济增长等方面有不可替代的作用。金融支持和创新体系的完善对创新型城市的建设具有至关重要的作用，因此，通过对创新型城市建设的金融支持度和金融创新能力的科学评估，可以把握金融对创新型城市建设的支持程度、存在的问题，并及时提供对策建议，确保创新型城市战略目标和发展计划的顺利实施。目前，无论在国内还是国外，都缺乏对金融支持、金融创新体系的深入探讨，缺乏一套比较客观的科学度量金融支持体系水平和金融创新能力的指标体系。目前的研究主要集中在对国际金融中心、金融竞争力因素等指标体系的建立上，对创新型城市的金融支持和金融创新能力指标评价体系的研究极少。为此，我们尝试自己建立一套这方面的指标评价体系。

通过前面对金融支持和金融创新概念的理解，我们发现金融支持和金融创新很难完全清晰地划分开，它们是相互融合的概念。金融创新是金融支持的一种实现形式，同时金融创新的成果也会促进金融业对城市建设及经济发展的支持水平。因此，是将金融支持和金融创新分成两个体系来评价还是融合在一套指标体系中，还有待进一步讨论。我们认为，两个概念还是各有侧重的。金融支持更多的是对金融发展现状的概括性描述，而金融创新的实施效果通常不能在短时间内显现出来，是一个长期的过程。为了体系的完整，我们暂且将两者分开来进行详细论述。

8.1 金融支持评价体系概述及评价指标构建

1. 现有金融支持评价体系文献综述

现有文献对金融支持指标评价体系的研究并不多，比较有代表性的有以下几个方面的研究。

1）从金融支持规模、金融支持结构、金融支持效率展开的评价体系

王仁祥和邓平等学者主要选用金融支持规模、金融支持结构、金融支持效率三个一级指标来衡量金融支持度，并依照系统性原则、可操作性原则、导向性原

则选择了相应的二级指标。具体的指标体系如表 8-1 所示。

表 8-1　从金融支持规模、金融支持结构、金融支持效率展开的评价体系

准则层	指标层	指标来源
金融支持规模	城市金融相关比率 保险深度 上市公司数量	王仁祥和邓平，2008；胡彬 彬和胡亮，2010
	风险投资资本额占全国的比例 商业银行贷款增速	王仁祥和邓平，2008
金融支持结构	新增贷存比 非国有企业贷款占贷款总额比例	王仁祥和邓平，2008；胡彬 彬和胡亮，2010
	科技经费来自金融机构贷款的比例 技术改造贷款占贷款总额比例	王仁祥和邓平，2008
	企业科研贷款占科研经费的比例	胡彬彬和胡亮，2010
金融支持效率	金融服务水平质量 信贷产业契合度 边际资本生产率	王仁祥和邓平，2008；胡彬 彬和胡亮，2010

2）从金融发展水平、金融效力、金融动力和金融保障展开的评价体系

张杰和李宏瑾（2009）认为，除了从金融发展水平、金融支持规模和金融支持效率方面来评价外，还应增加金融动力和金融保障指标。他们认为，金融动力直接表现在金融支持创新型城市发展的推动力上，是保证金融支持持续有效的关键。只有健全、充满活力的金融体系才能够真正发挥金融对创新型城市发展的支持和推动作用。评价创新型的金融支持体系是否完善，必须分析金融动力是否充足。另外，金融支持创新型城市发展，除了发挥金融机构自身的作用外，还必须建立和完善社会化的金融服务配套体系作为金融保障，会计、法律、评估、评级等服务机构不可或缺，它们通过发挥审计、咨询、评估、监督等作用，保证创新型融资活动顺利进行。需要指出的是，金融能否支持创新型城市的发展，有赖于金融法律制度是否鼓励金融创新、能否为金融机构的业务创新和发展提供足够的空间，具体指标如表 8-2 所示。

表 8-2　从金融发展水平、金融效力、金融动力和金融保障展开的评价体系

指标名称	指标类别	指标来源
金融发展水平	一级指标	
城市金融相关比率 金融机构存贷款规模 金融市场交易量	一级分项指标 一级分项指标 一级分项指标	张杰等，2009
保险深度	一级分项指标	张杰等，2009；王仁祥和邓平， 2008；胡彬彬和胡亮，2010

续表

指标名称	指标类别	指标来源
金融效力	一级指标	
金融支持规模	一级分项指标	
金融机构对高科技产业及文化创意产业的贷款	二级分项指标	
上市公司筹资额	二级分项指标	张杰等，2009
风险投资额	二级分项指标	
产权市场交易规模	二级分项指标	
金融支持效率	一级分项指标	
科技经费来自金融机构贷款的比例	二级分项指标	张杰等，2009
信贷产业契合度	二级分项指标	王仁祥和邓平，2008
边际资本生产率	二级分项指标	
存贷比	二级分项指标	张杰等，2009
金融动力	一级指标	
金融市场化	一级分项指标	
银行业信贷资金分配	二级分项指标	
非国有控股公司占上市公司的比例	二级分项指标	张杰等，2009
金融人才	一级分项指标	
金融监管	一级分项指标	
金融保障	一级指标	
律师人数占总人口的比例	一级分项指标	张杰等，2009
科技支出占财政支出的比例	一级分项指标	
会计师人数占总人口的比例	一级分项指标	张杰等，2009；王仁祥和邓平，2008；胡彬彬和胡亮，2010

3）从货币流通速度、金融效率、金融结构、金融深度展开的评价体系

姜再勇（2006）指出，一些地方政府存在认识上的误区，简单地把贷款增长速度作为衡量金融对经济支持程度（简称金融支持度）的指标甚至是唯一指标。实际上，在金融多元化发展的背景下，贷款增速对金融支持度的解释能力正在下降。他尝试以金融生态理论为基础，破除"唯贷款增长论"，以客观反映金融支持度，增强直观性。其中，金融深度是指金融体系通过流动性创造和基础货币控制，促进金融规模与经济发展水平相互适应。这种适应性主要表现在融资规模与经济的结合程度上。因此选用"融资规模/GDP"指标来衡量，具体指标如表 8-3 所示。

表8-3　从货币流通速度、金融效率、金融结构、金融深度展开的评价体系

指标名称	指标类别	注释
1. 货币流通速度指标：GDP/M	一级指标	
2. 金融效率指标	一级指标	
（1）贷款行业分布	一级分项指标	与张杰等（2009）的"银行业信贷资金分配"类似
（2）单位信贷资金产出	一级分项指标	
3. 金融结构指标	一级指标	
（1）融资规模/金融资产	一级分项指标	
（2）企业存款/储蓄存款	一级分项指标	
4. 金融深度指标：融资规模/GDP	一级指标	实际上也是反映金融支持规模的指标

4）从金融制度支持角度展开的评价体系

一些学者指出，要全面评价金融支持经济的程度，还需加入制度分析。张忠军（2007）对创新型城市的金融制度支持做了详细的阐述。他认为，创新型城市所需要的金融制度支持体系，体现在投资、融资、金融服务等诸多方面，是一个复杂的、综合的系统，可以从以下几个方面来评价金融制度支持。但是作者并未给出定量的衡量指标，因而有待进一步研究。

一是健全的金融组织体系。金融组织体系要求政策性金融机构与商业性金融机构，国有(国有控股) 金融机构与民营金融机构、中小金融机构，中资金融机构与外资金融机构，商业银行与非银行金融机构等在内的金融机构，布局合理、公平竞争、和谐共处，为创新型城市提供各种金融服务、金融产品。金融组织体系也要求金融调控机关与金融监管机关权责明确、依法运作、治理良好，通过实行金融调控、金融监管，维护金融稳定，实现金融安全，促进金融业健康规范发展。

二是高效的金融服务体系。创新型城市既需要各种投融资服务，也需要其他丰富多彩的金融服务、金融产品和金融工具，诸如信贷、保险、信托、证券发行和交易、金融衍生交易、风险投资、票据、担保、融资租赁、外汇管理、货币经纪、资产管理、财务顾问、征信服务等。

三是完善的金融市场体系。这既需要完善的货币市场和资本市场，也需要发展现货市场与期货市场；既要立足于国内金融市场，还要善于利用国际金融市场。对于高新技术产业发展来说，发达的资本市场更为重要，这需要完善包括证券交易所、二板市场、高新技术企业股份转让场所、产权交易市场等在内的市场体系，满足不同层次、不同投融资主体的需求。

四是健全的金融服务配套体系。金融支持创新型城市发展，除了金融机构自

身的作用外，还必须建立和完善社会化的金融服务配套体系，会计、法律、评估、评级等服务机构都是不可或缺的，它们通过发挥审计、咨询、评估、监督等作用，保证创新型融资活动顺畅进行。需要指出的是，金融能否支持创新型城市的发展，有赖于金融法律制度是否鼓励金融创新，能否为金融机构的业务创新和发展提供足够的空间。因此，健全的金融法律制度对于创新型城市发展也具有重要的意义。

作者指出，在创新型城市所需要的金融支持体系中，最关键的问题是解决科技创新、高新技术产业发展所需要的资金支持及金融服务。企业获得资金通常有内源融资和外源融资两种渠道。内源融资主要来自企业内部，如企业主的自有资金、亲友借贷、员工入股等。企业的外源融资指不同资金持有者之间的资金融通，包括来自金融机构的贷款、企业间的商业信用、通过证券市场发行股票和债券融资等。内源融资来源有限且不稳定，因此，企业要发展，必须依靠外源融资。具体又分以下三种方式：

（1）债权融资机制。创新型城市利用债权融资机制的途径主要有：一是政策性银行贷款；二是金融机构提供商业性贷款；三是发行公司债券或者商业票据筹集资金，此种方式需要在资产规模、盈利记录等方面符合一定的条件，这对中小高新技术企业来说几乎是不可能的。因此，贷款往往是主要的外源性资金来源。由于信息不对称以及企业资产规模、经营业绩、管理水平、技术风险等多种因素，中小企业获得金融机构债务融资往往困难较多，资金需求通常无法得到充分满足。为了解决这些企业贷款难的问题，通常有两种机制发挥重要作用。一是组建专门面向中小企业的贷款机构，为中小企业提供优惠的贷款服务。二是成立中小企业信用担保机构，通过信用担保，解决中小企业贷款难问题。

（2）股权融资机制。这是通过向原始或新的投资者发行股份募集资金、增加企业权益资本的融资方式。在中小企业发展的初期，由于信息不透明和缺乏抵押物等原因，企业主要依赖内部股权融资。随着企业发展到一定程度，特别是进入成熟期后，便可以在资本市场通过公募或者私募等方式直接融资。企业通过资本市场公开融资应当符合一定的条件，并遵循资本市场规则的约束。

（3）风险投资机制。高新技术企业由于存在着技术、产品、市场等多种不确定性，很难得到银行贷款，在成熟期之前也很难从资本市场取得资金。因此，风险投资作为一种创新融资模式应运而生。个人投资者和机构投资者成立风险投资企业，作为资金供给者和资金使用者的联结纽带，负责运作风险投资基金。风险投资企业的主要职能是：发现投资机会；向高风险、高收益、高增长潜力的科技项目进行投资；在投资项目成熟之后，将投资的公司公开上市，或通过股份转让、回购等方式来选择退出，获得回报。风险投资通过向具有发展潜力的中小企业提供股权资本投资，支持技术创新，将创新成果、风险资本和企业家有机结合起来，成为高新技术企业发展的推动器。风险投资机制运作成功的关键是建立支持自主创新的多层次资本市场，拓宽创业风险投资退出渠道。

5）CDI 金融中心指数

CDI 金融中心指数是从城市建立金融中心所需具备的金融支持水平出发，对城市的金融支持进行较全面的评价。其指标构建的理论机制和研究方法具有重要的参考意义。CDI 中国金融中心指数（CDICFCI），由金融产业绩效、金融机构实力、金融市场规模和金融生态环境四个方面要素所构成。通过对这四个方面要素的相关指标数据进行计量分析，并综合来自金融领域专业人士的评价意见，构建出中国金融中心竞争力的多因素评价模型。首期 CDICFCI 于 2009 年 5 月发布，其后每年更新一次。

CDICFCI 是基于"钱才集聚论"建立的金融中心竞争力评价体系。"钱"指的是金融资本，"才"指的是金融人才。"钱才"集聚可以全面地体现各类金融资源的集聚，"钱才"本身是最重要的两类金融资源，其他资源如金融机构、金融市场、金融信息、金融产品等都是"钱""才"的结合。金融中心的"钱才"集聚论可以较好地解释金融中心形成和发展的客观规律。它的一级指标体系有四个：金融产业绩效、金融机构实力、金融市场规模和金融生态环境，前三类为显示性指标，最后一类为解释性指标。"金融产业绩效"是金融产业发展的直接结果体现，也反映了一个城市进行金融中心建设给城市发展带来的利益；"金融机构实力"体现了一个金融中心金融市场主体发展概况及其金融业务开展的状况；"金融市场规模"体现了一个金融中心在国家或区域金融集中交易市场中的地位；"金融生态环境"则反映金融中心发展的基础和潜力。在本指数的四个一级指标中，"金融产业绩效"、"金融机构实力"和"金融市场规模"是"钱才"集聚的面相，而"金融生态环境"是"钱才"集聚的背影，因而可较全面地反映一个城市的金融产业发展水平和发展趋势。

（1）金融产业绩效。金融产业对一个城市的社会经济发展有着重要的推动力，根据产业经济的乘数理论，这一推动力的大小依赖于金融产业的直接产出，以及金融产业所控制的金融资源。金融产业绩效，包括金融产业增加值、金融业从业人员、金融深度、金融宽度等，是金融竞争力的直接和综合体现。

（2）金融机构实力。金融机构通常包括银行、保险、证券三类，是城市金融产业的主体。有影响力的金融机构的集聚对于推动金融创新和城市金融业的发展能够起到支撑性作用，一个城市金融机构的综合实力很大程度反映了城市金融竞争力。此外，金融机构实力还反映了一个城市金融业务量的大小，如人民币存款、贷款等。

（3）金融市场规模。金融市场是金融工具交易的场所，也是金融创新的重要场所，主要包括货币市场、股票市场、债券市场、黄金市场、外汇市场和衍生品市场等。金融市场的规模和交易活跃程度是吸引和汇聚金融交易者、金融机构和金融人才的重要因素，对于提升城市金融辐射力起着至关重要的作用。

（4）金融生态环境。城市金融业发展不仅有赖于金融产业本身，更与城市社会经济发展的各个方面息息相关。城市金融业发展的外部环境统称为金融生态环境，是城市金融竞争力的解释性因素。在具体评价中课题组将金融生态环境分为人才环境和商业环境两类，并进一步对人才环境作出教育、文化、医疗等八个方面的细分，对商业环境作了基础设施、专业服务、社会保障等五个方面的细分，以求综合、准确地反映城市金融生态环境情况。各指标对上级指标的贡献权重由众多专家打分确定。给 CDICFCI 各指标赋权的专家包括各地政府金融办人员、金融监管机构人员、金融机构从业人士、金融业知名专家以及 CDI 课题组成员。

2. 城市金融支持评价指标体系构建

上述的几个较具代表性的指标体系除 CDI 金融中心指数，以及张杰等（2009）提出的指标体系有进行定量分析之外，其余均为定性分析，很多指标可获得性较低。而我们的目的在于对于创新型城市的金融支持水平进行定量分析。特别的，我们发现 CDI 金融中心指数评价体系能较全面反映地区金融支持水平。

因为金融中心实际上是金融资源相对集聚的场所，其中金融资源包括金融资本、金融机构、金融市场、金融人才、金融信息等方面。金融中心通常金融机构聚集、金融市场发达、金融交易活动频繁、金融服务全面高效、金融信息传递通畅，且能对区域经济产生极化和扩散效应。因而，金融中心的建设机理很大程度也就是金融资源的集聚机理。而金融资源的集聚在某种程度上说反映了该地区金融支持的程度。另外，我们要评价的创新型城市，基本都提出了建设区域金融中心的战略发展规划，因此在该指标框架下进行适当的补充、删减和调整，形成创新型城市的金融支持水平评价体系是合理且科学的。因此我们以此为基本框架，综合已有的几个指标体系，并结合《金融业发展和改革"十二五"规划》提出的相关政策加入了一些新的衡量指标，如小额信贷占信贷资产的比例、非金融企业直接融资占社会融资规模比例等能够反映未来金融支持发展方向的指标。表 8-4 为我们建立的金融支持指标体系。

表 8-4 创新型城市的金融支持水平评价体系

一级	二级	三级、四级
金融支持基础	金融业增加值	金融业增加值及其近三年平均增长率、金融服务业增加值占国内生产总值比例（*）
	金融人才	金融业从业人员数及其近三年平均增长率、从业人数占全体劳动者比例
	金融深度	存款余额占 GDP、本地证券交易量与 GDP 之比、保险深度、城市金融相关比率
	金融宽度	贷款余额占 GDP 比例、境内股票市场累计融资量与 GDP 之比，上市公司数目、保险密度（按当地人口计算的人均保险费额）

一级	二级	三级、四级
金融机构实力	银行类机构	本地法人机构（主要商业银行的本地法人银行数量、主要商业银行的本地法人银行资产总规模）、本地市场业务量（存款余额、贷款余额）、业务结构（存贷比，小额信贷占信贷资产的比例）、资产质量（不良贷款率、拨备覆盖率）
	证券类机构	证券公司（本地法人机构数量、资产规模、承销金额、经济规模、证券营业部家数）、基金管理公司（本地法人机构数量、资产管理规模）
	保险类机构	本地法人机构（本地法人机构数量、资产规模）、本地市场业务量（保费收入、赔付支出）、专业保险中介机构数量
	机构国际化程度	银行业（外资银行在本地分行数、外资银行营业性机构数量）、证券业（本地法人合资证券公司数量、国外证券公司在本地的代表处数量、本地法人合资基金管理公司数量）、保险业（外资保险公司在本地的分公司数量、本地法人合资保险公司数量、外资保险公司在本地的代表处数量）
金融市场规模	货币市场	同业拆借市场（成交金额）、回购市场（交易额）、票据市场（贴现总额），人民币离岸金融市场
	股票市场	市场规模（交易所上市公司家数、交易所上市公司总市值、成交金额）、交易所市场融资能力（股票发行额），地方性股权交易市场的市场规模
	债券市场	银行间债券市场（现券交易额）、交易所债券市场（现券交易额），非金融企业直接融资占社会融资规模比例（*提高至15%以上）
	黄金市场	黄金市场（黄金交易额）
	外汇市场	市场规模（日均成交额）
	产权交易市场	市场规模（年成交额）中小企业产权交易市场
	衍生品市场	期货市场（期货市场成交额）、权证市场（权证市场成交额）
金融环境评价	人才环境	职业律师数、注册会计师（CPA）
	宏观环境	经济基础（地区生产总值、人均地区生产总值、第三产业增加值、三次产业的比例）、社会保障（基本养老保险覆盖率、基本医疗保险覆盖率、失业保险覆盖率）、经济外向度（当年实际利用FDI总额、当年进出口总额、当年国际旅游收入）

8.2 金融创新评价体系概述及评价指标构建

1. 现有金融创新的评价体系概述

从金融创新的历史过程和原因来看，早期金融创新的动力来自于外部环境变化而产生的供给诱导、经济发展的需求、金融市场竞争策略、信息技术进步带来的新的服务（如各种银行卡服务）等，而完善的金融、法律、会计等制度体系和人力资本则是进行金融创新的必要条件。因而，评价金融部门的创新能力也应当围绕着上述几个方面来进行。

金融创新能力指标体系实际上是一个制度性评价指标，反映了一国或一地区的金融创新能力和水平。从理论上说，虽然任何一个经济学概念都可以通过定量的方法予以表达，但目前对金融创新能力尚未有一个完整、成熟、一致的认识，也无法通过观察和记录得到相应的指标。无论是经济理论还是经济实践，都无法给出一个最优的金融创新能力的理想参照系来衡量现实。

但是金融创新能力与金融自由化程度、金融中心排名等指标是密切相关的，而这些指标在很大程度上又是可以通过观测统计得到科学客观的计量的。因此，现有的研究多是借鉴国际上比较著名的衡量经济、金融的社会指标评价体系来构建金融创新能力评价体系，主流的有以下几个：伦敦金融城自 2007 年以来发布的全球金融中心指数（GFCI）；美国传统基金会、加拿大弗雷泽研究所等机构 10 多年来一直发布的各国经济自由度指数（EFI）；以樊纲、王小鲁、朱恒鹏为代表，中国经济改革研究基金会国民经济研究所自 2001 年以来发布的中国市场化指数；朱恒鹏编制的中国各地区金融发展与资本自由度指数。

CFCI 对各城市金融中心情况通过因素评估模型计算打分，主要包括客观评价因素和主观评价因素两个部分。其中客观评价因素是对城市的客观要素的情况进行评价打分，主要从 5 个层面来判别各个城市的竞争力：人才、商业环境、市场准入、基础设施、一般竞争力，其下又细分为 EMBA 全球排名、人类发展指数、劳动生产率、行政和经济管制程度、商业环境评价、总体税率、资本准入条件、证券化水平、资本市场发育程度、全球总部成本、商业用房物业水平、经济敏感度、大公司情况等 57 个二级指标。在主观评价方面，主要是对分布于全球各地的金融高管人员进行问卷调查，从而得到主观评价指标。

美国传统基金会的 EFI 主要包括商业自由、贸易自由、财政自由、政府规模、货币自由、投资自由、金融自由、产权保护、反腐败、劳动力自由等 10 大类指标，其下对开始从事商业活动需要的步骤和天数、贸易加权平均税率、非贸易壁垒、最高边际收入税率、最高边际公司税率、政府支出占 GDP 的比例、近 3 年的加权平均通胀率、对外国投资的限制、对金融机构的干预程度、对私有产权的保护程度、私有产权被剥夺的可能性、最低工资限制、最低工作时间要求等 50 个项目指标进行考察；加拿大弗雷泽研究所的 EFI 主要考察政府规模、法律结构和产权保护、货币金融政策、对外贸易自由、对信贷和商业的管制等 5 大类指标，其下包括政府总消费占整个经济的百分比、转移补贴占 GDP 的百分比、司法独立、中立法庭、近 5 年通货膨胀标准差、近期通胀率、国际贸易税收、贸易管制和壁垒、信贷市场管制、商业管制等 21 个项目。

中国市场化指数从政府与市场的关系、非国有经济的发展、产品市场的发育程度、要素市场的发育程度、市场中介组织发育和法律制度环境等 5 大方面分别反映市场化的进展，其下又包含市场分配经济资源的比例、非国有经济在全社会固定资产总投资中所占比例、社会零售商品中价格由市场决定部分所占比例、金融业的市场竞争、劳动力流动性、律师人口与当地人口的比例、消费者权益保护等 23 个基础指标。

中国各地区金融发展与资本自由度指数用比较的方法，从 4 个方面对各地区的金融发展与资本自由流动程度的相对水平和发展进程进行测度，包括政府及制度因素、经济因素、货币供给与金融发育、金融市场的市场化水平，其下细分为政府财政支出占 GDP 的比例、企业数量与人口比例、非国有经济比例、金融机构存款占 GDP 的比例、通胀率及其标准差、银行及其他传统金融机构的竞争、非国有控股公司占上市公司的比例等 21 项基础指标。

现有文献中，主要是对金融中心评价体系、经济自由度指数和中国市场化指数的研究较多，而对金融创新指标评价体系的研究少之又少，比较有代表性的是从以下几个方面来进行评价的。

（1）从微观金融机构创新能力和宏观金融创新能力两个方面评价。

吴献金和苏学文（2003）提出了金融创新指标：金融创新贡献率、金融工具替换速度、金融工具引进系数、金融创新技术系数。喻平和李敏（2007）将金融创新的指标分为微观和宏观两部分，金融创新能力定量化微观经济指标主要衡量金融活动的微观主体金融机构的创新能力，而这一部分的金融创新评价指标体系设计主要针对这样四个基本面进行，即技术先进性、市场成长性、组织管理能力和投入产出效率。在宏观方面，金融创新能力定量化宏观经济指标主要分为金融创新贡献率、新金融工具替换率、金融工具引进系数、金融创新技术系数。

A. 金融创新能力定量化微观指标

金融创新能力定量化微观经济指标主要衡量金融活动的微观主体金融机构的创新能力。金融创新评价指标体系设计应主要针对这样四个基本面进行，即技术先进性、市场成长性、组织管理能力和投入产出效率，具体见表 8-5。

表 8-5　金融创新能力定量化微观经济指标

四个基本面		指标体系
技术先进指标	人力资源水平	中高级技术职称人员占总人员的比率 R&D 人员占科技人员的比率 R&D 成功率
	技术水平	年度金融创新成果价值占年度 R&D 费用的比率 金融机构联合开发金融创新产品的能力 引进技术的吸收能力
市场成长指标	目标市场概况	新产品市场容量 新产品市场容量的年成长率 新产品市场竞争强度
	新产品市场情况	新产品市场占有率 新产品营业收入增长率 新产品营业收入占总营业收入的比率

续表

四个基本面		指标体系
管理能力指标	管理定量指标	管理层次的合理性 R&D 人员与管理人员的数量比值 管理人员占总人员的比率
	管理定性指标	金融家对风险的偏好 金融家对创新产品市场的熟悉程度 金融家对员工的激励程度
投入产出指标	金融创新投入指标	R&D 费用增长率 R&D 平均费用占营业收入的比率 R&D 平均费用占净利润的比率
	投入效率指标	新产品营业利润占 R&D 平均费用的比率 新产品利税额的增长率 新产品营业利润占总营业利润的比率

B. 金融创新能力定量化宏观经济指标

a. 金融创新贡献率

金融创新贡献率反映金融创新对金融业发展的贡献水平。它是指在一定时期内，金融创新所引起的金融业收益增加值对金融业总收益的贡献。如果用 M 表示金融创新贡献率，P 表示金融创新所引起的金融业收益的增加值，R 表示金融总收益，则金融创新贡献率可表示为 $M=P/R$。金融创新贡献率指标是一个效益评价指标，关键的计算数据是 P。它必须由国家金融管理当局或国家统计局设置相关的统计指标，通过各金融经营主体进行层层统计后才能得到。

b. 新金融工具替换率

贷款、投资、结算等是银行的获利手段，但每一手段还存在着很多的产品。从确切的意义上讲，金融工具就是一种产品，是有寿命的。因此，金融产品就存在一个替换率问题。创新金融工具的替换率就是在一定时期内，新金融工具淘汰旧金融工具的速度。如果用 V 表示创新金融工具的替换率，N 表示一定时期内推出的新的金融产品的数量，O 表示一定时期内淘汰的金融产品的数量，则创新金融工具的替换率可表示为 $V=N/O$。

一般说来，V 的正常值是 1，它说明银行金融产品的创新速度与金融产品的淘汰速度相等。银行维持正常的经营活力。V 的值大于 1，甚至更大，说明银行的金融创新活动异常的积极和活跃，银行的经营职能可能在一定时期内得到了迅速扩大。金融市场一体化的实现是繁衍金融新产品的重要条件。这个时期，新的金融产品会大量涌现，银行的经营职能、证券公司的经营职能、保险公司的经营职能及其他非银行金融机构的经营职能会迅速扩大。V 值小于 1，说明银行的金融新产品的推出速度赶不上老产品的淘汰速度。这里需要说明的是：银行新产品的推出尽管数量少，但新产品所包括的功能可能等于，甚至多于被淘汰的老产品的功能。因此不能从金融工具的替换率小于1来说明银行经营功能是增加了还是减少了。在一定意义上来讲，金融创新工具替换率的大小说明国家金融业管制的松紧程度和国家金融业的开放程度。

c. 金融工具引进系数

金融工具引进系数是指一定时期内引进的金融工具数量与金融机构现有的金融工具数量之比。金融机构现有的金融工具数量包括本期以前的金融工具数量、本期金融机构创新的金融工具数量和引进的金融工具数量。如果用 C 表示金融工具引进系数，用 B 表示本期前的金融工具数量，用 S 表示本期金融机构创新的金融工具数量，用 I 表示引进的金融工具数量，则金融工具引进系数可表示为 $C=I/(B+S+I)$。式中难以区分的是本期金融机构创新的金融工具数量 S 和引进的金融工具数量 I。因为金融工具的引进并非原原本本地引进，而是引进与吸收、自创相结合。为此，把性质与引进产品相似、业务处理方法与引进产品相同、功能与引进产品相近的自创金融产品规定为引进的金融创新产品。金融工具引进系数的大小可以说明两个问题：一是金融工具引进系数大，说明该国金融的国际化程度高，引进和应用新的金融工具的速度快，反之则反。二是金融工具引进系数大，可能说明该国的金融不发达，但朝着迅速国际化的方向迈进。反之，则说明该国金融的国际化程度高，金融工具的创新处在国际金融领域的前列。

d. 金融创新技术系数

金融创新技术系数是考核金融创新对技术的依赖程度的指标。它分为观念、组织、制度创新的技术系数和工具（产品）创新的技术系数两种。金融创新所依赖的技术主要是管理技术、信息技术和计算机技术。金融创新对技术的依赖程度主要体现在两个方面：一是创新所涉及的技术门类；二是创新所涉及技术的难度系数。如果用 T_F 表示金融创新技术系数，H_i 表示创新所涉及的技术门类，D_i 表示创新所涉及的技术的难度系数，则金融创新技术系数可表示为 $T_F = \sum_{i=1}^{n} H_i D_i$（其中 i 表示创新所涉及的技术的个数）。技术难度系数 D 可以通过查阅有关的技术统计资料和技术统计年鉴得到。金融创新的技术难度系数越大，说明创新对技术的要求程度越高，金融创新所必须投入的技术资源越多。技术难度系数小，说明金融创新对技术的要求程度不高，金融机构为此而作出的技术资源的投入也不需太多。金融创新技术难度系数指标是一个非常重要的指标，其数值的大小可以反映一个国家的金融业处在一个什么样的发展阶段。金融创新的技术难度普遍较大，说明该国金融业处在较高级的发展阶段。金融创新的技术难度系数普遍较小，则说明该国的金融业处在较低层次的阶段或较低层次向较高层次发展的阶段。了解金融创新的技术难度系数，对于有效地组织技术资源进行金融创新有十分重要的意义。

（2）从经济发展水平、金融深化和金融发展水平、市场竞争和金融部门市场化程度、政府治理及制度建设及人力资本、资金配置效率五个方面评价。

张杰等（2009）构建的金融创新指标分为经济发展水平、金融深化和金融发展水平、市场竞争和金融部门市场化程度、政府治理及制度建设及人力资本、资金配置效率等五大方面，其下分为人均地区生产总值、金融机构存款总额与地区生产总值之比、金融部门市场集中程度、政府与市场的关系、会计师人数占总人口的比例等21个基本指标。并采用根据经验赋予各个指标权重的方法进行描述性研究，详见表8-6。

表 8-6　各指标及权重

指标名称	指标类别	计算权重/%
1. 经济发展水平	一级指标	20
（1）人均地区生产总值	一级分项指标	25
（2）城镇居民家庭人均可支配收入	一级分项指标	25
（3）服务业发展情况	一级分项指标	25
①第三产业增加值占地区生产总值的比例	二级分项指标	12.5
②金融业增加值占地区生产总值的比例	二级分项指标	12.5
（4）对外经济联系指标	一级分项指标	25
①进出口总额	二级分项指标	12.5
②外商投资企业年末投资总额	二级分项指标	12.5
2. 金融深化和金融发展水平	一级指标	20
（1）金融机构存款总额与地区生产总值之比	一级分项指标	20
（2）金融发展的广度	一级分项指标	20
（3）非主要贷款类资金运用与贷款之比	一级分项指标	20
（4）通货膨胀水平	一级分项指标	20
（5）通货膨胀波动情况	一级分项指标	20
3. 市场竞争和金融部门市场化程度	一级指标	20
（1）金融部门市场集中程度	一级分项指标	25
（2）银行体系资金运作市场化程度	一级分项指标	25
①银行资金来源市场化程度	二级分项指标	12.5
②银行资金运用市场化程度	二级分项指标	12.5
（3）金融发展和资本自由化指数	一级分项指标	25
（4）外资银行分布情况	一级分项指标	25
4. 政府治理、制度建设及人力资本	一级指标	20
（1）政府与市场的关系	一级分项指标	20
（2）知识产权的保护	一级分项指标	20

指标名称	指标类别	计算权重/%
（3）律师人数占总人口的比例	一级分项指标	20
（4）会计师人数占总人口的比例	一级分项指标	20
（5）地方行政管理费占地方财政预算支出的比例	一级分项指标	20
5. 资金配置效率	一级指标	20

2. 城市金融创新评价指标体系构建

综上所述，现有的指标体系比较笼统，且多以定性分析为主。以喻平和李敏（2007）为例，其指标体系基本上是直接沿用了技术创新的评价指标体系，针对性较弱，没有仔细关注金融领域的特殊性。同时，由于数据可得性原因，大部分指标都未能进行量化处理（如金融家对创新产品市场的熟悉程度、引进技术的吸收能力等）。张杰等（2009）建立的评价指数虽然通过进一步细化指标弥补了数据可得性问题，但其中大部分指标仍是衡量金融发展水平的"存量"指标，而衡量金融创新的"增量"指标仍然很有限。我们试图以金融创新的分类及相关金融创新理论作为依据，从金融创新环境、金融制度创新、金融市场创新及金融业务创新四个方面，综合现有的指标体系，构建更加细化且可进行量化分析的指标体系（表8-7），以更好地评价城市的金融创新能力。

表 8-7　城市金融创新评价指标体系

一级指标	二级指标
金融创新环境	1. 经济发展指标
	（1）金融服务业增加值占国内生产总值比例
	（2）人均 GDP、人均 GDP 增速
	（3）第三产业增加值占国内生产总值比例
	（4）经济外向度
	①当年实际利用 FDI 总额
	②当年进出口总额
	2. 金融发展指标
	（1）金融业从业人员平均工资
	（2）律师人数占总人数比例
	（3）注册会计师人数占总人数比例
	（4）金融机构员工数目
	3. 金融结构指标：市场导向程度

续表

一级指标	二级指标
金融制度创新	1. 金融企业制度创新 　（1）非金融机构直接融资占间接融资比例 　（2）非国有商业银行资产总额占银行类资产总额比例 　（3）民营上市公司数目、总资产及增长率 2. 金融监管制度创新 　（1）银行不良资产比率 　（2）银行收入成本比 　（3）银行一般管理成本 　（4）金融部门储蓄投资转换率 　（5）金融部门净资产收益率 　（6）商业银行资本充足率 　（7）金融部门独立性：国有企业贷款占比、信用贷款及透支占比 3. 金融制度环境 　（1）金融产权制度：四大国有银行总资产占所有存款类货币银行总资产的比例 　（2）法律制度：官员职务犯罪涉及金额占 GDP 的比例
金融市场创新	1. 金融市场竞争强度 　（1）金融机构市场集中度：四大国有银行信贷比例 　（2）外资银行分支行数量 2. 金融市场活跃程度 　（1）地区证券公司数目、增长率 　（2）地区上市公司数目、增长率 　（3）地区银行类金融机构规模 　（4）上市公司总市值及增长率 　（5）保险机构保费收入增长率 　（6）上市公司证券市场成交额及增长率 　（7）上市公司实际募集资金净额及增长率 3. 资金的配置效率：第二产业投入产出弹性指标
金融业务创新	1. 银行及金融衍生业务创新 　（1）本地商业银行衍生资产总额 　（2）本地商业银行次级贷款总额 　（3）商业银行非主要贷款类资金与贷款之比 　（4）商业银行中间业务收入占比 　（5）商业银行交易衍生产品的净利润 　（6）主要商业银行的本地法人银行资产总规模增长率 　（7）本地商业银行税前利润 2. 证券及保险业务创新 　（1）证券化率：股票总市值/GDP（用上市公司总市值代替） 　（2）证券公司收益率 　（3）证券公司的资产管理业务收入和自营业务收入占营业收入的比例 　（4）上市公司企业债融资额 　（5）保险收益率（收益增长率）

第9章 城市金融支持与金融创新能力评价的实证研究

9.1 评价方法的选取

多指标综合评价方法，是把描述被评价事物不同方面且量纲不同的多个统计指标，转化成无量纲的相对评价值，并综合这些评价值以得出对该事物的一个整体评价的方法。关于多指标综合评价的方法很多，如综合指数法、主成分分析法、因子分析法、熵值法、专家评价法、模糊综合评判法、经济分析法、功效系数法、多目标效用综合法、层次分析法等。

为了尽可能地避免评价指标中所包含的信息的重叠，使在定量分析的过程中涉及的变量较少，同时得到的信息量较多，拟采用主成分分析法来对创新型城市金融支持与金融创新能力进行评价。首先对指标体系中的每个模块进行分析，得出该模块得分，然后通过对整个指标体系的评价得到综合得分。

选取主成分分析法的原因以及主成分分析法原理在第4章里已经有详细的阐述，在这里不再重复。

9.2 城市金融支持与金融创新能力评价的实证研究

在第一篇"创新型城市创新能力评价"模块，已经对10个城市的创新能力建设水平作出了评价。这里的研究目的是通过分别对创新型城市本身以及创新型城市中金融支持、金融创新能力作出评价，从而探索两者之间的关系，深入分析金融支持与金融创新在创新型城市建设中的作用。与前面相对应，依据前面建立的指标体系对这10个创新型城市的金融支持与金融创新能力作出评价，这10个城市分别为：北京、上海、广州、深圳、杭州、宁波、南京、厦门、重庆、沈阳。由于创新型城市的发展目标是2006年才提出的，因此选取2007~2011年作为评价年份，并希望通过这5年数据的对比，得出各个城市的发展趋势和侧重点，据此提出政策建议。考虑到相关城市统计数据的滞后性，数据可获得性及分析的严谨性等因素，实际用于实证研究的指标体系在前面建立的理论指标体系上有一定改动,下面将分别就金融支持水平评价与金融创新能力评价的数据来源及处理、实证研究及结果进行详细阐述。

1. 城市金融支持水平评价的实证研究

1)数据来源及处理

在前面建立的金融支持水平评价指标体系中,考虑到相关城市统计数据的滞后性、数据的可获得性等因素,在理论指标体系的基础上作了适当调整,将金融支持基础与金融环境评价两个模块合并,将金融机构实力和金融市场规模两个模块合并,最终采用表 9-1 的指标体系作为最后进行主成分分析的框架,共含有 33 项指标。

表 9-1　金融支持水平评价指标体系——主成分框架

一级指标	二级指标
金融支持基础及金融环境	金融业增加值占国内生产总值比例(*)
	人均 GDP
	当年实际利用 FDI 总额(亿美元)
	当年进出口总额(亿美元)
	金融业在岗职工总数
	金融业从业人数占全体劳动者比例
	金融业在岗职工较上年度的同比增长率
	金融机构本外币存款余额(亿元)
	存款余额占 GDP 比例
	本地上市公司累计融资量与 GDP 之比
	保险深度
	保险密度
	金融机构本外币贷款余额(亿元)
	贷款余额占 GDP 比例
金融机构实力及金融市场规模	商业银行机构数目
	基金公司数目
	上市公司数目
	同业拆借市场成交金额(万亿元)
	回购市场交易额(万元)
	期货市场成交额(亿元)
	交易所上市公司家数(家)
	交易所上市公司总市值/亿元(交易所)
	交易所股票成交金额(亿元)
	交易所股票成交量(百万股)
	交易所首次公开募股(IPO)筹资额(亿元)
	投资者新增股票开户(万户)
	各年投资者累计开立股票账户总数(万户)

一级指标	二级指标
金融机构实力及金融市场规模	银行间债券市场现券交易额（万亿元）
	黄金交易额/亿元（年鉴）
	交易所债券市场现券交易额（亿元）
	本地上市公司证券市场成交额（元）
	本地上市公司实际募集资金净额（万元）
	主要商业银行的本地法人银行资产总规模

注：相关数据的来源主要为各城市相关年份的统计年鉴、各城市政府的公开网站、国泰君安数据库、Wind 数据库以及 BVD-BankScope 数据库等，各城市金融支持水平原始数据见附录

2）城市金融支持水平评价得分

A. 金融支持基础及金融环境得分

该模块包括 14 项指标（表 9-1），数据来源于各城市的统计年鉴或政府公开网站。此部分指标均为正向指标，无需进行指标的正向化处理。

根据被选取主成分的特征值大于 1，且对方差解释的累计贡献百分比大于 80%的原则，以主成分分析法的结果确定主成分的个数。若按照特征值大于 1 的标准，本部分只需选取 3 个主成分，但累计方差贡献率仅为 74.552%，低于 80%的标准，因此，为了保留更多的原始信息，本模块选取了 4 个主成分，方差的累计贡献率为 81.228%。

表 9-2 为"金融支持基础及金融环境"模块的总方差解释表。此外，根据成分被提取的顺序，画出碎石图（图 9-1），直观展示成分的特征值随成分个数变化的情况。从碎石图中可以看出，自第 1 个成分开始，曲线急速下降；自第 4 个成分开始，曲线变得较为平缓。也就是说，前 4 个成分已经对原变量有较高程度的解释，尤其是第 1 个主成分，解释了超过 50%的原始信息，前 4 个成分共解释了原变量总方差的 81.228%，在较高程度上反映了原始各变量的信息。

表 9-2　金融支持基础及金融环境：总方差解释表

Component	Initial Eigenvalues			Extraction Sums of Squared Loadings		
	Total	% of Variance	Cumulative %	Total	% of Variance	Cumulative %
1	7.555	53.961	53.961	7.555	53.961	53.961
2	1.591	11.362	65.323	1.591	11.362	65.323
3	1.292	9.229	74.552	1.292	9.229	74.552
4	0.935	6.676	81.228	0.935	6.676	81.228
5	0.814	5.815	87.044			
6	0.553	3.948	90.991			
7	0.459	3.280	94.271			

Component	Initial Eigenvalues			Extraction Sums of Squared Loadings		
	Total	% of Variance	Cumulative %	Total	% of Variance	Cumulative %
8	0.384	2.740	97.011			
9	0.180	1.286	98.297			
10	0.147	1.050	99.347			
11	0.061	0.438	99.785			
12	0.022	0.158	99.943			
13	0.005	0.034	99.978			
14	0.003	0.022	100.000			

Extraction Method：Principal Component Analysis

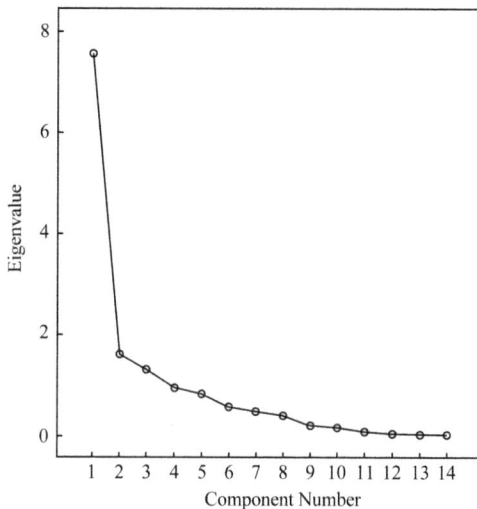

图 9-1　碎石图

使用方差最大法对因子载荷矩阵进行正交旋转，然后用正交旋转因子载荷矩阵（表 9-3）中各因子的载荷除以各主成分对应的特征值的平方根，即可得到各因子在各主成分中的权重，即

$$\text{Weight of Factor} = \text{Rotated Component} \Big/ \sqrt{\text{Initial Eigenvalues}}$$

各主成分的得分为各因子在各主成分中的权重乘以各因子标准化后的数值，即

$$F_i = \sum \text{Weight of Factor}_i \times \text{ZX} \ (i=1,2,3,4)$$

表 9-3　正交旋转因子载荷矩阵

项目	Component			
	1	2	3	4
Z-金融业增加值占国内生产总值比例	0.823 905	0.139 745	0.027 51	0.215 557
Z-人均地区生产总值	0.631 083	0.604 374	0.161 361	−0.409 66
Z-当年实际利用 FDI 总额	0.591 583	−0.517 69	0.489 883	0.016 485
Z-当年进出口总额	0.761 198	−0.053 07	0.285 354	−0.118 63
Z-金融业在岗职工总数	0.915 843	−0.250 87	0.208 154	0.085 537
Z-金融业在岗职工占当地职工总数的比例	0.757 468	0.483 076	0.129 841	−0.072 21
Z-金融业在岗职工较上年度的同比增长率	0.243 799	0.376 297	0.518 475	0.500 638
Z-金融机构本外币存款余额	0.890 216	−0.328 43	−0.077 52	−0.096 12
Z-存款余额占 GDP 比例	0.622 147	−0.147 83	−0.427 15	−0.150 71
Z-保险深度	0.766 316	−0.346 28	−0.346 27	0.136 199
Z-保险密度	0.790 344	0.208 736	−0.094 01	−0.420 25
Z-金融机构本外币贷款余额	0.947 216	−0.243 38	0.104 999	0.017 927
Z-贷款余额占 GDP 比例	0.677 855	0.297 796	−0.366 61	0.298 587
Z-本地上市公司累计融资量与 GDP 之比	0.572 695	0.236 784	−0.390 15	0.355 34

Extraction Method：Principal Component Analysis

根据主成分分析构建综合评价函数，最后根据综合评价函数来对创新型城市的金融支持基础及金融环境进行评分。以各主成分正交旋转后的方差贡献率作为其权重，即

金融支持基础及金融环境得分

$$=\sum \% \text{ of Variance,Rotation Sums of Squared Loadings} \times F$$
$$=53.961\%F_1 +11.362\%F_2 +9.229\%F_3 +6.676\%F_4$$

经过同前面（4.7 节）相同的数学变化，分别得到各城市金融支持基础及金融环境的最终得分及各城市的排名结果（表 9-4）。

表 9-4　各城市金融支持基础及金融环境得分及排名

城市	2007 年		2008 年		2009 年		2010 年		2011 年	
	得分	排名	得分	排名	得分	排名	得分	排名	得分	排名
北京	88.3525	1	91.1185	1	97.0793	1	97.9511	1	100.0000	1
上海	86.5375	2	88.3269	2	90.7039	2	93.7738	2	96.6620	2
深圳	81.1244	4	84.8176	3	86.0422	4	91.0448	3	90.6867	3
广州	82.4666	3	80.5334	5	81.9947	5	84.0286	5	85.2517	5
杭州	79.7872	5	82.5207	4	88.8421	3	89.5580	4	89.0190	4
宁波	76.5079	6	78.9469	6	77.3573	7	80.8881	6	81.6673	7
南京	76.1014	7	76.6165	8	78.9618	6	80.8822	7	82.1806	6

城市	2007 年		2008 年		2009 年		2010 年		2011 年	
	得分	排名	得分	排名	得分	排名	得分	排名	得分	排名
厦门	75.1823	8	75.6024	9	76.0467	8	77.8559	8	79.0682	8
重庆	72.0835	10	73.3392	10	74.9422	10	76.8060	9	77.6357	9
沈阳	72.6848	9	76.9664	7	74.9859	9	76.3490	10	76.6452	10

由金融支持基础及金融环境模块的得分排序可见，在 2007～2011 年，北京和上海稳居第一、第二；深圳基本维持在第三的水平；杭州则紧随其后，在 2009 年甚至超过深圳，位列第三；广州仅在 2007 年排进前三，之后一直名列第五。下面我们对结果进行进一步的分析。

由方差解释表可知，第一主成分解释了原有信息的 53.961%。通过旋转因子载荷矩阵，我们发现金融机构本外币贷款余额、金融业在岗职工总数、金融机构本外币存款余额、金融业增加值占国内生产总值比例、保险密度、保险深度、当年进出口总额、金融业在岗职工占当地职工总数的比例这几项指标与第一主成分的相关性较强。分别对这几项指标的原始数据进行分析，容易发现金融业增加值占国内生产总值比例排名前五的城市分别是北京、深圳、上海、杭州、宁波，而广州只排在第七位（以 2011 年为准）；人均 GDP 排名前五的城市是深圳、杭州、广州、上海、北京；金融业在岗职工总数排名前五的城市是上海、北京、杭州、深圳、广州；金融业在岗职工占当地人口总数排名前五的城市是杭州、北京、深圳、上海、广州；金融机构本外币存款余额排名前五的城市是北京、上海、广州、深圳、杭州；金融机构本外币贷款余额排名前五的城市是北京、上海、深圳、广州、杭州。值得注意的是，如果考虑贷款余额占 GDP 的比例，杭州位列第二，仅次于北京，而其存款余额占 GDP 的比例也排在第三位；保险密度排名前五的城市是广州、北京、深圳、上海、杭州；保险深度排名前五的城市是北京、上海、厦门、广州、南京。

B. 金融机构实力及金融市场规模得分

该模块包括 19 项指标（表 9-1），商业银行机构数目来源于中国银监会网站上的公开信息；基金公司数目、上市公司数目、本地上市公司证券市场成交额、本地上市公司实际募集资金净额来源于国泰君安（CSMAR）数据库，并按照公司的注册地信息统计了各城市的相应指标。交易所股票成交金额、交易所股票成交量、交易所 IPO 筹资额、投资者新增股票开户、各年投资者累计开立股票账户总数的数据，来源于上海证券交易所和深圳证券交易所的公开信息，这几项指标只有上海和深圳两个城市有数据，其余城市均为零。但我们认为有证券交易所的城市，其金融支持基础及金融环境相对较好，因而有必要放入这几项指标以突出证券交易所在金融支持中的作用。同业拆借市场成交金额、回购市场交易额、期货市场成交额、黄金交易额指标数据来源于各城市的统计年鉴和统计公报。以期货市场成交额为例，其数据并非各城市的期货成交额，而是指期货交易所的成交额，因此没有期货交易所的城市该项指标为 0。虽然存在一定的不合理性，但由于数据可得性问题，目前无法得到每个城市的期货成交额。而拥有期货交易所也说明该城市的金融支持基础较好，因而加入这几项指标也有其实际意义。以上指标均为正向化指标，故无须进行指标的正向化处理，可直接运用主成分分析。

　　根据被选取主成分的特征值大于 1，且对方差解释的累计贡献百分比大于80%的原则，本模块选取了 5 个主成分。表 9-5 为金融机构实力及金融市场规模模块的总方差解释表。此外，根据成分被提取的顺序，画出碎石图（图 9-2），直观展示成分的特征值随成分个数变化的情况。可以看出，自第 1 个成分开始，曲线急速下降；自第 5 个成分开始，曲线变得较为平缓。也就是说，前 5 个成分已经对原变量作出了较高程度的解释，能较为显著地刻画原变量所包含的信息。对比总方差解释表，可知前 5 个成分共解释了原变量总方差的 85.513%，在很高程度上反映了原始各变量的信息。

表 9-5　金融机构实力及金融市场规模：总方差解释表

Component	Initial Eigenvalues			Extraction Sums of Squared Loadings		
	Total	% of Variance	Cumulative %	Total	% of Variance	Cumulative %
1	9.064	47.708	47.708	9.064	47.708	47.708
2	3.022	15.903	63.611	3.022	15.903	63.611
3	1.888	9.937	73.548	1.888	9.937	73.548
4	1.163	6.121	79.670	1.163	6.121	79.670
5	1.110	5.843	85.513	1.110	5.843	85.513
6	0.824	4.335	89.848			
7	0.690	3.633	93.481			
8	0.477	2.511	95.993			
9	0.295	1.552	97.545			
10	0.226	1.191	98.735			
11	0.118	0.619	99.354			
12	0.065	0.345	99.699			
13	0.027	0.144	99.842			
14	0.014	0.073	99.915			
15	0.013	0.068	99.984			
16	0.002	0.009	99.993			
17	0.001	0.005	99.998			
18	0.000	0.002	100.000			
19	1.3×10^{-15}	-6.64×10^{-15}	100.000			

Extraction Method: Principal Component Analysis

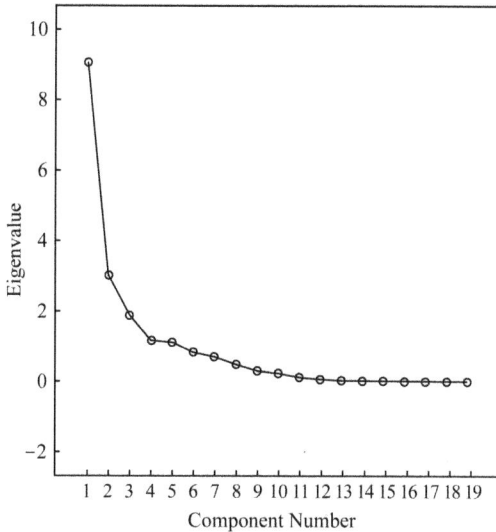

图 9-2　碎石图

　　使用方差最大法对因子载荷矩阵进行正交旋转，然后用正交旋转因子载荷矩阵（表 9-6）中各因子的载荷除以各主成分对应的特征值的平方根，即可得到各因子在各主成分中的权重，即

$$\text{Weight of Factor} = \text{Rotated Component} / \sqrt{\text{Initial Eigenvalues}}$$

　　各主成分的得分为各因子在各主成分中的权重乘以各因子标准化后的数值，即

$$F_i = \sum \text{Weight of Factor}_i \times \text{ZX} \ (i=1,2,3,4,5)$$

表 9-6　正交旋转因子载荷矩阵

项目	Component				
	1	2	3	4	5
Z-商业银行机构数目	0.317 551	0.474 953	0.269 523	0.078 956	0.335 753
Z-当地基金公司数目	0.988 734	0.019 733	−0.000 16	−0.020 73	0.102 677
Z-本地上市公司实际募集资金净额	0.211 237	0.762 01	−0.034 16	−0.080 15	−0.294 75
Z-本地上市公司证券市场成交额	0.725 767	0.589 952	−0.242 33	0.045 921	−0.008 41
Z-本地上市公司数目	0.782 445	0.563 237	−0.054 51	−0.048 96	−0.039 46
Z-主要商业银行的本地法人银行资产总规模	0.114 093	0.939 66	0.019 685	−0.029 21	−0.044 75
Z-同业拆借市场成交金额	0.375 69	−0.055 39	−0.160 46	0.878 599	0.134 533
Z-回购市场交易额	0.033 805	0.631 917	0.032 437	0.018 207	0.146 766
Z-期货市场成交额	0.607 535	−0.119 04	0.683 634	−0.110 29	−0.282 94

续表

项目	Component				
	1	2	3	4	5
Z-银行间债券市场现券交易额	0.841 938	−0.155 01	0.452 523	0.129 179	0.065 121
Z-交易所债券市场现券交易额	0.493 376	−0.111 89	−0.147 16	−0.377 1	0.696 445
Z-黄金交易额	0.658 241	−0.122 2	0.639 144	−0.170 15	−0.143 41
Z-交易所上市公司总数	0.871 839	−0.160 5	−0.243 04	−0.055 99	−0.109 22
Z-交易所上市公司总市值	0.919 035	−0.171 04	−0.058 14	0.003 872	0.193 195
Z-交易所股票成交金额	0.421 276	−0.150 8	−0.517 66	−0.170 73	−0.396 69
Z-交易所股票成交量	0.882 465	−0.158 79	−0.026 89	0.312 464	−0.168 93
Z-交易所 IPO 筹资额	0.944 255	−0.171 17	0.110 383	−0.031 75	0.098 233
Z-投资者新增股票开户	0.779 901	−0.190 08	−0.501 57	−0.201 62	−0.020 55
Z-各年投资者累计开立股票账户总数	0.911 967	−0.174 14	−0.167 87	−0.027 5	−0.147 27

Extraction Method: Principal Component Analysis

　　根据主成分分析构建综合评价函数，最后根据综合评价函数来对创新型城市的金融机构实力及金融市场规模进行评分。以各主成分正交旋转后的方差贡献率作为其权重，即

金融机构实力及金融市场规模得分

$$=\sum \% \text{ of Variance,Rotation Sums of Squared Loadings} \times F$$
$$=47.708\%F_1 +15.903\%F_2 +9.937\%F_3 +6.121\%F_4 +5.843\%F_5$$

　　经过同前面（4.7 节）相同的数学变化，分别得到各城市金融机构实力及金融市场规模的最终得分及各城市的排名结果（表 9-7）。

表 9-7　各城市金融机构实力及金融市场规模的得分及排名

城市	2007 年		2008 年		2009 年		2010 年		2011 年	
	得分	排名	得分	排名	得分	排名	得分	排名	得分	排名
北京	81.0352	3	81.7498	2	84.0776	2	82.7454	3	83.0119	3
上海	92.6652	1	90.9934	1	97.2628	1	99.6429	1	100.0000	1
深圳	81.6829	2	80.6378	3	83.5262	3	85.8228	2	84.2888	2
广州	74.4591	4	74.4367	5	74.7238	5	74.9742	6	74.8615	5
杭州	73.7338	6	73.7394	6	74.0387	6	74.9862	5	74.7538	6
宁波	73.5175	8	73.4665	8	73.6261	8	73.9660	8	73.9452	8
南京	73.7171	7	73.5980	7	73.8251	7	73.9880	7	74.1094	7
厦门	73.0872	10	73.1201	10	73.1704	10	73.4309	10	73.4087	10
重庆	74.3054	5	75.5964	4	75.8094	4	76.2140	4	76.0404	4
沈阳	73.4415	9	73.4459	9	73.4751	9	73.4666	9	73.4487	9

由金融机构实力及金融市场规模得分排名可见，在金融机构实力及金融市场规模模块，2007～2011 年，前三的位置始终被上海、深圳、北京所占据，只是排名先后略有变化，而上海始终保持第一的水平；2008～2011 年，重庆都一直位列第四；而广州则基本处于第五的位置。为了解排名背后的原因，将对结果进行进一步的分析。

由方差解释表可知，第一主成分解释了原有信息的 47.7%，而通过旋转因子载荷矩阵，发现当地基金公司数目、交易所 IPO 筹资额、交易所上市公司总市值、各年投资者累计开立股票账户总数、交易所股票成交量、交易所上市公司总数、银行间债券市场现券交易额、本地上市公司数目、本地上市公司证券市场成交额这几项指标与第一主成分的相关性较强。对这几项指标的原始数据进行对比分析，发现当地基金公司数目排名前五的城市是上海、深圳、北京、重庆、杭州，广州排名第六；而交易所 IPO 筹资额、交易所上市公司总市值、各年投资者累计开立股票账户总数、交易所股票成交量、交易所上市公司总数、这几项指标是关于证券交易所的，因此只有上海和深圳有数据，而银行间债券市场现券交易额仅有上海有相关数据，这从某种程度上决定了上海和深圳在此模块总体排名中的地位。但由于交易所和银行间债券市场的存在，本身对当地的金融机构实力及金融市场规模有极大的影响，因此这也是合理的。本地上市公司数目排名前五的城市是北京、上海、深圳、杭州、广州；本地上市公司证券市场成交额排名前五的城市是北京、上海、深圳、广州、杭州。

3）各城市金融支持水平综合得分

在得到了各个模块的得分后，我们还希望得到各城市金融支持水平总得分及排名。一个比较合理的方法是将两个模块的指标放在一起做一次主成分分析，既避免了人工分类可能存在的不合理性，也克服了权重法中由专家确定各部分权重所产生的偏差。下面是主成分分析的主要结果。

表 9-8 为金融支持水平综合能力的总方差解释表。此外，根据成分被提取的顺序，画出碎石图（图 9-3），直观展示成分的特征值随成分个数变化的情况。从碎石图中可以看出，自第一个主成分开始，曲线迅速下降；自第七个主成分开始，曲线就变得较为平缓。也就是说，前七个成分已经对原变量有较高程度的解释作用，能较为显著地刻画原变量所包含的信息。对比总方差解释表，可知前七个成分共解释了原变量总方差的 83.768%，在很高程度上反映了原始各变量的信息。

表 9-8　金融支持水平综合能力：总方差解释表

Component	Initial Eigenvalues			Extraction Sums of Squared Loadings		
	Total	% of Variance	Cumulative %	Total	% of Variance	Cumulative %
1	13.966	42.320	42.320	13.966	42.320	42.320
2	5.798	17.569	59.889	5.798	17.569	59.889
3	2.584	7.829	67.718	2.584	7.829	67.718
4	1.903	5.768	73.486	1.903	5.768	73.486
5	1.223	3.706	77.193	1.223	3.706	77.193
6	1.146	3.474	80.666	1.146	3.474	80.666
7	1.024	3.102	83.768	1.024	3.102	83.768
8	0.957	2.899	86.667			
9	0.909	2.753	89.420			
10	0.788	2.388	91.808			
11	0.595	1.804	93.612			
12	0.469	1.422	95.034			
13	0.397	1.202	96.236			
14	0.358	1.085	97.321			
15	0.270	0.817	98.138			
16	0.181	0.549	98.687			
17	0.127	0.385	99.072			
18	0.109	0.330	99.402			
19	0.062	0.188	99.590			
20	0.040	0.122	99.712			
21	0.027	0.082	99.794			
22	0.020	0.062	99.856			
23	0.015	0.046	99.901			
24	0.014	0.043	99.944			
25	0.010	0.030	99.973			
26	0.004	0.012	99.985			
27	0.002	0.007	99.992			
28	0.001	0.004	99.996			
29	0.001	0.002	99.998			
30	0.001	0.002	100.00			
31	0.000	0.002	100.00			
32	2.43×10^{-5}	7.37×10^{-5}	100.00			
33	-1.7×10^{-16}	-5.27×10^{-16}	100.00			

Extraction Method:Principal Component Analysis

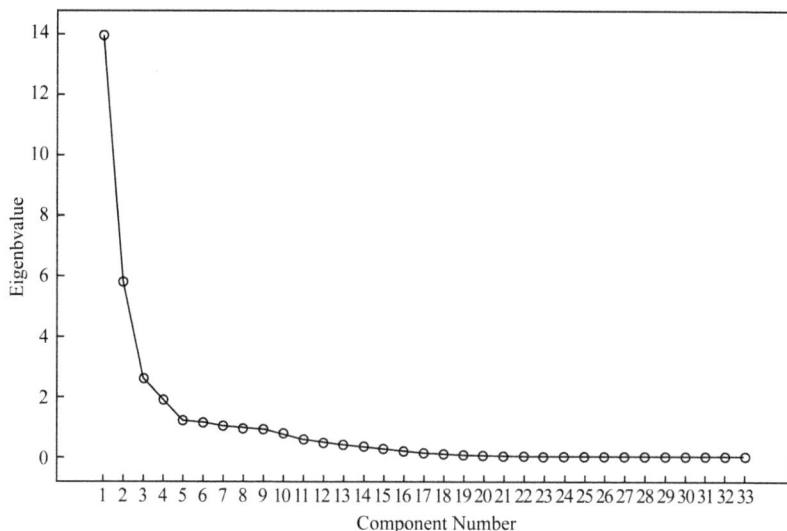

图 9-3　碎石图

　　使用方差最大法对因子载荷矩阵进行正交旋转，然后用正交旋转因子载荷矩阵（表 9-9）中各因子的载荷除以各主成分对应的特征值的平方根，即可得到各因子在各主成分中的权重，即

$$\text{Weight of Factor}=\text{Rotated Component}\Big/\sqrt{\text{Initial Eigenvalues}}$$

　　各主成分的得分为各因子在各主成分中的权重乘以各因子标准化后的数值，即

$$F_i = \sum \text{Weight of Factor}_i \times \text{ZX} \quad (i=1,2,\cdots,7)$$

　　根据主成分分析构建综合评价函数，最后根据综合评价函数来对创新型城市的金融支持水平进行评分。以各主成分正交旋转后的方差贡献率作为其权重，即

　　金融支持水平综合得分

$$=\sum \% \text{ of Variance,Rotation Sums of Squared Loadings} \times F$$
$$=42.320\%F_1 +17.569\%F_2 + 7.829\%F_3 + 5.768\%F_4 + 3.706\%F_5$$
$$+ 3.474\%F_6 + 3.102\%F_7$$

表 9-9 正交旋转因子载荷矩阵

项目	Component						
	1	2	3	4	5	6	7
Z-金融业增加值占国内生产总值比例	0.793 232	0.280 068	0.321 214	0.132 905	0.061 133	0.080 167	0.170 204
Z-人均地区生产总值	0.494 088	0.188 892	0.639 996	-0.378 28	-0.205 35	-0.16	-0.066 57
Z-当年实际利用 FDI 总额	0.754 818	-0.182 49	-0.397 46	-0.069 93	-0.001 59	-0.025 69	0.144 779
Z-当年进出口总额	0.827 524	0.027 832	0.126 424	-0.073 47	0.028 116	-0.096 01	0.002 354
Z-金融业在岗职工总数	0.926 457	0.204 504	-0.164 71	-0.074 14	0.010 702	-0.058 22	0.093 417
Z-金融业在岗职工占当地职工总数的比例	0.576 83	0.348 288	0.409 613	-0.366 64	-0.149 01	-0.169 8	0.125 138
Z-金融业在岗职工较上年度的同比增长率	0.181 606	0.112 305	0.234 632	-0.331 17	0.295 765	0.039 718	0.689 775
Z-金融机构本外币存款余额	0.807 614	0.402 098	-0.245 73	-0.034 31	-0.113 45	-0.069 76	-0.070 78
Z-存款余额占 GDP 比例	0.429 98	0.519 872	-0.130 11	-0.019 06	-0.248 48	-0.137 11	-0.140 72
Z-保险深度	0.663 374	0.509 278	-0.296 17	0.193 112	-0.045 19	0.010 004	-0.098 66
Z-保险密度	0.603 277	0.441 251	0.204 138	-0.227 38	-0.256 32	-0.170 8	-0.192 54
Z-金融机构本外币贷款余额	0.919 648	0.287 278	-0.156	-0.072 39	-0.040 57	-0.011 84	-0.010 93
Z-贷款余额占 GDP 比例	0.460 97	0.535 784	0.208 88	-0.148 89	-0.109 29	0.037 753	-0.013 43
Z-本地上市公司累计融资量与 GDP 之比	0.387 749	0.608 596	0.237 891	0.053 001	0.300 903	0.282 423	-0.271 99
Z-商业银行机构数目	0.427 789	0.154 39	-0.658 69	0.246 048	0.052 043	-0.007 81	0.018 272
Z-基金公司数目	0.890 832	-0.424 47	-0.037 96	0.093 981	0.025 595	-0.048 55	0.023 2

续表

项目	Component						
	1	2	3	4	5	6	7
Z-本地上市公司实际募集资金净额	0.505 315	0.630 347	0.095 764	0.069 09	0.306 636	0.257 146	-0.238 29
Z-本地上市公司证券市场成交额	0.864 934	0.189 116	0.065 356	0.372 305	0.016 608	0.059 021	0.023 693
Z-本地上市公司数目/个	0.953 571	0.181 937	0.033 147	0.115 931	0.062 19	-0.035 12	0.057 322
Z-主要商业银行的本地法人银行资产总规模	0.473 457	0.748 945	-0.176 04	0.192 914	0.121 256	0.024 315	0.090 258
Z-同业拆借市场成交金额	0.306 427	-0.222 41	-0.051 92	0.230 023	-0.698 67	0.439 898	0.185 249
Z-回购市场交易额	0.226 92	0.438 515	-0.206 18	0.259 873	0.035 968	-0.067 48	0.435 029
Z-期货市场成交额	0.531 783	-0.330 85	-0.345 71	-0.524 36	0.218 765	0.205 524	-0.123 84
Z-银行间债券市场现券交易额	0.717 662	-0.483 7	-0.331 55	-0.273 82	-0.087	0.095 807	-0.019 81
Z-交易所债券市场现券交易额	0.382 952	-0.348 01	-0.101 59	0.249 244	0.051 109	-0.677 92	-0.052 95
Z-黄金交易额	0.581 014	-0.360 66	-0.330 02	-0.504 95	0.221 103	0.054 618	-0.047 82
Z-交易所上市公司家数	0.722 787	-0.500 27	0.326 08	0.096 526	0.068 153	0.006 152	-0.020 43
Z-交易所上市公司总市值	0.746 059	-0.554 69	-0.003 19	0.109 935	-0.049 02	-0.090 03	-0.031 73
Z-交易所股票成交金额	0.274 997	-0.333 43	0.367 076	0.364 947	0.213 906	0.180 307	-0.042 82
Z-交易所股票成交量	0.738 853	-0.498 39	0.102 174	0.002 505	-0.177 91	0.307 367	0.009 257
Z-交易所 IPO 筹资额	0.781 447	-0.551 4	-0.064 84	-0.039 67	0.015 489	-0.039 65	-0.062 82
Z-投资者新增股票开户	0.585 375	-0.528 03	0.336 823	0.390 232	0.136 742	-0.098 77	-0.038 29
Z-各年投资者累计开立股票账户总数	0.754 375	-0.529 2	0.267 829	0.052 506	0.063 64	0.062 839	-0.019 6

经过同前面（4.7 节）相同的数学变化，分别得到各城市金融支持水平的最终综合得分及各城市的排名结果（表 9-10）。

表 9-10　各城市金融支持水平综合得分及排名

城市	2007 年		2008 年		2009 年		2010 年		2011 年	
	得分	排名	得分	排名	得分	排名	得分	排名	得分	排名
北京	89.6543	2	91.9592	1	100.0000	1	98.2976	1	99.0329	1
上海	91.2295	1	90.5796	2	95.4567	2	97.2190	2	97.9669	2
深圳	85.8553	3	84.9223	3	88.1332	3	93.2857	3	90.9134	3
广州	80.3832	4	78.3372	5	79.5433	5	81.0284	5	81.2326	5
杭州	77.6797	5	79.1179	4	82.6611	4	85.0652	4	83.6440	4
宁波	75.4040	7	76.4178	6	76.3120	7	78.7579	7	78.7868	7
南京	75.7606	6	76.1682	7	77.9232	6	79.0031	6	79.4435	6
厦门	74.2974	8	74.9253	8	75.3364	9	76.8543	9	77.0968	9
重庆	73.3406	9	74.5290	10	75.7773	8	77.4579	8	77.2616	8
沈阳	72.8947	10	74.7668	9	74.4787	10	75.1384	10	75.0005	10

可以看出，在金融支持水平的最终综合得分中，2008~2011 年，前三位的排序非常固定，分别是北京、上海、深圳；而杭州从 2008 年开始超过广州，位列第四；广州则位列第五。这部分的综合得分是通过将前两个模块中的所有指标综合起来运用主成分分析法得到的，因此其排名也是综合了前两个模块的结果。具体各项指标的排名可参照前述两个模块，这里不再赘述。与此同时，我们更关注的是各个主要城市在金融支持水平上的差异和优势对比，以下将进行具体分析。

表 9-11　各城市金融支持水平各模块排名对比

模块		排名情况				
		2007 年	2008 年	2009 年	2010 年	2011 年
北京	金融支持基础与金融环境	1	1	1	1	1
	金融机构实力与金融市场规模	3	2	2	3	3
	金融支持综合得分	2	1	1	1	1
上海	金融支持基础与金融环境	2	2	2	2	2
	金融机构实力与金融市场规模	1	1	1	1	1
	金融支持综合得分	1	2	2	2	2
深圳	金融支持基础与金融环境	4	3	4	3	3
	金融机构实力与金融市场规模	2	3	3	2	2
	金融支持综合得分	3	3	3	3	3
广州	金融支持基础与金融环境	3	5	5	5	5
	金融机构实力与金融市场规模	4	5	5	6	5
	金融支持综合得分	4	5	5	5	5

续表

模块		排名情况				
		2007 年	2008 年	2009 年	2010 年	2011 年
杭州	金融支持基础与金融环境	5	4	3	4	4
	金融机构实力与金融市场规模	6	6	6	5	6
	金融支持综合得分	5	4	4	4	4
宁波	金融支持基础与金融环境	6	6	7	6	7
	金融机构实力与金融市场规模	8	8	8	8	8
	金融支持综合得分	7	6	7	7	7
南京	金融支持基础与金融环境	7	8	6	7	6
	金融机构实力与金融市场规模	7	7	7	7	7
	金融支持综合得分	6	7	6	6	6
厦门	金融支持基础与金融环境	8	9	8	8	8
	金融机构实力与金融市场规模	10	10	10	10	10
	金融支持综合得分	8	8	9	9	9
重庆	金融支持基础与金融环境	10	10	10	9	9
	金融机构实力与金融市场规模	5	4	4	4	4
	金融支持综合得分	9	10	8	8	8
沈阳	金融支持基础与金融环境	9	7	9	10	10
	金融机构实力与金融市场规模	9	9	9	9	9
	金融支持综合得分	10	9	10	10	10

表 9-11 为各城市金融支持水平各模块排名情况，对比上面的总结表我们很清晰地看到，北京在金融支持基础与金融环境方面较有优势；上海和深圳在金融机构实力与金融市场规模方面较有优势，其中上海要强于深圳；而相比于以上三个城市，广州在这两方面都稍有欠缺。杭州在金融支持基础与金融环境方面的表现也优于广州。

2. 城市金融创新能力评价的实证研究

1）样本选择及数据处理

A．样本选择

这里同样选取 10 个具有代表性的创新型城市进行城市金融创新能力评价的实证研究，分别为北京、上海、广州、深圳、杭州、宁波、南京、厦门、重庆、沈阳。

B．数据处理

由于创新型城市的发展目标是从 2006 年才提出的，因此选取 2007～2011 年作为评价年份，并希望通过这 5 年数据的对比得出各个城市的发展趋势和侧重点。

在前面构建的金融创新能力评价指标体系中,考虑到相关城市统计数据的滞后性、数据的可获得性等因素,在进行实证研究时,在理论指标体系的基础上作了适当调整,使其更加符合实际情况,最终采用表 9-12 作为最后进行主成分分析的框架。

　　数据来源为各城市相关年份的统计年鉴、各城市的政府公开网站、国泰君安数据库、Wind 数据库以及 BVD-BankScope 数据库,下面将分别对各部分的数据来源及处理过程做简要说明(金融创新能力原始数据详见附录 2)。

表 9-12　金融创新能力评价指标体系——主成分框架

一级指标	二级指标
金融创新环境	1. 经济发展指标 （1）金融服务业增加值占国内生产总值比例 （2）人均 GDP、人均 GDP 增速 （3）第三产业增加值占国内生产总值比例 （4）经济外向度 ①当年实际利用 FDI 总额 ②当年进出口总额 2. 金融发展指标 （1）金融业从业人员平均工资 （2）金融机构员工数目 3. 金融结构指标
金融制度创新	1. 金融企业制度创新 （1）非金融机构直接融资占间接融资比例 （2）非国有商业银行资产总额占银行类资产总额比例 （3）民营上市公司数目、总资产及增长率 2. 金融监管制度创新 （1）银行不良资产比率 （2）银行收入成本比 （3）金融部门净资产收益率 （4）商业银行资本充足率
金融市场创新	1. 金融市场活跃程度 （1）地区上市公司数目、增长率 （2）地区银行类金融机构规模 （3）上市公司总市值及增长率 （4）保险机构保费收入增长率 （5）上市公司证券市场成交额及增长率 （6）上市公司实际募集资金净额及增长率 2. 资金的配置效率:第二产业投入产出弹性指标

续表

一级指标	二级指标
金融业务创新	1. 银行及金融衍生业务创新
	（1）本地商业银行衍生资产总额
	（2）本地商业银行次级贷款总额
	（3）商业银行中间业务收入占比
	（4）商业银行交易衍生产品的净利润
	（5）主要商业银行的本地法人银行资产总规模增长率
	（6）本地商业银行税前利润
	2. 证券及保险业务创新：证券化率；股票总市值/GDP

　　a．金融创新环境模块

　　金融服务业增加值占国内生产总值比例、人均 GDP、人均 GDP 增速、第三产业增加值占国内生产总值比例、当年实际利用 FDI 总额、当年进出口总额、金融业从业人员平均工资这几项指标来源于各城市的统计年鉴。由于我国金融体系中银行占百分之九十以上的比例，因此金融机构员工数目采用了该地银行机构员工数目作为替代指标。金融发展指标和金融结构指标参考借鉴了蔺昊晖在论文《广州金融发展与创新型城市关系研究》中的方法进行处理。此部分的指标均为正向指标，无须进行指标正向化处理。原始数据见附录 2。

　　b．金融制度创新模块

　　金融制度创新模块的指标由三部分构成：金融企业制度创新、金融监管制度创新和金融制度环境。在衡量金融企业制度创新的 3 个指标中，非金融机构直接融资占间接融资比例指标数据无法获得城市层面的数据，故采用银行商业贷款占总贷款的比例作为替代指标。非金融机构多指公司和企业，而非金融机构的间接融资可以看作其向银行的贷款，因此两者之间存在以下逻辑关系：银行商业贷款占总贷款的比例越大，说明非金融机构直接融资占间接融资比例的数值相对越小。替代指标与金融制度创新呈负相关的关系，采用取负数的方法对其进行指标的正向化处理。非国有商业银行资产总额占银行类资产总额比例指标来源于 Bvd-Bankscope 数据库，各商业银行归属于其总部所在城市。因此，某城市非国有商业银行资产总额及全部银行类资产总额是归属于该城市的全部商业银行资产的加总额，该指标为正向指标。民营上市公司数目、总资产及增长率的数据来源于国泰君安（CSMAR）数据库，各民营上市公司的归属地以注册地为准。按各公司的注册年份统计出 2007～2011 年各城市民营上市公司的数目，并将其总资产加总得到该城市某一年度民营上市公司总资产指标。民营经济是否健康快速发展，与金融创新能力有极强的关系，因此该指标为正向指标。

　　在衡量金融监管制度创新的 7 个指标中，金融部门储蓄投资转换率、银行一般管理成本、金融部门独立性这三个指标无法获得城市层面的数据；银行不良资产比率只有省份数据，但考虑到所选城市在其所在省份都属于中心城市，其不良资产比率的差别较小，因此采用省份数据作为替代指标，该指标为负向指标，采用取倒数的方法对其进行正向化处理。银行收入成本比、金融部门净资产收益率及商业银行资本充足率的原始数据均来自 Bvd-Bankscope 数据库，其中商业银行资本充足率用贷款损失准备与总贷款的比例作为替代指标，这几个指标均为正向指标，通过数据处理，采用该城市所有银行对应指标的加权平均值，其中权重用各银行总资产占该城市全部银行总资产的比例计算。

关于金融制度环境的两个衡量指标：金融产权制度和法律制度指标，无法获得城市数据，也较难找到合适的替代指标，在这里暂时不予考虑，在之后的研究中若能获得相应数据，可进行相应的补充。此部分指标的原始数据见附录 2。

c. 金融市场创新模块

在衡量金融市场活跃程度的 7 个指标中，证券公司数目指标只有截至 2011 年年底的存量数据（来源于中国证券业协会），并无 2007~2010 年相应的统计指标，故在此处的分析中无法使用这一指标。地区金融机构规模指标采用该地区全部银行总资产衡量，银行的归属地以其总部所在地为准，该数据来源于 Bvd-Bankscope 数据库。地区上市公司数目、上市公司总市值、上市公司证券市场成交额及上市公司实际募集资金净额指标的数据均来自国泰君安（GSMAR）数据库，按照各上市公司的注册地信息分别进行了统计汇总得到各城市的相应指标。关于金融市场竞争强度的两个指标：四大国有行信贷比例和外资银行分支行数量暂时无法获得城市数据，在之后的研究中若能获得相应数据，可进行相应的补充。该部分的所有指标均为正向指标，原始数据见附录 2。

d. 金融业务创新模块

衡量银行及金融衍生业务创新的 7 个指标：本地商业银行衍生资产总额、本地商业银行次级贷款总额、商业银行交易衍生产品的净利润、商业银行中间业务收入占比、主要商业银行的本地法人银行资产总规模增长率、银行税前利润、其他证券收益（损失），数据均来源于 Bvd-Bankscope 数据库，按照各银行的总部所在地信息分别统计了各城市的相应指标。

衡量证券及保险业务创新的 5 个指标是：证券化率、证券公司收益率、证券公司的资产管理业务收入和自营业务收入占营业收入的比例、上市公司企业债融资额、保险公司收益率。其中证券化率用股票总市值占 GDP 的比例表示，股票总市值近似地用上市公司总市值代替，数据来源于国泰君安（GSMAR）数据库及各城市的统计年鉴。其余的指标尚未得到城市层面的数据，可在之后的研究中进一步补充。以上指标均与金融业务创新呈现正相关的关系，故无须进行指标正向化处理。此部分指标的原始数据见附录 2。

2）城市金融创新能力各模块得分

A．金融创新环境得分

析取主成分。根据被选取主成分的特征值大于 1，且对方差解释的累计贡献百分比大于 80%的原则，以主成分分析法的结果确定主成分的个数。

表 9-13 为"金融创新环境"模块的总方差解释表。此外，根据成分被提取的顺序，画出碎石图（图 9-4），直观展示成分的特征值随成分个数变化的情况。从碎石图中可以看出，自第一个成分开始，曲线迅速下降；自第四个成分开始，曲线变得较为平缓。也就是说，前四个成分已经对原变量有较高程度的解释作用，能较为显著地刻画原变量所包含的信息。对比总方差解释表，可知前四个成分共解释了原变量总方差的 80.942%，在很高程度上反映了原始各变量的信息。其中，第一主成分解释了原有信息的 34.697%，第二主成分解释了原有信息的 22.845%。

表 9-13　金融创新环境：总方差解释表

Component	Initial Eigenvalues			Extraction Sums of Squared Loadings		
	Total	% of Variance	Cumulative %	Total	% of Variance	Cumulative %
1	3.470	34.697	34.697	3.470	34.697	34.697
2	2.285	22.845	57.543	2.285	22.845	57.543
3	1.241	12.414	69.957	1.241	12.414	69.957
4	1.099	10.985	80.942	1.099	10.985	80.942
5	0.763	7.628	88.570			
6	0.667	6.666	95.236			
7	0.308	3.083	98.320			
8	0.138	1.382	99.702			
9	0.030	0.298	100.000			
10	4.73×10^{-6}	4.73×10^{-5}	100.000			

Extraction Method:Principal Component Analysis

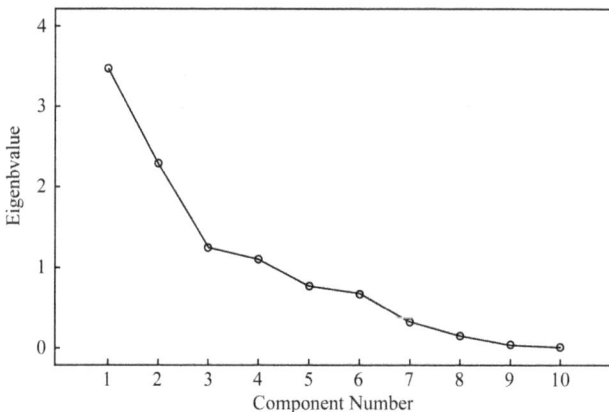

图 9-4　碎石图

使用方差最大法对因子载荷矩阵进行正交旋转，然后用正交旋转因子载荷矩阵（表 9-14）中各因子的载荷除以各主成分对应的特征值的平方根，即可得到各因子在各主成分中的权重，即

$$\text{Weight of Factor} = \text{Rotated Component}\big/\sqrt{\text{Initial Eigenvalues}}$$

各主成分的得分为各因子在各主成分中的权重乘以各因子标准化后的数值，即

$$F_i = \sum \text{Weight of Factor}_i \times \text{ZX} \quad (i=1,2,3,4)$$

表 9-14　正交旋转因子载荷矩阵

项目	Component			
	1	2	3	4
Z-金融业增加值/亿元	0.945 488	−0.170 11	−0.139 87	−0.118 65
Z-人均 GDP(元)	0.433 383	0.367 842	0.429 261	0.355 096
Z-人均 GDP 增速	0.304 125	0.092 648	0.054 363	0.836 026
Z-第三产业增加值占 GDP 比例	0.238 916	0.000 722	0.792 708	−0.331 62
Z-当年实际利用 FDI 总额/亿美元	0.662 106	−0.316 93	−0.312 31	0.207 969
Z-当年进出口总额/亿美元	0.877 127	0.296 901	−0.043 6	−0.209 22
Z-金融结构指标	0.079 526	−0.963 51	0.200 73	0.063 028
Z-金融发展指标	−0.078 36	0.963 43	−0.200 88	−0.065 07
Z-金融业在岗人均工资（元）	0.817 22	0.204 889	0.240 415	−0.058 22
Z-金融机构员工人数	0.591 91	−0.156 83	−0.410 3	−0.225 47

Extraction Method：　Principal Component Analysis

根据主成分分析构建综合评价函数，最后根据综合评价函数来对创新型城市的金融创新环境进行评分。以各主成分正交旋转后的方差贡献率作为其权重，即

$$\begin{aligned} 金融创新环境得分 &= \sum \% \text{ of Variance,Rotation Sums of Squared Loadings} \times F \\ &= 35.697\%F_1 + 22.845\%F_2 + 12.414\%F_3 + 10.985\%F_4 \end{aligned}$$

经过同前面（4.7 节）相同的数学变化，分别得到各城市金融创新环境的最终得分及排名结果（表 9-15），2011 年各城市金融创新环境的得分由图 9-5 更直观地展现。

表 9-15　10 个创新型城市金融创新环境得分及排名

城市	2007 年		2008 年		2009 年		2010 年		2011 年	
	得分	排名	得分	排名	得分	排名	得分	排名	得分	排名
北京	94.3811	1	95.8697	2	95.7143	3	98.1977	2	100.0000	1
上海	92.8627	3	95.6477	3	96.1700	2	98.0725	3	99.6345	2
深圳	93.0338	2	96.7153	1	96.6360	1	98.6686	1	98.9306	4
广州	90.8652	5	93.0355	5	93.4272	5	94.9767	5	96.3292	5
杭州	86.2499	9	89.2125	9	89.3287	9	90.4509	8	91.4775	8
宁波	91.1373	4	94.7267	4	94.4235	4	97.1494	4	99.4327	3
南京	86.6106	8	89.3089	7	89.8193	6	90.6796	6	92.2220	6
厦门	87.7870	7	89.4983	6	89.5901	7	90.4742	7	91.8939	7
重庆	83.9198	10	87.6259	10	87.8557	10	89.1621	10	90.9985	9
沈阳	88.6342	6	89.2350	8	89.5123	8	90.2138	9	90.8789	10

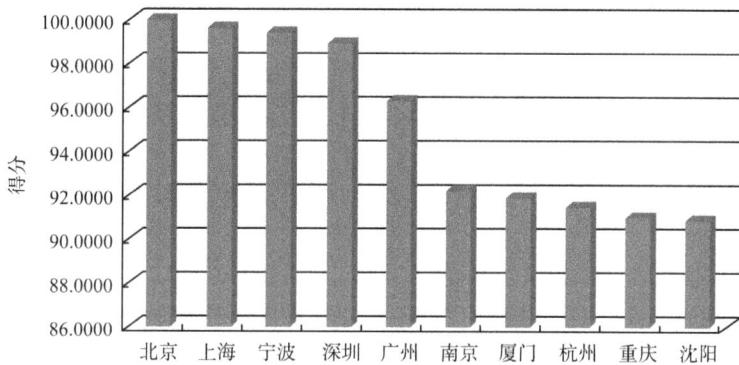

图 9-5　2011 年 10 个创新型城市金融创新环境模块得分

　　如前所述，由于金融业增加值、当年进出口总额与第一主成分相关性较强，我们进一步分析这两个指标的排名情况。由图 9-6 可以看出，2011 年金融业增加值排名前五的城市是上海、北京、深圳、广州、杭州；而广州与上海、北京、深圳仍有很大的差距。图 9-7 则反映了 2011 年进出口总额的排名情况，广州位列第五，与排名前四的城市差距较大。

　　北京是国家的政治中心和金融机构总部中心，上海是国家战略建设的国际金融中心，这两个城市聚集了全国主要的金融资源，因而其在金融创新环境方面具有显著优势。深圳在金融业增加值规模方面不如北京和上海，但其差距正在逐步减小。而广州在这方面则相对薄弱，同时其在金融国际化程度和金融人才集聚方面低于北京、上海和深圳。宁波排名较前的另一个原因是其在"金融发展"指标中排名第一，其依托港口航运综合优势，大力发展海洋经济及航运金融服务。另外，中国社会科学院 2011 年的金融生态评价报告中宁波位列第二，排名仅次于上海，而广州在当年进出口总额上甚至还不到宁波的一半，与排名前三的城市差距很大。

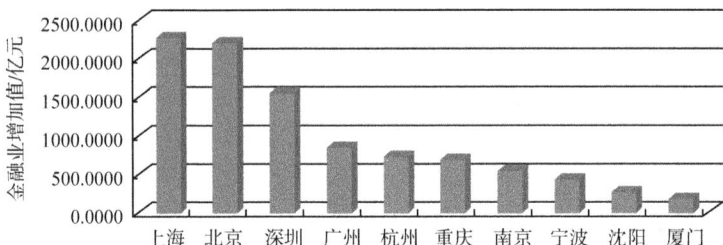

图 9-6　2011 年 10 个创新型城市金融业增加值

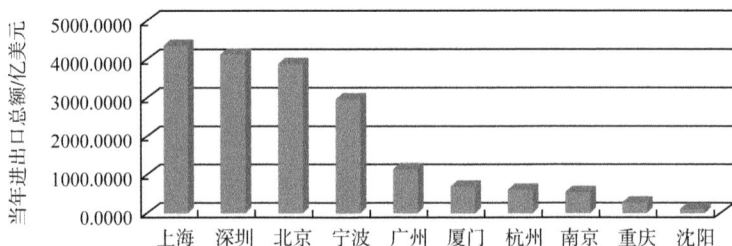

图 9-7　2011 年 10 个创新型城市当年进出口总额

B. 金融制度创新得分

析取主成分。根据被选取主成分的特征值大于 1，且对方差解释的累计贡献百分比大于 80%的原则，以主成分分析法的结果确定主成分的个数。在此模块，若按照特征值大于 1 的标准，则只需选取四个主成分，但这四个主成分的方差解释率仅有 71.637%，无法达到方差解释的累计贡献百分比大于 80%的标准，权衡之下，为了保留原始变量中更多的信息，我们以方差解释累计贡献百分比为标准，选取了五个主成分。

表 9-16 为"金融制度创新"模块的总方差解释表。此外，根据成分被提取的顺序，画出碎石图（图 9-8），直观展示成分的特征值随成分个数变化的情况。从碎石图中可以看出，自第一个成分开始，曲线迅速下降；自第五个成分开始，曲线变得较为平缓。也就是说，前五个成分已经对原变量有较高程度的解释作用，能较为显著地刻画原变量所包含的信息。对比总方差解释表，可知前五个成分共解释了原变量总方差的 80.281%，在很高程度上反映了原始各变量的信息。

表 9-16　金融制度创新：总方差解释表

Component	Initial Eigenvalues			Extraction Sums of Squared Loadings		
	Total	% of Variance	Cumulative %	Total	% of Variance	Cumulative %
1	3.807	28.065	28.065	3.807	28.065	28.065
2	2.107	19.153	47.218	2.107	19.153	47.218
3	1.538	13.984	61.202	1.538	13.984	61.202
4	1.148	10.435	71.637	1.148	10.435	71.637
5	0.951	8.643	80.281	0.951	8.643	80.281
6	0.713	6.486	86.766			
7	0.532	4.840	91.606			
8	0.423	3.848	95.454			
9	0.281	2..555	98.009			
10	0.175	1.593	99.601			
11	0.044	0.399	100.00			

Extraction Method:Principal Component Analysis

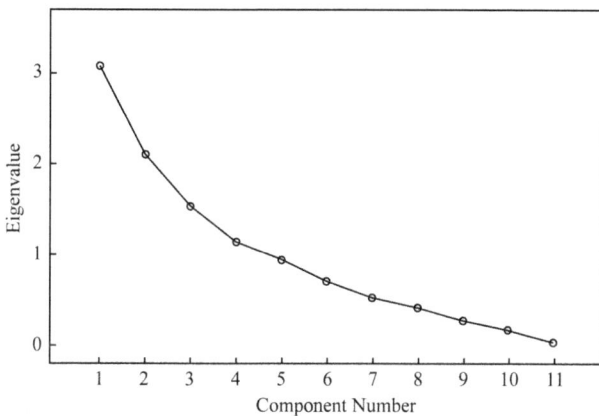

图 9-8　碎石图

使用方差最大法对因子载荷矩阵进行正交旋转，然后用正交旋转因子载荷矩阵（表 9-17）中各因子的载荷除以各主成分对应的特征值的平方根，即可得到各因子在各主成分中的权重，即

$$Weight\ of\ Factor=Rotated\ Component/\sqrt{Initial\ Eigenvalues}$$

各主成分的得分为各因子在各主成分中的权重乘以各因子标准化后的数值，即

$$F_i = \sum \text{Weight of Factor}_i \times \text{ZX} \quad (i=1,2,3,4,5)$$

表 9-17　正交旋转因子载荷矩阵

项目	Component				
	1	2	3	4	5
Z-银行商业贷款占总贷款的比例	−0.260 16	−0.662 26	−0.289 91	−0.013 68	0.341 831
Z-非国有商业银行资产总额	0.936 403	0.122 459	−0.161 81	6.17×10^{-5}	0.008 846
Z-非国有商业银行资产总额占银行类资产总额比	−0.657 4	0.469 436	0.389 233	−0.006 58	−0.031 78
Z-主要商业银行不良贷款比率	0.229 036	0.347 084	0.662 559	−0.332 35	−0.177
Z-收入成本比/%	−0.106 74	0.701 785	−0.423 99	0.257 554	0.254 818
Z-金融部门净资产收益率/%	−0.116 98	0.756 24	−0.171 6	−0.073 35	0.461 297
Z-商业银行不良贷款拨备占总贷款的比例	0.152 282	0.205 381	0.019 75	0.794 235	−0.437 69
Z-民营上市公司数目	0.614 82	0.318 64	0.134 891	−0.285 14	0.036 802
Z-民营上市公司总资产/元	0.929 992	0.057 314	−0.206 99	0.086 957	0.048 981
Z-民营上市公司数目增长率/%	0.604 644	−0.296 09	0.403 41	0.128 185	0.325 154
Z-民营上市公司总资产增长率	−0.035 33	−0.115 25	0.635 738	0.478 948	0.471 933

Extraction Method： Principal Component Analysis

　　根据主成分分析构建综合评价函数，最后根据综合评价函数来对创新型城市的金融制度创新进行评分。以各主成分正交旋转后的方差贡献率作为其权重，即

　　金融制度创新得分
$$= \sum \% \text{ of Variance,Rotation Sums of Squared Loadings} \times F$$
$$= 28.065\% F_1 + 19.153\% F_2 + 13.984\% F_3 + 10.435\% F_4 + 8.643\% F_5$$

　　经过同前面（4.7节）相同的数学变化，分别得到各城市金融制度创新的最终得分及排名结果（表9-18）。图9-9为10个城市2011年金融制度创新模块的相对排名。

表 9-18　10个创新型城市金融制度创新得分及排名

城市	2007 年		2008 年		2009 年		2010 年		2011 年	
	得分	排名	得分	排名	得分	排名	得分	排名	得分	排名
北京	92.9743	1	92.4739	1	96.2486	1	98.9972	1	100.0000	1
上海	89.4840	3	89.3634	4	90.2655	3	91.0927	5	91.9481	4
深圳	91.4635	2	89.9783	3	90.9544	2	92.2984	4	92.8296	3
广州	87.3136	6	89.2687	5	89.6022	4	94.2716	2	89.6157	6
杭州	88.3234	4	88.6321	6	87.5545	6	89.9307	6	90.0807	5

续表

城市	2007 年		2008 年		2009 年		2010 年		2011 年	
	得分	排名	得分	排名	得分	排名	得分	排名	得分	排名
宁波	87.4754	5	87.2098	10	87.3305	7	89.5481	7	89.1743	7
南京	82.0315	10	88.2160	7	87.5899	5	89.0079	8	88.8823	8
厦门	86.6807	7	90.3668	2	86.0495	10	87.3212	9	86.4234	10
重庆	85.6114	9	87.4687	9	86.8383	8	92.7596	3	93.6103	2
沈阳	85.9033	8	88.0774	8	86.5488	9	87.0943	10	88.6027	9

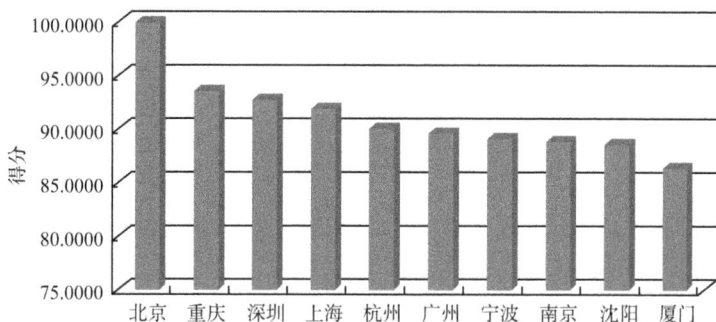

图 9-9　2011 年 10 个创新型城市金融制度创新模块得分

　　如前所述，非国有商业银行资产总额与民营上市公司数目与该模块的第一主成分具有较高的相关性（图 9-10，图 9-11）。2011 年非国有商业银行资产总额排名前五的城市是北京、上海、深圳、广州、杭州；非国有商业银行资产总额占银行类资产总额比例，北京仅有 19.38%，而上海和深圳分别是 99.02% 和 96.74%，总部在广州的商业银行则全部为非国有。值得注意的是这两项指标是以总行所在地统计资产总额的，按总部统计对于衡量每个城市的金融制度创新水平存在一定缺陷，但目前尚不能获得各地区分支行和各网点的相关数据，暂时只能使用总行数据。从另一个方面考虑，总部经济也体现了一个城市的金融实力，所以这项指标还是有其参考价值的。民营上市公司数目排名前五的城市是深圳、上海、北京、杭州、宁波，广州紧随其后，位列第六。深圳在民营经济和中小企业发展方面具有独特的优势，众多大型民营企业，如腾讯、华为总部均在深圳。随着中国逐步进入资产证券化时代，深圳作为多层次证券中心，将会引领中小企业发展。值得注意的是，重庆在 2011 年排名较高，主要原因是其在民营上市公司总资产增长率，银行加权净资产收益率及贷款损失准备占总贷款比例这 3 项指标排名较高，而主要商业银行不良贷款率较低，银行商业贷款占总贷款的比例也比其他城市低。由此可见，重庆虽然在非国有银行资产规模及民营上市公司数目上并无优势，但其在金融监管、风险控制及直接融资方面较为突出。2009～2010 年中国农村银行金融机构竞争力评价也表明，就农商行贷款规模来看，重庆仅次于北京和上海，其发展重点是农村中小金融机构发展和农村金融服务创新。

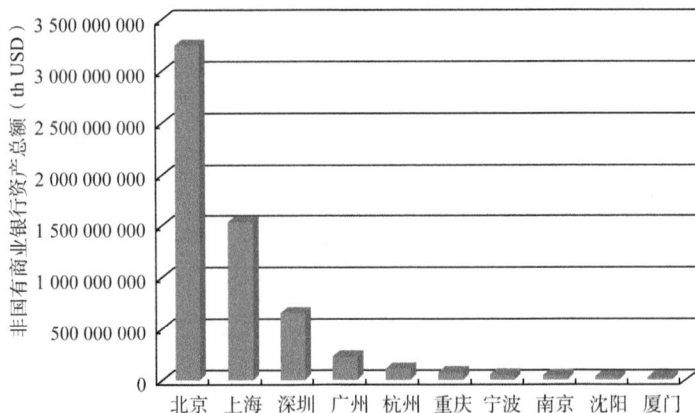

图 9-10　2011 年 10 个创新型城市非国有商业银行资产总额

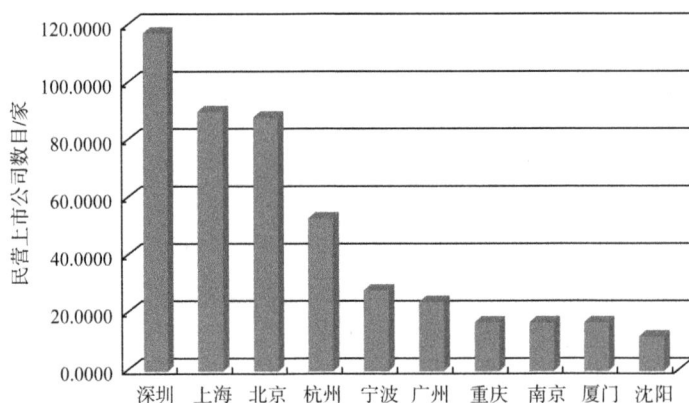

图 9-11　2011 年 10 个创新型城市民营上市公司数目

C. 金融市场创新得分

析取主成分。根据被选取主成分的特征值大于 1，且对方差解释的累计贡献百分比大于 80%的原则，以主成分分析法的结果确定主成分的个数。在此模块，若按照特征值大于 1 的标准，则只需选取四个主成分，但这四个主成分的方差解释率仅有 75.384%，无法达到方差解释的累计贡献百分比大于 80%的标准，经过权衡，为了保留原始变量中更多的信息，我们以方差解释累计贡献百分比为标准，选取了五个主成分。

表 9-19 为"金融市场创新模块"的总方差解释表。此外，根据成分被提取的顺序，画出碎石图（图 9-12），直观展示成分的特征值随成分个数变化的情况。

从碎石图中可以看出，自第一个成分开始，曲线迅速下降；自第三个成分开始，曲线就变得较为平缓，自第五个主成分开始，曲线缓慢的下降。也就是说，前五个成分已经对原变量有较高程度的解释作用，能较为显著地刻画原变量所包含的信息。对比总方差解释表，可知前五个成分共解释了原变量总方差的 83.527%，在很高程度上反映了原始各变量的信息。

表 9-19　金融市场创新：总方差解释表

Component	Initial Eigenvalues			Extraction Sums of Squared Loadings		
	Total	% of Variance	Cumulative %	Total	% of Variance	Cumulative %
1	3.881	35.279	35.279	3.881	35.279	35.279
2	2.226	20.233	55.512	2.226	20.233	55.512
3	1.108	10.077	65.589	1.108	10.077	65.589
4	1.077	9.795	75.384	1.077	9.795	75.384
5	0.896	8.143	83.527	0.896	8.143	83.527
6	0.814	7.405	90.932			
7	0.551	5.011	95.943			
8	0.305	2.773	98.716			
9	0.086	0.785	99.502			
10	0.046	0.417	99.919			
11	0.009	0.081	100.00			

Extraction Method:Principal Component Analysis

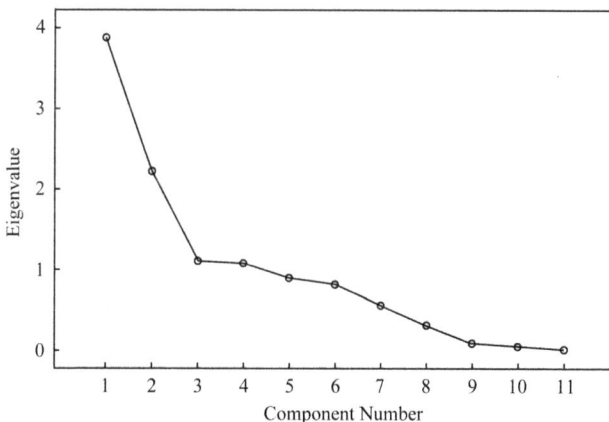

图 9-12　碎石图

使用方差最大法对因子载荷矩阵进行正交旋转，然后用正交旋转因子载荷矩阵（表 9-20）中各因子的载荷除以各主成分对应的特征值的平方根，即可得到各

因子在各主成分中的权重，即

$$\text{Weight of Factor} = \text{Rotated Component} / \sqrt{\text{Initial Eigenvalues}}$$

各主成分得分为各因子在各主成分中的权重乘以各因子标准化后的数值，即

$$F_i = \sum \text{Weight of Factor}_i \times \text{ZX} \quad (i = 1, 2, \cdots, 5)$$

表 9-20　正交旋转因子载荷矩阵

项目	Component				
	1	2	3	4	5
Z-上市公司数目	0.745 433	−0.322 72	0.124 424	0.278 579	0.175 776
Z-市公司数目增长率	0.284 208	0.176 834	−0.496 39	0.268 968	0.528 528
Z-银行类金融机构规模	0.803 237	−0.274 73	−0.103 78	−0.200 04	−0.045 97
Z-本地上市公司实际募集资金净额/万元	0.880 19	0.145 176	−0.045 83	−0.200 98	−0.108 56
Z-本地上市公司市值总额	0.947 713	−0.020 61	-6.3×10^5	−0.203 32	−0.129 99
Z-本地上市公司实际募集资金净额增长率	0.057 58	0.546 978	−0.110 64	0.347 1	0.339 974
Z-本地上市公司市值总额增长率	0.220 819	0.913 738	0.095 147	0.038 061	−0.169 28
Z-本地上市公司证券市场成交额	0.910 423	−0.086 86	0.149 032	0.158 345	0.084 339
Z-本地上市公司证券市场成交额增长率	0.177 781	0.911 029	0.178 062	−0.100 15	−0.108 34
Z-保费收入增长率	−0.109 73	0.076 58	0.376 402	−0.670 63	0.621 555
Z-第二产业投入产出弹性	0.039 986	−0.125 35	0.785 373	0.446 049	0.072 86

Extraction Method：　Principal Component Analysis

　　根据主成分分析构建综合评价函数，最后根据综合评价函数来对创新型城市的金融市场创新进行评分。以各主成分正交旋转后的方差贡献率作为其权重，即

　　金融市场创新得分

$$= \sum \% \text{ of Variance, Rotation Sums of Squared Loadings} \times F$$
$$= 35.279\% F_1 + 20.233\% F_2 + 10.077\% F_3 + 9.795\% F_4 + 8.143\% F_5$$

　　经过同前面（4.7 节）相同的数学变化，分别得到各城市金融市场创新的最终得分及排名结果（表 9-21）。图 9-13 直观地反映了 2011 年十个城市的得分情况。

表 9-21　10 个创新型城市金融市场创新得分及排名

城市	2007 年		2008 年		2009 年		2010 年		2011 年	
	得分	排名	得分	排名	得分	排名	得分	排名	得分	排名
北京	100.0000	1	86.8513	1	92.9774	1	92.8860	1	90.5005	1
上海	94.7843	2	85.0572	2	89.3859	3	91.6297	2	86.3752	2
深圳	89.6892	4	83.3555	3	89.9868	2	88.1233	3	85.1650	3
广州	86.2594	7	81.3861	7	84.3163	6	83.9162	9	82.3339	7
杭州	87.7165	6	81.6747	5	84.3785	5	86.3333	4	83.2337	4
宁波	90.3690	3	81.1708	8	84.2962	7	84.5346	7	82.1093	8
南京	88.8409	5	80.9538	9	83.6113	8	84.8098	6	82.5333	5
厦门	84.1977	9	81.4804	6	82.3990	10	83.9518	8	82.3704	6
重庆	85.7540	8	80.6450	10	84.5479	4	86.2135	5	82.0040	10
沈阳	79.4385	10	81.7849	4	82.7532	9	81.8050	10	82.0259	9

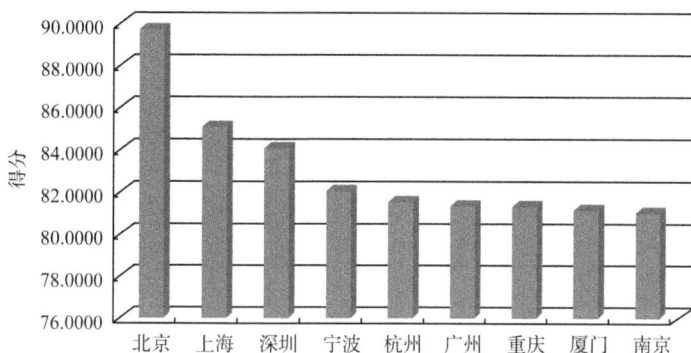

图 9-13　2011 年 10 个创新型城市金融市场创新模块得分

可以看出，在金融市场创新模块，2007～2011 年，北京始终位列第一；上海除了 2009 年以外，其余年份均位列第二；深圳基本维持在第三的水平。其余城市在不同年份的排名都有一定程度的变动，从 2011 年的排名来看，位列第四到第六的分别是宁波、杭州和广州。图 9-13 为 10 个城市 2011 年金融市场创新模块的相对排名。

其中，2011 年本地上市公司市值总额排名前五的城市是北京、上海、深圳、广州、南京（图 9-14）；本地上市公司证券市场成交额排名前五的城市是北京、上海、深圳、广州、杭州（图 9-15）；本地上市公司实际募集资金净额排名前五的城市是北京、深圳、上海、南京、杭州，广州仅排名第七（图 9-16）；银行类金融机构规模排名前五的城市是北京、上海、深圳、广州、杭州；上市公司数目排名前五的城市是上海、北京、深圳、杭州、广州（图 9-17），以上指标均是以公司注册地为依据进行统计。在金融机构数目、规模、上市公司市值及成交额等方面，北京占有的优势其他城市很难撼动，排位第二的上海甚至不到北京的三分之一；从金融机构分布来看，全国性的金融机构总部集聚在北京，这是政策和历史演变的结果；从金融市场来看，全国性金融市场几乎都集中于上海，深圳凭借多层次资本市场的发展优势紧随上海，但由于数据可得性的限制在此建立的指标体系中并没有得到充分体现。此外值得注意的是，对于大部分城市，2007 年的得分是五年中最高的，而在 2008 年均跌入谷底，之后又呈缓慢上升状态。在此推测，这一现象背后的原因是 2006 年刚刚完成股权分置改革，有利于金融市场的发展，而 2008 年的全球金融危机对金融市场造成沉重的打击。

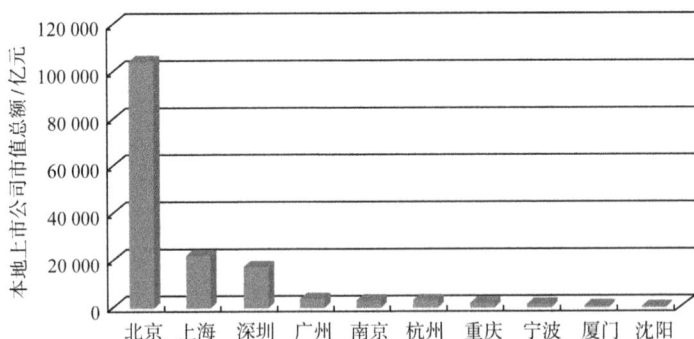

图 9-14　2011 年 10 个创新型城市本地上市公司市值总额

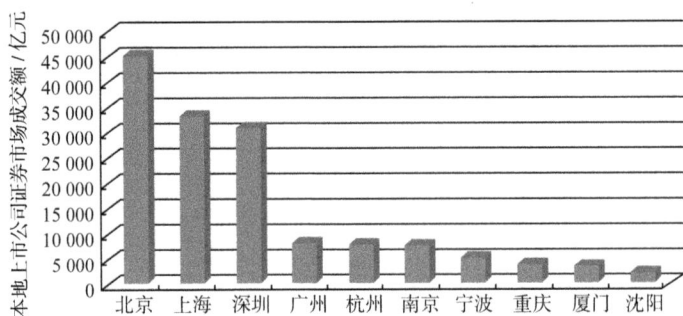

图 9-15　2011 年 10 个创新型城市本地上市公司市场成交额

D. 金融业务创新得分

析取主成分。根据被选取主成分的特征值大于 1，且对方差解释的累计贡献百分比大于 80% 的原则，本模块自动提取了 3 个主成分。

表 9-22 为"金融业务创新"模块的总方差解释表。此外，根据成分被提取的顺序，画出碎石图（图 9-18），直观展示成分的特征值随成分个数变化的情况。从碎石图中可以看出，自第一个成分开始，曲线迅速下降；自第三个主成分开始，曲线就变得较为平缓。也就是说，前三个成分已经对原变量有较高程度的解释作

用，能较为显著地刻画原变量所包含的信息。对比总方差解释表，可知前三个成分共解释了原变量总方差的 84.97%，在很高程度上反映了原始各变量的信息。

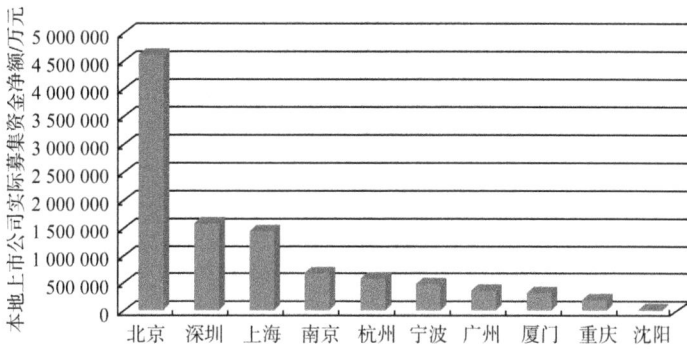

图 9-16　2011 年 10 个创新型城市本地上市公司实际募集资金净额

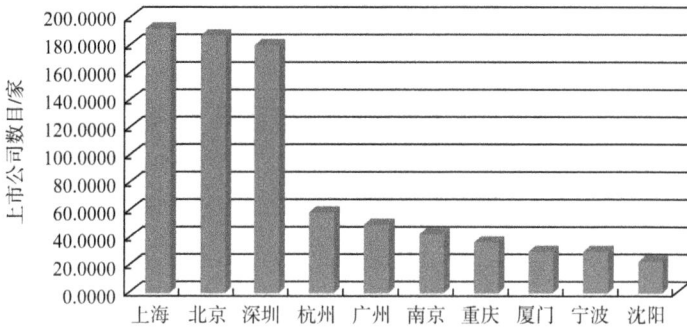

图 9-17　2011 年 10 个创新型城市上市公司数目

表 9-22　金融业务创新：总方差解释表

Component	Initial Eigenvalues			Extraction Sums of Squared Loadings		
	Total	% of Variance	Cumulative %	Total	% of Variance	Cumulative %
1	4.295	53.689	53.689	4.295	53.689	53.689
2	1.336	16.694	70.383	1.336	16.694	70.383
3	1.167	14.586	84.970	1.167	14.586	84.970
4	0.740	9.251	94.220			
5	0.282	3.529	97.749			
6	0.160	1.995	99.745			
7	0.018	0.224	99.968			
8	0.003	0.032	100.00			

Extraction Method:Principal Component Analysis

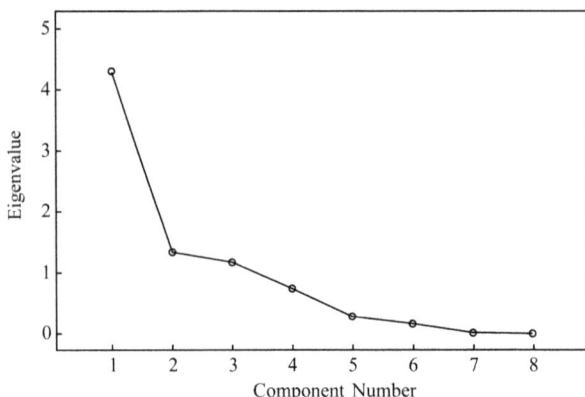

图 9-18　碎石图

使用方差最大法对因子载荷矩阵进行正交旋转，然后用正交旋转因子载荷矩阵（表 9-23）中各因子的载荷除以各主成分对应的特征值的平方根，即可得到各因子在各主成分中的权重，即

$$\text{Weight of Factor}=\text{Rotated Component}\Big/\sqrt{\text{Initial Eigenvalues}}$$

各主成分得分为各因子在各主成分中的权重乘以各因子标准化后的数值，即

$$F_i = \sum \text{Weight of Factor}_i \times \text{ZX} \quad (i=1,2,3)$$

表 9-23　正交旋转因子载荷矩阵

项目	Component		
	1	2	3
Z-本地商业银行衍生资产总额	0.909 125	0.098 283	0.080 749
Z-本地商业银行次级贷款总额	0.961 983	0.142 176	0.100 547
Z-商业银行交易衍生产品的净利润	−0.191 39	0.935 153	0.045 197
Z-商业银行中间业务收入占比	−0.302 5	0.013 146	0.721 766
Z-主要商业银行的本地法人银行资产总规模增长率	−0.182 04	−0.180 06	0.773 286
Z-商业银行其他证券收益（损失）	0.955 036	0.188 845	0.120 482
Z-商业银行税前利润	0.969 655	0.169 52	0.115 007
Z-证券化率	0.727 747	−0.578 05	−0.039 79

Extraction Method: Principal Component Analysis

根据主成分分析构建综合评价函数，最后根据综合评价函数来对创新型城市的金融业务创新进行评分。以各主成分正交旋转后的方差贡献率作为其权重，即

金融业务创新得分 $=\sum \%\ \text{of Variance,Rotation Sums of Squared Loadings} \times F$
$$=53.689\%F_1 + 16.694\%F_2 + 14.586\%F_3$$

经过同前面（4.7 节）相同的数学变化，分别得到各城市金融业务创新的最终得分及排名结果（表 9-24）。

表 9-24　10 个创新型城市金融业务创新得分及排名

城市	2007 年		2008 年		2009 年		2010 年		2011 年	
	得分	排名	得分	排名	得分	排名	得分	排名	得分	排名
北京	80.3133	1	88.5802	1	91.8533	1	94.3949	1	100.0000	1
上海	75.3619	2	77.0044	2	76.0270	2	76.9420	2	78.1709	2
深圳	74.4185	4	74.2975	3	74.6680	3	75.1597	3	75.1197	3
广州	73.8397	7	73.7667	7	73.6534	9	73.8573	5	73.8632	4
杭州	73.5958	10	73.8104	4	73.7401	7	73.8462	6	73.8109	5
宁波	73.6432	9	73.6499	9	73.7261	8	73.8184	7	73.6815	6
南京	73.7695	8	73.6023	10	73.7473	6	73.9772	4	73.6649	8
厦门	73.9249	5	73.8080	5	73.8588	5	73.6558	8	73.6688	7
重庆	73.8401	6	73.7937	6	74.5008	4	73.6286	9	73.5976	9
沈阳	74.4239	3	73.6964	8	73.6197	10	73.4936	10	73.4280	10

可以看出，在金融业务创新模块，2007～2011 年，北京、上海和深圳始终占前三的位置，广州和杭州在 2007 年的排名都比较靠后，分别位列第七和第十，而到 2011 年两个城市则分别位列第四和第五。图 9-19 为 10 个城市 2011 年金融业务创新模块的相对排名，由图中可知，除了北京以外，其他城市在该模块的得分差距并不大。其中，2011 年金融机构衍生资产总额排名前三的为北京、上海、深圳，广州位列第五，在宁波之后；次级贷款总额排名前五的城市是北京、上海、

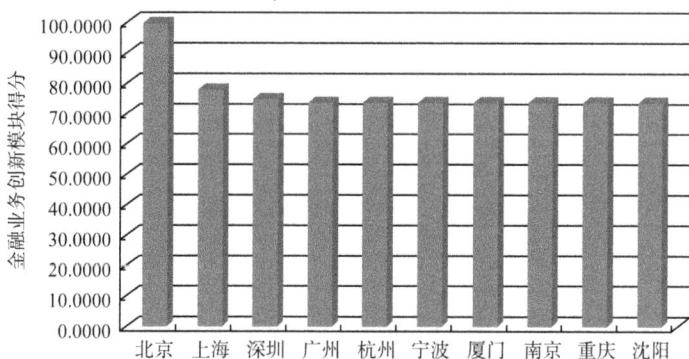

图 9-19　2011 年 10 个创新型城市金融业务创新模块得分

深圳、广州、南京；证券化率排名前三的城市是北京、深圳、上海，广州仅排在第六位。中间业务收入占比排名前三的城市是深圳、广州、上海。

北京在金融业务创新方面的优势与国家的政策导向有密切关系。例如，北京在全国率先发行保障房建设私募债，发起设立全国首例保障房土地储备保险债券投资计划以及公积金贷款试点等。中关村也为推动北京金融产品和金融服务创新作出了重要贡献。自从北京提出将中关村建设成为国家科技金融创新中心的目标后，中关村企业上市和股份代办系统挂牌企业数量均有历史性突破。仅 2011 年，中关村新增上市公司 26 家，在创业板中形成了"中关村板块"。2011 年，已披露的中关村创业投资案例 349 个，投资金额约 378 亿元，投资案例和投资金额占全国 1/3。同时，中关村积极支持企业利用多层次资本市场融资，并进一步推动担保融资，深化知识产权质押贷款、信用贷款、信用保险及贸易融资、小额贷款、科技金融保险等试点，15 家商业银行设立了科技信贷专营机构。这为全国金融产品及服务创新积累了经验、奠定了基础。

3）城市金融创新能力总得分

在得到了各个模块的得分后，我们还希望得到各城市金融创新能力总得分及排名。一种比较合理的方法是将四个模块的指标全部放在一起做一次主成分分析，这样既避免了人工分类可能存在的不合理性，也克服了权重法中由专家确定各部分权重所产生的偏差。下面是主成分分析的主要结果。

表 9-25 为金融创新综合能力的总方差解释表。此外，根据成分被提取的顺序，画出碎石图（图 9-20），直观展示成分的特征值随成分个数变化的情况。从碎石图中可以看出，自第一个成分开始，曲线迅速下降；自第九个主成分开始，曲线就变得较为平缓。也就是说，前九个成分已经对原变量有较高程度的解释作用，能较为显著地刻画原变量所包含的信息。对比总方差解释表，可知前九个成分共解释了原变量总方差的 83.395%，在很高程度上反映了原始各变量的信息。

表 9-25　融创新综合能力：总方差解释表

Component	Initial Eigenvalues			Extraction Sums of Squared Loadings		
	Total	% of Variance	Cumulative %	Total	% of Variance	Cumulative %
1	13.647	34.118	34.118	13.647	34.118	34.118
2	5.915	14.786	48.905	5.915	14.786	48.905
3	2.913	7.283	56.187	2.913	7.283	56.187
4	2.710	6.775	62.962	2.710	6.775	62.962
5	2.161	5.402	68.365	2.161	5.402	68.365
6	1.945	4.862	73.226	1.945	4.862	73.226
7	1.592	3.980	77.206	1.592	3.980	77.206
8	1.430	3.574	80.780	1.430	3.574	80.780

续表

Component	Initial Eigenvalues			Extraction Sums of Squared Loadings		
	Total	% of Variance	Cumulative %	Total	% of Variance	Cumulative %
9	1.046	2.615	83.395	1.046	2.615	83.395
10	0.977	2.443	85.838			
11	0.901	2.251	88.089			
12	0.804	2.009	90.098			
13	0.658	1.646	91.744			
14	0.557	1.393	93.136			
15	0.516	1.291	94.427			
16	0.476	1.189	95.616			
17	0.356	0.890	96.506			
18	0.298	0.745	97.251			
19	0.269	0.672	97.924			
20	0.216	0.541	98.464			
21	0.147	0.367	98.831			
22	0.109	0.273	99.105			
23	0.098	0.245	99.349			
24	0.072	0.180	99.529			
25	0.065	0.163	99.692			
26	0.036	0.090	99.783			
27	0.031	0.077	99.860			
28	0.021	0.052	99.911			
29	0.013	0.033	99.945			
30	0.007	0.017	99.962			
31	0.006	0.016	99.977			
32	0.004	0.009	99.986			
33	0.003	0.008	99.993			
34	0.001	0.003	99.996			
35	0.001	0.003	99.999			
36	0.000	0.000	100.00			
37	0.000	0.000	100.00			
38	4.56×10^{-5}	0.000	100.00			
39	7.37×10^{-7}	1.84×10^{-6}	100.00			
40	5.90×10^{-8}	1.48×10^{-7}	100.00			

Extraction Method:Principal Component Analysis

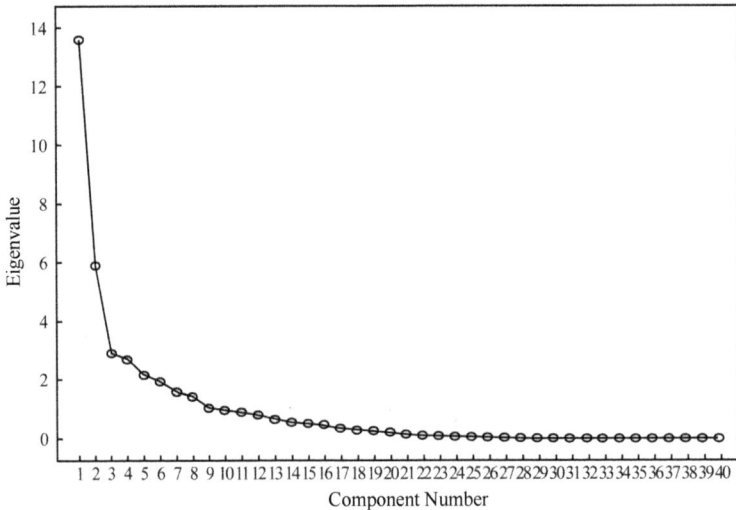

图 9-20　碎石图

　　使用方差最大法对因子载荷矩阵进行正交旋转，然后用正交旋转因子载荷矩阵（表 9-26）中各因子的载荷除以各主成分对应的特征值的平方根，即可得到各因子在各主成分中的权重，即

$$\text{Weight of Factor} = \text{Rotated Component} \Big/ \sqrt{\text{Initial Eigenvalues}}$$

　　各主成分的得分为各因子在各主成分中的权重乘以各因子标准化后的数值，即

$$F_i = \sum \text{Weight of Factor}_i \times \text{ZX} \quad (i=1,2,\cdots,9)$$

　　根据主成分分析构建综合评价函数，最后根据综合评价函数来对创新型城市的金融创新能力进行评分。以各主成分正交旋转后的方差贡献率作为其权重，即

金融创新能力综合得分

$$= \sum \% \text{ of Variance,Rotation Sums of Squared Loadings} \times F$$
$$= 34.118\%F_1 + 5.915\%F_2 + 2.913\%F_3 + 2.710\%F_4 + 2.161\%F_5$$
$$+ 1.945\%F_6 + 1.592\%F_7 + 1.430\%F_8 + 1.046\%F_9$$

　　经过同前面（4.7 节）相同的数学变化，分别得到各城市金融创新能力的最终综合得分及各城市的排名结果（表 9-27）。

表 9-26　正交旋转因子载荷矩阵

项目	Component								
	1	2	3	4	5	6	7	8	9
Z-金融业增加值/亿元	0.846 657	0.245 469	0.369 497	-0.208 13	-0.053 24	-0.014 77	-0.056 31	0.039 873	0.051 89
Z-人均 GDP/元	0.172 443	0.456 974	0.188 349	0.391 532	-0.091 2	0.482 003	-0.134 65	-0.347 39	0.117 749
Z-人均 GDP 增速	0.162 562	0.699 249	-0.325 23	0.115 612	-0.205 39	0.155 005	-0.023 16	0.347 556	0.151 914
Z-第三产业增加值占 GDP 比例	0.843 92	-0.084 86	-0.038 53	-0.044 17	0.022 713	0.335 047	-0.106 25	-0.176 1	-0.021 45
Z-当年实际利用 FDI 总额/亿美元	0.471 573	0.376 251	0.320 777	-0.417 32	-0.193 46	-0.082 33	0.118 849	0.055 585	0.101 847
Z-当年进出口总额/亿美元	0.686 282	0.336 018	0.521 21	0.062 481	-0.031 5	-0.138 18	-0.256 8	0.024 728	-0.012 34
Z-金融结构指标	0.098 319	-0.189 28	-0.083 71	-0.787 99	0.066 022	0.424 459	0.268 308	-0.048 24	0.080 25
Z-金融发展指标	-0.096 16	0.188 405	0.085 019	0.788 236	-0.066 39	-0.424 72	-0.268 43	0.048 53	-0.080 68
Z-金融业在岗人均工资/元	0.637 254	0.309 9	0.293 211	0.160 148	0.047 794	0.143 317	-0.296 63	0.026 413	0.094 125
Z-金融机构员工人数	0.913 777	-0.221 54	-0.294 32	0.044 918	0.032 737	-0.062 54	0.004 29	0.015 663	-0.017 11
Z-银行商业银行贷款占总贷款的比例	-0.232 98	-0.682 11	0.247 277	-0.020 78	0.231 398	-0.153 5	-0.117 73	0.082 575	0.242 552
Z-非国有商业银行资产占银行资产总额	0.963 136	0.045 575	-0.025 57	-0.081 85	0.183 67	-0.101 42	0.003 041	-0.017 25	0.018 84
Z-非国有商业银行资产总额占银行资产总额比例	-0.620 48	0.618 743	0.098 3	-0.072 03	-0.060 25	0.119 269	-0.179 58	0.187 487	0.085 802
Z-主要商业银行不良贷款比率	0.141 066	0.662 145	-0.138 88	0.079 826	0.003 422	-0.278 2	0.438 625	0.207 508	0.100 842
Z-收入成本比率	0.109 905	0.498 793	-0.458 79	-0.051 9	-0.318 08	-0.000 92	0.051 132	-0.148 94	-0.142 29
Z-金融部门净资产收益率	0.054 446	0.619 415	-0.162 3	-0.098 38	-0.193 78	-0.260 54	0.116 358	0.201 232	0.064 554
Z-商业银行不良贷款拨备占总贷款的比例	0.140 256	0.092 373	-0.325 74	-0.087 01	-0.054 04	0.478 917	-0.425 67	0.173 323	0.173 368
Z-民营上市公司数目	0.575 735	0.376 673	0.582 73	-0.074 4	0.016 999	0.013 318	-0.027 86	0.015 098	0.070 251
Z-民营上市公司总资产/元	0.931 382	-0.086 01	-0.231 3	0.099 817	0.170 222	-0.078 04	0.047 587	-0.024 13	0.051 014

续表

项目	Component								
	1	2	3	4	5	6	7	8	9
Z-民营上市公司数目增长率	0.412 117	-0.172 64	0.192 529	0.413 523	0.399 489	0.359 11	0.302 21	0.198 55	-0.046 52
Z-民营上市公司总资产增长率	-0.120 2	0.071 429	0.007 863	0.180 834	0.061 179	0.507 242	0.443 726	0.197 216	0.209 813
Z-上市公司数目	0.770 413	0.212 592	0.506 014	-0.245 37	-0.055 6	-0.016 91	-0.092 69	0.035 549	0.024 245
Z-上市公司数目增长率	0.249 215	0.011 767	0.264 185	0.651 083	0.122 196	0.287 27	0.269 312	0.078 744	0.004 699
Z-银行类金融机构规模	0.926 336	-0.138 92	-0.272 32	0.044 626	0.174 337	-0.093 13	0.038 111	-0.019 92	0.019 43
Z-本地上市公司实际募集资金净额	0.693 927	-0.411 29	-0.089 88	0.114 843	-0.487 77	0.078 497	-0.005 03	0.188 574	-0.037 11
Z-本地上市公司市值总额	0.861 334	-0.330 69	-0.126 23	0.032 309	-0.310 64	0.012 549	-0.026 24	0.117 02	-0.024 08
Z-本地上市公司实际募集资金净额增长率	-0.150 55	-0.289 24	0.332 331	0.186 976	-0.147 06	-0.219 33	0.468 061	0.109 188	0.009 206
Z-本地上市公司市值总额增长率	-0.090 69	-0.812 48	0.299 861	0.022 67	-0.235 77	0.036 133	0.084 895	-0.028 45	0.155 116
Z-本地上市公司证券市场成交额	0.819 782	-0.084 01	0.382 067	-0.139 83	-0.211 33	0.020 058	-0.035 89	0.115 154	-0.074 99
Z-本地上市公司证券市场成交额增长率	-0.106 15	-0.883 09	0.270 449	-0.012 99	-0.212 58	-0.053 79	0.009 83	-0.202 97	0.016 581
Z-保费收入增长率	-0.104 81	-0.318 07	0.066 829	0.076 108	0.242 446	0.210 508	-0.199 95	0.606 572	-0.414 1
Z-第三产业投入产出弹性	0.085 105	0.162 838	0.216 014	-0.362 34	-0.025 01	-0.010 08	0.167 022	0.251 145	-0.548 76
Z-金融机构衍生资产总额	0.867 954	-0.095 02	-0.210 53	-0.056 41	0.147 217	-0.133 69	-0.047 76	-0.052 25	-0.046 35
Z-本地商业银行次级贷款总额	0.913 796	-0.047 13	-0.181 24	0.013 752	0.229 599	-0.123 14	0.052 416	-0.044 29	0.067 271
Z-商业银行交易衍生产品的净利润	-0.118 8	0.432 107	0.295 971	-0.179 37	0.626 488	-0.077 68	0.027 977	-0.161 85	-0.041 67
Z-商业银行中间业务收入占比	-0.366 18	-0.369 07	-0.147 96	-0.182 88	0.443 397	0.010 767	-0.342 58	0.263 627	0.020 17
Z-主要商业银行的本地法人银行资产总规模增长率	-0.189	-0.220 92	0.037 548	-0.154 7	0.058 706	-0.295 06	-0.059 91	0.459 093	0.520 049
Z-商业银行其他证券收益（损失）	0.892 157	-0.072 99	-0.231 54	0.045 097	0.291 072	-0.108 05	0.092 137	-0.016 51	0.005 201
Z-商业银行税前利润	0.905 979	-0.057 43	-0.235 47	0.030 419	0.275 234	-0.116 88	0.051 786	-0.050 67	0.046 78
Z-证券化率	0.738 475	-0.414 14	-0.129 66	0.060 986	-0.441 28	0.056 68	-0.052 05	0.140 099	-0.034 75

表 9-27　　10 个创新型城市金融创新能力综合得分及排名

城市	2007 年		2008 年		2009 年		2010 年		2011 年	
	得分	排名	得分	排名	得分	排名	得分	排名	得分	排名
北京	85.5393	1	88.8717	1	93.6793	1	98.1207	1	100.0000	1
上海	79.8965	2	82.8640	2	83.9802	2	86.5373	2	87.6995	2
深圳	79.1697	3	80.7890	3	82.4193	3	85.6861	3	85.9643	3
广州	75.4789	4	77.5825	4	78.4930	4	81.7274	4	80.4609	4
杭州	74.3430	6	76.8087	6	76.8210	5	79.6570	5	79.2736	6
宁波	74.7616	5	76.4503	7	76.2861	6	79.3272	6	80.0207	5
南京	73.1430	7	75.6262	8	75.8196	7	76.6561	9	78.3445	7
厦门	72.2357	8	77.2426	5	74.8229	9	77.8844	7	77.2922	9
重庆	70.3309	10	73.9058	10	72.9163	10	76.6613	8	77.6944	8
沈阳	72.0631	9	75.1984	9	75.3485	8	75.9801	10	76.8274	10

　　从表 9-27 中可以看出，在金融创新能力的综合得分中，2007~2011 年，前四位的排序非常固定，分别是北京、上海、深圳和广州（图 9-21 为各城市 2011 年的排名）。北京在金融创新环境、金融制度创新和金融业务创新方面均具有绝对优势，并以打造全国科技金融创新中心和文化金融创新中心作为目标，其优势其他城市无可比拟。上海几乎囊括全国所有的金融市场要素，自 2009 年国务院提出将上海建成国际金融中心和国际航运中心以来，上海清算所、上海股权托管交易中心相继成立，上海国际金融市场体系进一步完善，市场规模、能级和功能快速提升。数据显示，2011 年上海金融市场交易额（未计外汇市场）为 418 万亿元，较 2008 年增长 1.4 倍；2011 年上海金融市场直接融资总额达 28 814 亿元，较 2008 年增长 1.3 倍。深圳作为中国改革开放以来所设立的第一个经济特区，其优势是多层次的资本市场以及丰富的中小企业资源。毗邻香港使深圳成为跨境人民币金融业务创新的沃土，众多大型民营企业总部也集聚在此。2009~2011 年，深圳金融业增加值保持两位数增长，分别达到 20.5%、10.6%、22.1%，金融业增加值占

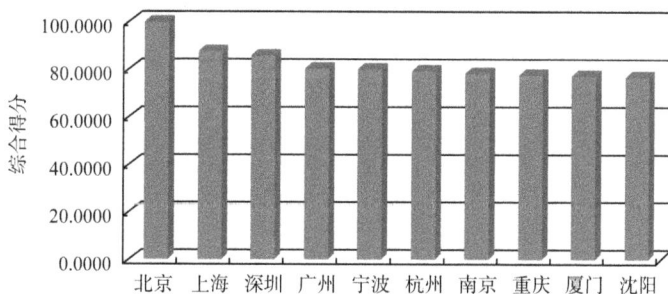

图 9-21　2011 年 10 个创新型城市金融创新综合得分

GDP 比例均接近 14%，甚至高于同期上海和北京的增幅。广州同样也是中国改革开放的前沿阵地，但在自主创新方面确实还存在一些薄弱环节，如全社会科技创新投入相对不足，高新技术产业总体规模偏小，具有带动作用的龙头企业比较少，科技投融资体系建设相对滞后等，金融制度创新和金融市场创新也是广州的短板。而广州的优势在于其与珠江三角洲及广东省内其他重要城市的联动作用（资料来源：中国资讯行数据库）。

　　杭州、宁波和南京是十个城市中金融创新能力中等的三个城市，未来有很大的发展潜力。杭州在金融市场创新和金融制度创新模块得分较高，而宁波的发展目标是形成与上海金融中心功能互补、错位发展的合作体。由于上海金融市场发展、金融技术扩散、金融知识溢出以及其他外部经济引致的关联效应，再加上宁波具有现代化国际港口城市、全国性物流节点城市的区位优势，它在金融创新环境方面排名较高。同时，杭州、宁波两个城市的金融创新优势在于服务中小企业，发展民营经济方面，因此其在金融业务创新方面仅次于全国四个主要一线城市。南京是长三角辐射带动中西部地区发展的重要门户城市，2011 年全市金融机构本外币贷款余额 1015.09 亿元，增长 17.24%，超出江苏省平均水平。2010 年在南京河西开建的"南京金融城"是其金融创新发展的核心，金融城试图把金融业的上下游服务机构聚集一起，通过信息整合降低融资成本，为中小企业服务。同时南京市逐渐成为区域性股份制商业银行集聚区，着力推进发展产业金融、科技金融、民生金融、绿色金融等领域的金融创新发展。

　　通过对 10 个具有代表性的创新型城市在金融创新环境、金融制度创新、金融市场创新、金融业务创新以及金融创新综合能力这几个方面的实证研究，得到了各城市在各模块的得分及排名结果（表 9-28）。

表 9-28　10 个城市 2007～2011 年各模块的排名对比情况

模块		排名情况				
		2007 年	2008 年	2009 年	2010 年	2011 年
北京	金融创新环境	1	2	3	2	1
	金融制度创新	1	1	1	1	1
	金融市场创新	1	1	1	1	1
	金融业务创新	1	1	1	1	1
	金融创新综合能力	1	1	1	1	1
上海	金融创新环境	3	3	2	3	2
	金融制度创新	3	4	3	5	4
	金融市场创新	2	2	3	2	2
	金融业务创新	2	2	2	2	2
	金融创新综合能力	2	2	2	2	2

续表

模块		排名情况				
		2007 年	2008 年	2009 年	2010 年	2011 年
深圳	金融创新环境	2	1	1	1	4
	金融制度创新	2	3	2	4	3
	金融市场创新	4	3	2	3	3
	金融业务创新	4	3	3	3	3
	金融创新综合能力	3	3	3	3	3
广州	金融创新环境	5	5	5	5	5
	金融制度创新	6	5	4	2	6
	金融市场创新	7	7	6	9	7
	金融业务创新	7	7	9	5	4
	金融创新综合能力	4	4	4	4	4
杭州	金融创新环境	9	9	9	8	8
	金融制度创新	4	6	6	6	5
	金融市场创新	6	5	5	4	4
	金融业务创新	10	4	7	6	5
	金融创新综合能力	6	6	5	5	6
宁波	金融创新环境	4	4	4	4	3
	金融制度创新	5	10	7	7	7
	金融市场创新	3	8	7	7	8
	金融业务创新	9	9	8	7	6
	金融创新综合能力	5	7	6	6	5
南京	金融创新环境	8	7	6	6	6
	金融制度创新	10	7	5	8	8
	金融市场创新	5	9	8	6	5
	金融业务创新	8	10	6	4	8
	金融创新综合能力	7	8	7	9	7
厦门	金融创新环境	7	6	7	7	7
	金融制度创新	7	2	10	9	10
	金融市场创新	9	6	10	8	6
	金融业务创新	5	5	5	8	7
	金融创新综合能力	8	5	9	7	9
重庆	金融创新环境	10	10	10	10	9
	金融制度创新	9	9	8	3	2
	金融市场创新	8	10	4	5	10
	金融业务创新	6	6	4	9	9
	金融创新综合能力	10	10	10	8	8
沈阳	金融创新环境	6	8	8	9	10
	金融制度创新	8	8	9	10	9
	金融市场创新	10	4	9	10	9
	金融业务创新	3	8	10	10	10
	金融创新综合能力	9	9	8	10	10

由于实证分析只截止到 2011 年，而在 2012～2013 年各城市均出台了新的政策，金融创新发展也有新动态。因此在实证结果的基础上，希望进一步分析排名较前的几个城市近几年的相关政策措施和发展现状，对比其在金融创新能力上的差异和优势，对我国金融创新的总体方向有一定认识，并据此为广州在金融创新建设问题上提出一些可供参考的政策建议。

A. 北京

作为我国的经济文化中心，北京在金融创新环境和金融制度创新方面具有绝对优势，并以打造全国科技金融创新中心和文化金融创新中心作为目标。从实证结果中可以看到，从 2007～2011 年，无论是各子模块的得分还是金融创新综合得分，都基本位列第一。尤其是在金融制度创新模块，其得分比排位第二的深圳高很多，这也是北京作为政治文化中心所具有的得天独厚的条件。在银行类金融机构规模上，由于众多银行的总部均设在北京，因而其相比其他城市，占有绝对优势。综合来看，北京金融创新的发展重点是科技金融、互联网金融和中小企业贷款、农村金融和文化金融。

在科技金融方面，北京作为全国乃至全球科技资源最为集中的地区之一，丰富的科技资源和强大的创新能力为首都经济发展提供了动力引擎。而科技金融是促进科技进步和科技成果转化、提升产业活力的必要条件。北京 2011 年制定了《促进科技与金融结合的试点工作方案》，提出以中关村国家自主创新示范区为建设重点，以科技金融的"组织机制创新、政策规范创新、业务运行创新"为主要工作内容，着力将北京建设成为具有国际影响力的科技金融创新中心。中关村一直是北京金融创新的前沿阵地，早在 2006 年，就率先开展了中小科技型企业知识产权质押贷款试点。自 2009 年国务院批复中关村建设国家级自主创新示范区以来，中关村在科技金融创新方面不断取得新突破，也出台了众多配套的政策支持银行业金融机构在中关村开展信用贷款试点。同年 12 月，中关村创业金融服务平台启动。设立统一的中关村企业融资服务申请通道，收集中关村企业融资需求，发挥平台金融机构和科技中介机构聚集的优势，为企业量身定制融资方案和有效融资需求培育方案。在知识产权创新上，中关村也起到示范带头作用。国家知识产权局于 2010 年和 2012 年分别批复同意在中关村开展知识产权投融资服务试点和专利保险试点工作，直接推动了中关村知识产权与金融领域的创新进程。2011 年，中关村实施了"1+6"系列先行先试新政策，建设了人才特区，率先开展了促进军民融合新发展的试点，并成立首家科技金融创新联盟。2013 年，中关村"新四条"政策获批实施，北京市创新支持力度进一步加大，未来中关村将成为中国互联网金融创新中心，建设信用信息平台和数据交易市场，首创互联网金融行业组织，培育一批新型的民营互联网金融机构，并研究出台相关的产业发展措施。除了中关村之外，2013 年 8 月和 11 月，石景山互联网金融产业基地和石景山保险产业园相继正式挂牌，海淀区被授予"中国创业投资示范基地"，丽泽金融商务区也定位于"新兴金融"，这些都是北京加快多层次金融市场体系建设，着力发展科技金融的尝试。

农村金融是现代农村经济的核心，加快农村金融发展关键靠金融创新。在农村金融服务方面，北京市在全国率先建立了政府主导、市场运作的政策性农业再保险机制，初步形成"多方参与、风险共担、多层分散"的农业保险巨灾风险分散体系。2009 年起，北京市三项农村金融创新同时启动，分别是政策性农业再保险、低收入农户小额信贷试点和北京银行"5+5 行动计划"。这三项工作的开展，将进一步完善北京市现有的政策性农业保险制度，缓解低收入农户贷款难问题，发挥金融机构在支持农村经济发展中的积极作用。与此同时，北京市农村金融改革试验区大兴区展开多项金融创新政策，积极筹建该区农业信贷担保公司、农村信用公司等担保机构，积极探索动产抵押等信用担保方式，建立和完善多种形式的农业信用担保体系，扶助"三农"发展。2012 年大兴区推出"无声贷""养殖贷"等金融产品为农民致富创造条件。同时，北京市农村基本金融服务"村村通"工程试点取得突破，首只以农产品加工业为主的集合票据也在北京率先推出。

文化创意产业一直是北京市的优势支柱产业，北京正在加快推进设立中国北京文化产权交易所，将其打造成为全国文化产权交易的国家级平台，并积极促进金融和文化的融合。支持北京金融资产交易所开展金融创新业务，完善文化经济代理、评估鉴定、拍卖、律师、会计师等要素市场中介机构，探索建立文化创意产业的专利权、商标权、著作权、版权等无形资产评估的确权体系。2012 年北京市国有文化资产监督管理办公室成立，这也是全国首个省级文化资产监督管理办公室。北京还在全国率先设立了文化创意产业信贷专营机构，各类金融机构针对文化创意产业也已探索出相当数量的金融创新产品和服务，对文化创意产业的信贷支持力度很大。

B. 上海

上海是中国金融中心，2012 年 8 月发布的国际金融中心发展指数（IFCD）中上海稳坐国际金融中心第六位。上海几乎囊括了全中国所有的金融市场要素，从标准化交易的场内市场到多样化的场外市场，从资金的筹集市场到风险的管理市场，均有涵盖。据统计，在上海已建立的 11 个金融了市场中，包括股票、债券、商品期货等 5 个市场进入全球领先的行列。中国社会科学院陆家嘴研究基地课题组发布的一份全国 36 个城市金融环境报告显示，上海在金融生态方面排名全国第一。这也是上海在金融创新环境和金融市场创新两个模块得分较高的原因，其排名仅次于北京。在金融业增加值这一单项指标中，根据 2011 年的数据，上海甚至超过了北京位列第一。上海的目标是以金融市场体系为核心，以金融创新方面的先行先试和优化金融发展的环境为基本点，在 2020 年基本建成国际金融中心。上海的金融创新着重于以下几个方面。

a. 上海金融谷

上海正在嘉定打造"金融谷"，不断加快新型金融服务业的发展，形成金融服务外包产业基地以及科技金融孵化园，并打造金融结算交易中心和金融机构服务支持中心。金融谷是上海国际金融中心建设的重要组成部分，与陆家嘴联动共同构成前中后台一体化金融服务体系；陆家嘴是金融功能定位的前台，而金融谷则可定位于金融机构的中后台，以此形成完整的金融产业生态圈，降低金融机构的运营成本。金融谷将针对企业打造信贷交易中心等新型金融交易服务平台，发挥创新型金融交易服务功能；建设金融支持型企业孵化器、加速器，发展创业和科技创新配套金融服务；开展各类金融创新研究，发挥金融业务创新功能；同时健全金融结算服务和金融信息科技服务功能，为金融企业提供方便、快捷的支付结算解决方案，为金融机构提供"云银行"等技术系统支撑服务等。2014 年，以推动金融创新、服务实体经济为宗旨，上海"金融谷"内还设立金融创新研究院，未来将通过开展课题研究、建设金融创新专业资讯平台。

b. 上海自贸区

于 2013 年 9 月 29 日揭牌的上海自由贸易试验区建设的重点之一是金融创新。上海自贸区是各类金融创新的"试验田"。在上海自贸试验区可基本实现利率、汇率的市场化，伴随着人民币国际化的进一步深入，在跨境人民币支付、人民币资本项目可兑换、外汇管理等方面开展一系列试点。2013 年上海自贸区实行隔离型资本项目可兑换，2014 年 2 月上海跨境人民币支付业务试点启动。上海自贸区金融突破在于外汇转移，自贸区建立的外汇管理体系，主要涉及在自贸区内建立贸易结算中心、深化跨国公司资金集中管理运营的管理体制、深化期货保税交割和深化融资租赁等方面。同时，作为国际金融中心的另一个重要目标是通过大力发展期货保税交割业务提升大宗商品的定价权。上海保监局还成立保险创新业务监管领导小组，负责对航运保险和自由贸易试验区保险的监管工作，旨在探索保险创新业务监管的思路、制度和方法，服务于上海国际金融中心和国际航运中心的发展战略，更好地支持自贸区建设。自贸区的另一重点是制度创新。自贸区改革涉及三个层面的问题，第一是制度改革，第二是资源配置，第三才是优惠政策。上海自贸区正研究境外股权投资和离岸业务税改；在很多国家，这些税收政策都是发展全球离岸业务、促进金融创新的重要举措，但是在我国基本属于空白，自贸区将实施创新填补这一空白。

c. 外滩金融创新试验区

2013年9月，作为上海新一轮金融创新的着力点，外滩金融创新试验区成立，并将聚焦民营金融和互联网金融等前沿领域，积极围绕"资产管理中心、资本运作中心和金融专业服务中心"三个重点加快建设。上海市黄浦区人民政府为此也发布了《黄浦区关于建设外滩金融创新试验区的十大举措》和《黄浦区关于建设外滩金融创新试验区的实施意见细则》进行政策支持。

在互联网金融方面，上海南外滩将成互联网新金融聚集带。网上银行、网上证券、网上保险等互联网金融将落户此区，并且互联网企业和银行、保险、证券等机构的融合与嫁接将得到支持，鼓励其不断创新金融服务产品。除此之外，该实验区支持各类信息技术公司、互联网企业发起或参与设立创新型互联网金融服务企业。鼓励利用云计算、大数据等资源和平台，改变传统依靠物理网点提供金融服务和产品销售的方式。

在民营金融方面，外滩金融创新试验区试图打造民营金融集聚区，支持有实力的民营企业加快产融结合，设立金融控股公司、财务公司或其他新型金融机构。同时，积极争取金融监管部门支持，协助民营资本发起设立自担风险的民营银行、金融租赁公司和消费金融公司等金融机构；积极支持符合条件的民营企业设立小额贷款公司、融资性担保公司等机构，鼓励通过发行中小企业私募债、资产证券化等方式拓宽融资渠道和规模。其目标是创新小微企业融资机制与平台，优化多层次金融配套服务功能，建立金融创新风险防范机制等。

d. 陆家嘴金融城

上海陆家嘴金融城，被誉为东方曼哈顿。陆家嘴金融城的品牌定位为：政府与市场完美结合的稳定、高效的一流国际金融中心。陆家嘴金融城作为浦东建设上海国际金融中心核心功能区，为大量金融市场机构、金融总部机构、新兴金融机构和各类金融中介配套机构提供载体和经营场所，并为其提供全面和完善的服务。同时，以上海加快建设国际金融中心和国际航运中心为契机，陆家嘴大力发展航运金融，促进金融中心与航运中心联动发展，在金融创新、金融标准制定、金融生态环境方面先行探索，不断聚集金融机构，聚集金融人才，聚集金融创新产品，聚集优质金融环境和金融服务。

除了上述金融试点区域的大力发展外，在农村金融服务、新能源发展、小微企业服务方面，上海金融创新也发挥了积极作用。在农村金融服务方面，上海市郊区推动实施"金融服务进村入社区""阳光信贷""富民惠农金融创新"二大工程，提升金融对上海都市农业发展的支持力度。在小微金融服务方面，上海银行业实现了"小型微型企业贷款增幅高于全部贷款平均增幅"及"单户授信总额500万元以下小型微型企业贷款增幅高于全部贷款平均增幅"的目标。2012年上海联合产权交易所推出"上海模式"贴身服务中小企业,并加速推进金融创新降低民资进入门槛。在促进节能环保产业发展方面,2012 年 2 月,上海环境能源交易所与金融行业首度合作,签署碳交易领域战略协议,充分发挥上海作为碳交易试点的市场杠杆作用,致力于以金融创新和交易服务推进低碳经济发展。并借助打造国际金融中心的机遇,推进新能源产业的金融创新,吸引金融资本、风险投资和企业资金等对新能源产业的投入。

为加快推进上海国际金融中心建设,上海市政府 2010 年还启动了上海金融创新评奖活动,每年安排预算资金,专项用于奖励金融产品创新、金融技术创新、金融服务创新、金融管理创新、金融组织形式创新等项目,旨在鼓励和引导在沪各类金融单位加大对金融创新的投入力度。2011 年上海市政府推出上海金融景气指数,从金融市场、金融机构、金融人才、金融创新、金融国际化和金融生态环境六个维度,对上海金融发展和国际金融中心建设进行综合评估和分析,以系统性的指标体系记录和展示上海国际金融中心建设的轨迹,促进上海金融业的发展和国际金融中心的建设。这些都使得上海在金融创新方面遥遥领先。

C. 深圳

深圳是中国改革开放以来所设立的第一个经济特区,一直被称为中国改革开放的窗口。深圳具有较强的自主创新能力,尤其是高科技产业和金融创新能力。实证结果显示,深圳在各子模块的得分基本都位列第三,在金融制度创新模块甚至超过上海位列第二。而在民营上市公司数目这一单项指标中,深圳位列第一,并且具有绝对优势,这说明深圳拥有丰富的中小企业资源,未来的金融创新具有很大潜力。2012 年深圳金融业增加值以 1819.2 亿元位居全国第三,其与北京、上海的差距正在缩小。在新一轮的金融创新浪潮中,深圳的前海自贸区无疑是一大亮点,与此相配合,深圳的金融创新重点在人民币国际化、互联网金融以及中小企业金融服务。

a. 前海自由贸易区

2010 年 8 月 26 日,国务院正式批复《前海深港现代服务业合作区总体发展规划》。前海金融创新政策,一是服务于人民币国际化,二是推动粤港金融一体化,三是推动金融机构创新,四是促进金融市场创新,五是尝试金融监管创新,不仅在跨境金融合作上作出努力,更在推动国内金融行业创新发展,推动制度、技术、产品的创新。2013 年,前海各项经济指标均呈快速增长,GDP 总量为 2012 年的两倍多,固定资产投资是前三年的总和,注册企业达 3700 家,为前三年的 11 倍,跨境贷备案金额超过 150 亿元,土地出让收入超 400 亿元。证监会自 2012 年起新批的基金管理公司有 1/4 落户前海;证券子公司、期货子公司中,1/3 在前海注册。此外,管理资本规模排名全国前 10 的私募股权投资机构中,有 4 家在前海设立机构。这些都使得前海基本形成了完善的金融生态圈，有助于发展金融创新。前海的发展重点是在现代服务业和金融领域，以及人民币国际化方面进行创新和试点，具体来说是人民币国际化、混业经营、放松监管、金融交易市场建设和深港金融合作。2012 年 3 月，深圳明确提出将利用深港两地畅通的支付结算互联条件，尝试逐步建立人民币跨境流出和流入的"无障碍通道"。深港跨境人民币双向贷款已经开始操作，目前银行在跨境人民币业务上的创新，能够降低企业经营成本和规避汇率风险，加快结算速度、提高资金使用效率。与此同时，前海石化交易所、前海金融资产交易所、深圳碳排放权交易所、深圳农产品交易所、前海股权交易中心、前海保险结算中心、文化产权交易所，七大金融要素平台相继成立。这些金融创新举措为券商新增了服务中介、资本中介、资本投资三大新的完整业务链，也使前海具备了发展量化投资的良好基础。最后，前海在服务中小企业方面也有突出进展，前海股权交易中心于 2013 年 5 月开业，将成为中小企业与境外投资者最先对接的平台，预计中小企业到该中心的融资成本相当于交易所市场的 1/10。

b. 互联网金融创新

除了前海的大力发展外，深圳还加码互联网金融创新发展。2014 年 2 月，深圳市政府常务会议通过了《关于支持互联网金融创新发展的指导意见》，提出深圳应进一步拓展金融产业链，创新金融产品和服务模式，大力发展现代网络金融、移动金融，培育衍生金融新业态和新型要素交易平台，加快构建互联网金融创新集聚区。

c. 中小企业金融服务

深圳的一大优势是民营企业和中小企业发展潜力巨大。2009 年，创业板市场在深圳证券交易所正式启动，这改善了中小企业的外源融资环境，使深圳成为中小企业直接融资的主要市场。为了继续发挥这一优势，深圳出台多项金融创新政策构建小微企业服务体系，加大金融对小微企业服务的力度。2009 年 7 月，深圳银监局制定《深圳市小企业金融服务体系建设工作方案》，从多角度、多层次确立小企业金融服务的长效机制，为小企业融资提供系统性的解决方案，帮助其应对当前的融资困局，实现产业结构升级和长远发展。2012 年 4 月，深圳银监局发布《深圳市银行业金融机构小微企业金融服务工作指引》，提出对小微企业的不良贷款容忍度放宽至 5%。并将根据不同类型银行小微企业的贷款占比给予相应的分类激励和约束。2013 年 5 月深圳市出台《深圳市关于支持中小微企业健康发展的若干措施》，创新性地提出设立中小微企业发展基金、完善中小企业融资增信与补偿机制等 30 项措施，以解决本地中小微企业的发展难题。

D. 广州

广州作为中国改革开放的前沿阵地,在改革开放 30 多年来取得了许多辉煌的成就,各项经济指标都排在前列。根据国务院发布的《珠江三角洲地区改革发展规划纲要（2008~2020 年）》,广州明确定位为珠三角区域金融中心。广州的优势在于与珠江三角洲及广东省内其他重要城市的联动作用,然而如汪洋所说,广东经济规模大,金融资产总额居全国之首,但金融创新相对滞后,资本市场发展仍有较大空间。从实证结果中也可看出,2011 年广州的金融业增加值仅为深圳的一半,民营上市公司数目远远落后于深圳、上海和北京,在全国仅排名第六;金融制度创新和金融市场创新模块也相对薄弱,与北京、上海、深圳等城市存在很大差距。近年来,在新一轮的金融创新中,广州正针对以下四大板块发力。

a. 南沙自贸区

2012 年 10 月 11 日,南沙新区成为继上海浦东新区、天津滨海新区、重庆两江新区、浙江舟山群岛新区和兰州新区之后的第六个国家级新区。南沙新区是广东省实施 CEPA 先行先试综合示范区,国家"十二五"规划纲要把南沙新区开发列为粤港澳合作的重大项目,提升到"深化粤港澳合作,建设中华民族共同家园"的新高度。

建设粤港澳金融合作示范区:①在 CEPA 框架下,广东省先行先试范围内,研究适当降低香港金融机构和金融业务准入门槛,鼓励符合 CEPA 关于"香港服务提供者"定义的金融机构在南沙设立国内总部、分支机构。支持符合条件的香港金融机构在南沙新区设立合资证券公司、合资证券投资咨询公司和合资基金管理公司。②加强与香港的沟通,争取国家支持粤港在南沙新区共建广州期货交易所,将南沙新区建设成为区域商品期货交易中心。③研究支持香港、澳门保险机构进入南沙新区的政策,探索在南沙新区开展自保公司、相互制保险公司等新型保险公司试点,大力发展再保险市场。鼓励穗港澳三地保险机构在产品开发、渠道开拓和理赔服务等方面开展资源整合与业务合作。④加强金融后援服务建设合作,积极承接港澳金融机构后台业务向南沙新区转移,联手打造面向国际市场的金融服务外包基地。

建设珠三角金融改革创新先行区:①争取中央支持在南沙新区开展产业投资基金、创业风险投资、金融业综合经营、外汇管理、离岸金融等金融改革创新试点。②大力发展金融租赁业务,在南沙新区设立金融租赁公司并支持其进入银行间市场拆借资金和发行债券。③探索开展离岸金融业务,争取注册在南沙、有离岸国际贸易需求且经营业绩和信用良好的企业在境内银行先期开设离岸专用账户;争取国家外汇管理部门支持在穗各类企业集团结算中心开设离岸账户。④引导和支持加工贸易、物流仓储、电子商务等各类大型企业集团、跨国公司在南沙新区设立资金财务中心、结算中心或成本利润核算中心，提高资金结算及使用效率。⑤积极争取开展外资股权投资企业试点，吸引优质境外长期资本，促进股权投资基金发展和经济结构转型。

建设航运金融试验区：①大力发展物流航运融资、结算、保险、信托、租赁业务。争取设立船舶金融租赁、航运保险等专业性金融机构，探索创新航运融资方式，支持航运相关企业、金融机构等共同组建航运产业基金。②吸引大型金融机构在南沙新区设立金融租赁公司或航运金融部门，支持大型船舶制造企业参与组建金融租赁公司。创新航运金融产品和服务模式，探索开发航运运价指数衍生品。③大力发展船舶保险、海上货运险、保赔保险等传统保险业务，积极探索新型航运保险业务，培育航运再保险市场。

b. 民间金融街

2012 年年初，广州提出要在越秀区长堤大马路建设集资金借贷、财富管理、支付结算、信息发布为一体，为中小微企业和居民个人提供全方位、多样化的金融服务的民间金融集聚区，"广州民间金融街"应运而生。其定位是侧重于向中小微企业和居民个人提供金融服务，培育民间金融知名企业，提升民间金融街区品牌，最终建立反映资金供求状况和监管治理环境的民间金融利率、费率价格形成机制。为了实现这一目标，首先要发挥集聚效应：集中引入一批经营规范、服务优质的小贷公司、融资担保公司、典当等民间金融机构及其他配套服务机构，促使民间金融机构集聚发展。其次，要突出服务功能，拓展面向中小微企业和居民个人的金融服务，通过为广大中小微企业提供融资、担保、典当、信息咨询等方面的服务，大力培育一批民间金融知名企业，为中小微企业的发展提供支持。最后是要形成定价机制：通过建设信息管理平台，定期采集、整理、公布驻街金融机构资金供求信息，按日公布民间融资的市场利率、费率，逐步建立反映资金供求状况和监管治理环境的民间融资利率、费率价格的市场化定价机制。未来金融街将建设融资信息管理平台，集中发布资金供求、利率等信息，并选择市内其他有代表性的机构，整合成综合性指数，定期发布。同时，完善各项硬件配套服务，制定监督制度和利益协调机制，将民间金融街打造成民间资金集聚、民间金融创新的核心区域。

c. 广州国际金融城

广州国际金融城总面积达 7.5 平方千米，核心区总面积 2.3 平方千米，包括起步区和西核心区两部分。金融城投资巨大，仅起步区投资就达数百亿元，将直接拉动广州固定资产投资，有效促进广州市经济又好又快发展。同时，通过吸引金融机构进驻金融城，强化区域金融中心功能，发挥金融总部聚集效应，优化产业结构，助推产业转型升级。未来广州国际金融城将以高端现代服务业为主体，形成金融机构集中、金融要素市场齐备、金融交易活跃、金融服务完善的金融总部聚集区。

d. 广州金融创新服务区

广州金融创新服务区规划始于 2007～2008 年，计划总投资 40 亿元，规划面积约 2 平方千米，首期位于广州科学城，二期拟规划在中新知识城的金融创新服务区，它旨在建成全省乃至全国的综合性金融创新试验基地。2012 年 8 月 9 日，坐落于其中的广州股权交易中心正式成立，将为各类挂牌企业和投资者提供股权转让、托管登记、交易清算、增资募股、质押融资、投资资信等优质服务，在中小微企业拓宽直接融资渠道，促进企业规范治理，推动产业、科技与金融资本融合，完善多层次资本市场体系等方面作出积极贡献。未来广州金融创新服务区将建设金融创新大厦、科技型中小企业金融超市、"新三板"中介机构服务中心三大平台，以及广州股权投资基地，通过"三大平台、一个基地"，促进金融机构在区内集聚发展，构建对接广州开发区产业结构特色的金融机构体系和金融服务体系。

第10章 城市金融支持与金融创新能力评价的研究结论与政策建议

金融作为现代经济的核心，有利于增强自主创新能力和促进经济增长。金融支持和创新体系的完善对创新型城市的建设具有至关重要的作用。本篇首先对创新型城市的金融支持和金融创新能力建立了一套指标评价体系，通过实证研究，对中国主要城市的金融支持水平和创新能力，进行了综合评分，分析了对金融支持水平和金融创新能力有重要影响的因素，对我国主要金融创新型城市的发展现状、存在的问题进行对比分析，进而结合广州发展的优势和劣势，针对广州的金融支持和金融创新提供对策建议，确保创新型城市战略目标和发展计划顺利实施。

10.1 金融支持和金融创新能力的基础性结论

1. 影响城市金融支持水平的模块

金融支持体系的建立依赖于金融产业的发展，影响金融支持水平的因素主要可以分为两个模块：金融支持基础及金融环境和金融机构实力及金融市场规模。

金融支持基础及金融环境模块包括的主要指标有：金融业增加值占国内生产总值比例、人均 GDP、当年实际利用 FDI 总额、当年进出口总额、金融业在岗职工总数、金融业从业人数占全体劳动者比例、金融业在岗职工较上年度的同比增长率、金融机构本外币存款余额、存款余额占 GDP 比例、本地上市公司累计融资量与 GDP 之比、保险深度、保险密度、金融机构本外币贷款余额、贷款余额占 GDP 比例。通过旋转因子载荷矩阵，我们发现金融机构本外币贷款余额、金融业在岗职工总数、金融机构本外币存款余额、金融业增加值占国内生产总值比例、保险密度、保险深度、当年进出口总额、金融业在岗职工占当地职工总数的比例这几项指标与第一主成分的相关性较强，实证结果中，在这几个指标中的排名与模块整体排名相差不大，所以这几个指标对城市金融支持水平的作用最大。

金融机构实力及金融市场规模模块包括以下指标：商业银行机构数目、基金公司数目、上市公司数目、同业拆借市场成交金额、回购市场交易额、期货市场成交额、交易所上市公司家数、交易所上市公司总市值、交易所股票成交金额、交易所股票成交量、交易所 IPO 筹资额、投资者新增股票开户、各年投资者累计开立股票账户总数、银行间债券市场现券交易额、黄金交易额、交易所债券市场现券交易额、本地上市公司证券市场成交额、本地上市公司实际募集资金净额、主要商业银行的本地法人银行资产总规模。通过旋转因子载荷矩阵，我们发现当地基金公司数目、交易所 IPO 筹资额、交易所上市公司总市值、各年投资者累计开立股票账户总数、交易所股票成交量、交易所上市公司总数、银行间债券市场现券交易额、本地上市公司数目、本地上市公司证券市场成交额这几项指标与第一主成分的相关性较强，对城市金融支持水平的作用最大。

2. 影响金融创新能力的模块

金融创新是金融当局或金融机构为更好地实现金融资产的流动性、安全性和营利性目标，利用新的观念、新的技术、新的管理方法或组织形式，来改变金融体系中基本要素的搭配和组合，推出新的工具、新的机构、新的市场、新的制度，创造和组合一个新的高效率的资金营运方式或营运体系的过程。影响金融创新能力的因素主要可以分为四个模块：金融创新环境模块、金融制度创新模块、金融市场创新模块和金融业务创新模块。

金融创新环境是有利于孕育金融创新的金融生态环境。金融生态与金融创新是土壤与种子的关系，只有在适宜、平衡、良性循环的金融生态系统中，金融创新才会不断产生。金融创新环境模块的指标主要有金融服务业增加值占国内生产总值比例、人均 GDP、人均 GDP 增速、第三产业增加值占国内生产总值比例、经济外向度（包括当年实际利用 FDI 总额和当年进出口总额）、金融发展指标、金融业从业人员平均工资、金融机构员工数目等。在这一模块中，总排名并不靠前的宁波得分却比较高，排名第三，从具体指标来看，宁波当年进出口总额排名非常靠前，是广州的两倍多，金融产业增加值跟广州很接近。根据城市排名情况和旋转因子载荷矩阵，在金融创新环境中作用最大的指标为：金融服务业增加值占国内生产总值比例和当年进出口总额。

金融制度创新是基于保证一个相对独立的金融系统得以运行而确立的规则体系，体现为一系列的经济、法律、政治乃至道德、习俗的约束，所有合法的金融活动都是在一定的金融制度框架下展开的。从影响城市金融创新程度的层面来看，金融企业制度创新、金融监管制度创新以及金融制度环境三个方面是导致各城市创新能力差异的主要因素。金融制度创新模块的指标有：金融企业制度创新（包括非金融机构直接融资占间接融资比例，非国有商业银行资产总额占银行类资产总额比例，民营上市公司数目、总资产及增长率），以及金融监管制度创新（包括银行不良资产比率、银行收入成本比、金融部门净资产收益率、商业银行资本充足率）。

金融市场创新是原有的金融市场在不断扩大，而新的金融市场也在被不断地开发出来。金融市场创新是金融发展的需要，金融市场的发展历程就是金融工具创新的发展历程。衡量金融市场功能的指标主要有：金融市场活跃程度（包括地区上市公司数目、增长率，地区银行类金融机构规模，上市公司总市值及增长率，保险机构保费收入增长率，上市公司证券市场成交额及增长率，上市公司实际募集资金净额及增长率），以及资金的配置效率（第二产业投入产出弹性指标）。在这一板块中，得分情况比较值得注意的是杭州和宁波，这两个城市排名都在广州之前。从具体指标来看，主要是其上市公司数目和上市公司实际募集资金净额贡献比较大，结合这一情况，以及旋转因子载荷矩阵，作用最大的五个指标为：上市公司数目、本地上市公司实际募集资金净额、本地上市公司市值总额、本地上市公司证券市场成交额、银行类金融机构规模。

金融业务创新是指金融机构在业务经营管理领域的创新，是金融机构利用新思维、新组织方式和新技术，构造新型的融资模式，通过各种金融创新工具的使用，取得并实现其经营成果的活动。金融业务创新包括金融工具创新、金融产品创新、金融技术创新、服务方式创新等内容。金融业务创新模块的指标有：银行及金融衍生业务创新（包括本地商业银行衍生资产总额、本地商业银行次级贷款总额、商业银行中间业务收入占比、商业银行交易衍生产品的净利润、主要商业银行的本地法人银行资产总规模增长率、本地商业银行税前利润），以及证券及保险业务创新（证券化率：股票总市值/GDP）。这一模块各城市之间的差距都不大，只有北京具有明显的优势。北京在金融业务创新方面的优势与国家的政策导向有密切关系，一系列优惠和支持政策推动了北京资本市场和银行存贷款业务的发展。其中，作用最大的指标为：本地商业银行衍生资产总额、本地商业银行次级贷款总额、商业银行中间业务收入占比、证券化率。

在全国主要城市金融创新能力总得分的评价中，将 4 个模块的指标全部放在一起做主成分分析，通过旋转因子载荷矩阵，这些指标中，影响最大的几个指标为：金融业增加值、第三产业增加值占 GDP 比例、当年进出口总额，金融业在岗人均工资、金融机构员工人数、非国有商业银行资产总额、民营上市公司总资产、银行类金融机构规模、本地上市公司证券市场成交额、金融机构衍生资产总额、本地商业银行次级贷款总额、商业银行其他证券收益、商业银行税前利润。其中，有 5 个来自金融环境创新模块，4 个来自金融业务创新模块。从城市金融创新综合得分的排名来看，最终排名与金融环境创新和金融业务创新模块的排名也较为一致。由此可见，对城市金融创新能力贡献最大的模块为金融环境创新模块和金融业务创新模块。

10.2　部分金融创新城市的金融支持和金融创新概况

1. 金融支持水平概况

由主成分分析法得出各主要城市的模块得分和综合得分情况如表 10-1 所示。

表 10-1　各主要城市金融支持水平得分情况

城市	金融支持基础及金融环境	金融机构实力及金融市场规模	综合得分
北京	100.0000	83.0119	99.0329
上海	96.6620	100.0000	97.9669
深圳	90.6867	84.2888	90.9134
广州	85.2517	74.8615	81.2326
杭州	89.0190	74.7538	83.6440
宁波	81.6673	73.9452	78.7868
南京	82.1806	74.1094	79.4435
厦门	79.0682	73.4087	77.0968
重庆	77.6357	76.0404	77.2616
沈阳	76.6452	73.4487	75.0005

综合得分中，北京、上海、深圳和杭州的排名比较靠前。北京在金融支持基础与金融环境方面较有优势；上海和深圳在金融机构实力与金融市场规模方面较有优势，其中上海要强于深圳；而相比于北京、上海、深圳，广州在这两方面都稍有欠缺，杭州在金融支持基础与金融环境方面的表现也优于广州。

　　1）金融支持基础及金融环境模块

具体来看，在金融支持基础及金融环境模块，金融业增加值占国内生产总值比例排名前五的城市分别是北京、深圳、上海、杭州、宁波，而广州只排在第 7 位；人均 GDP 排名前五的城市是深圳、杭州、广州、上海、北京；金融业在岗职工总数排名前五的城市是上海、北京、杭州、深圳、广州；金融业在岗职工占当地人口总数排名前五的城市是杭州、北京、深圳、上海、广州；金融机构本外币存款余额排名前五的城市是北京、上海、广州、深圳、杭州；金融机构本外币贷款余额排名前五的城市是北京、上海、深圳、广州、杭州；保险密度排名前五的城市是广州、北京、深圳、上海、杭州；保险深度排名前五的城市是北京、上海、厦门、广州、南京。

在金融支持基础与金融环境方面，北京是国家金融决策中心、金融管理中心、金融信息中心和金融服务中心，具有先天优势，这使得北京金融机构的存贷款余额较高。而且，北京注重发挥比较优势：一方面，建设国家科技金融功能区，以中关村核心区为基础建设国家科技金融功能区，加快聚集科技金融机构和中介服务组织，形成聚集效应；另一方面，金融与文化协调发展，在全国率先构建文化金融服务体系，充分发挥金融资源配置的先导作用，以市场为依托、以金融机构为主体、以产品创新为工具，形成多方位、多渠道支持文化创意产业发展的文化金融服务体系，充分发挥文化产权交易所的作用，建立文化金融发展协调联动机制。这些举措一定程度上推动了金融业增加值占国内生产总值和金融业在岗职工总数增加，为北京在金融支持基础与金融环境方面的优势打下了良好的基础。

2）金融机构实力与金融市场规模模块

金融机构实力与金融市场规模模块，当地基金公司数目排名前五的城市是上海、深圳、北京、重庆、杭州，广州排名第六；由于上海和深圳有证券交易所，而交易所 IPO 筹资额、交易所上市公司总市值、各年投资者累计开立股票账户总数、交易所股票成交量、交易所上市公司总数，这几项指标是关于证券交易所的，这从某种程度上决定了上海和深圳在此模块总体排名中的地位。本地上市公司数目排名前五的城市是北京、上海、深圳、杭州、广州；本地上市公司证券市场成交额排名前五的城市是北京、上海、深圳、广州、杭州。

在金融机构实力与金融市场规模方面排名领先的上海一直致力于建设国际金融中心，提高境外投资者的参与度，提升上海证券交易所主要指数和大宗商品期货价格的国际影响力，扩大上海银行间同业拆放利率（SHIBOR）的影响范围，使其成为境内外人民币资产定价的主要基准利率，人民币汇率中间价成为境内外人民币交易定价的主要汇率基准，这些举措进一步提高了在沪外资金融机构资产总额的市场份额，不断提高金融法律、税收、监管等与国际惯例接轨程度，引进国际化高端金融人才和新兴金融领域的人才，进而促进其金融业在岗职工总数的增加。同时，国际金融中心的集聚作用也对基金公司数目和上市公司数目等指标的发展奠定了良好的基础。

2. 金融创新能力概况

1）金融创新环境

在金融创新环境模块，经实证分析，与第一主成分相关性最强的指标为金融业增加值、当年进出口总额。通过各城市的得分比较，北京、上海、宁波、深圳分别位列前茅。

金融业增加值的前三甲依次为上海、北京、深圳，2007～2011 年，金融业增加值约翻一番，广州居于第四位，基数比上海、广州、深圳相差较大，但增长至2007 年的两倍多，增速较快。探究排名背后的机制，原因在于北京是国家的政治中心和金融机构总部中心，有着独特的政策优势和区位优势，上海是国家战略建设的国际金融中心，这两个城市聚集了全国主要的金融资源，在金融国际化程度和金融人才集聚方面具有其他城市不可超越的优势；深圳的证券交易所是全国两大主板市场之一，同时紧靠香港国际金融中心，故而深圳金融业增加值也要大于广州。

当年进出口总额方面，上海、深圳、北京、宁波位列前四位。值得关注的是宁波，其依托港口航运综合优势，大力发展海洋经济及航运金融服务，作出了自己的特色。而广州在当年进出口总额上甚至还不到宁波的一半，与排名前四的城市差距很大。

2）金融制度创新

在金融制度创新模块，经实证分析，与第一主成分相关性最强的指标为非国有商业银行资产总额、民营上市公司数目。通过各城市的得分比较，北京、重庆、上海、深圳、杭州、广州位列前茅。

非国有商业银行资产总额方面，2011年排名前五的城市是北京、上海、深圳、广州、杭州，且城市间差额巨大，依次约为下一位次城市的两倍。究其原因，北京是我国金融机构总部中心，因该指标以总行所在地统计资产总额，所以北京具有先天巨大优势；上海作为国际金融城市，拥有花旗、汇丰等众多外资银行，交通银行、浦发银行等众多内资银行；深圳则设有平安银行、招商银行等内资银行总部。非国有商业银行资产总额占银行类资产总额比例，上海和深圳分别是99.02%和96.74%，总部在广州的商业银行则全部为非国有。

民营上市公司数目排名前五的城市是深圳、上海、北京、杭州、宁波，广州紧随其后，位列第六。深圳位列第一，并且具有绝对优势，原因在于深圳拥有丰富的中小企业资源，众多大型民营企业，如腾讯、华为总部均在深圳。2009年，创业板市场在深圳证券交易所正式启动，这改善了中小企业的外源融资环境，使深圳成为中小企业直接融资的主要市场。为了继续发挥这一优势，深圳出台多项金融创新政策构建小微企业服务体系，加大金融对小微企业服务的力度。上海在民营金融方面通过外滩金融创新试验区试图打造民营金融集聚区，支持有实力的民营企业加快产融结合。北京针对中关村企业所实施的一系列金融服务措施，如中小科技型企业知识产权质押贷款试点，也一定程度解释了其民营上市公司数目众多的现象。

值得注意的是，重庆在2011年排名靠前，原因在于重庆在民营上市公司总资产增长率、银行加权净资产收益率及贷款损失准备占总贷款比例这3项指标排名靠前，而主要商业银行不良贷款率较低，商业银行贷款占总贷款的比例也比其他城市低。也就是说，重庆虽然在非国有银行资产规模及民营上市公司数目上并无优势，但其在金融监管、风险控制及直接融资方面较为突出。

3）金融市场创新

在金融市场创新模块，经实证分析，与第一主成分相关性最强的指标为上市公司数目、本地上市公司实际募集资金净额、本地上市公司市值总额、本地上市公司市值总额增长率、本地上市公司证券市场成交额、银行类金融机构规模。总体来说，2011 年该模块得分排名依次为北京、上海、深圳、宁波、杭州、广州。

因该板块的指标均是以公司注册地为依据进行统计，因而在金融机构数目、规模、上市公司市值及成交额等方面，北京所占有的优势其他城市很难撼动，排位第二的上海甚至不到北京的三分之一。从金融机构分布的角度看，全国性的金融机构总部集聚在北京，这是政策和历史演变的结果。另外从金融市场来看，全国性金融市场几乎都集中于上海，而深圳在支持香港人民币离岸中心建设方面又具有不可取代的优势，凭借多层次资本市场的发展优势紧随上海。

4）金融业务创新

在金融业务创新模块，经实证分析，与第一主成分相关性最强的指标为本地商业银行衍生资产总额、本地商业银行次级贷款总额、商业银行中间业务收入占比、证券化率。总体来说，2011 年该模块得分排名前四位依次为北京、上海、深圳、广州。

北京在金融业务创新方面的优势与国家的政策导向有密切关系。例如，北京在全国率先发行保障房建设私募债，发起设立全国首例保障房土地储备保险债券投资计划以及公积金贷款试点等。中关村也为推动北京金融产品和金融服务创新作出了重要贡献。自从北京提出将中关村建设成为国家科技金融创新中心的目标后，中关村企业上市和股份代办系统挂牌企业数量均有历史性突破。同时，中关村积极支持企业利用多层次资本市场融资，并进一步推动担保融资，深化知识产权质押贷款、信用贷款、信用保险及贸易融资、小额贷款、科技金融保险等试点，15 家商业银行设立了科技信贷专营机构。这为全国金融产品及服务创新积累了经验、奠定了基础。

10.3 基于研究结论的广州市金融创新发展的政策建议

1. 强化交易平台建设、强化金融功能区建设、强化发展资本市场，打造广州区域金融中心

在金融创新环境模块，北京、上海、宁波、深圳位列前茅，广州排名第五。从该模块中金融业增加值这一主要指标来看，广州位列第四，但增速较快，且呈上涨趋势，增速超越上海、北京和深圳。至于金融业增加值的绝对数，上海、北京和深圳拥有无可比拟的政策优势、人才优势和区位优势，广州则还有较大的成

长空间，需要维持高速增长，缩小与上海、北京和深圳的差距。

随着广州南沙新区、中新知识城等重大平台建设持续推进，城市基础设施建设全面铺开，企业投融资需求不断增加，广州金融业的后续发展空间巨大。广州区域金融中心建设重点在于三个"强化"：强化交易平台建设、强化金融功能区建设、强化发展资本市场。从三个维度进行推进，有利于全方位改善广州金融环境，大幅度提升金融业增加值。截至目前，广州股权交易中心累计挂牌企业、展示企业3000多家，广州金融资产交易中心也已开业运营，需进一步充分运用这两个交易平台，力争大规模非上市企业成为股权交易中心的会员，鼓励青年大学生创业板投融资活动，推进广州金融资产交易中心各类项目、大批金融资产挂牌交易；重点推进广州民间金融街三期、国际金融城、南沙现代金融服务区等功能区建设，推进社区金融服务站和农村金融示范镇（村）的建设。

2. 发展航运金融，提升广州港口金融服务软实力，提高对外贸易额

在金融创新环境模块，当年进出口总额指标，上海、深圳、北京、宁波位列前四位，而广州在当年进出口总额上甚至还不到宁波的一半，与排名前四的城市差距很大。与进出口贸易相关的金融领域，即航运金融，主要包括船舶融资、航运保险、资金结算、航运价格衍生品等四个方面。

除港口城市的天然区位优势外，航运金融建设是国际港口城市软环境打造的重要内容和关键环节。航运业作为资金密集型产业，国际航运企业业务遍布世界各主要港口，频繁发生运费的收缴以及日常性支出，资金量巨大，成为各大金融机构积极争取的重要客户。上海多家银行成立了独立航运金融平台，另外中行国际航运金融服务中心包含了对航运企业的产品设计、客户营销、账户管理、结算服务、资金理财、融资授信、电子银行等一揽子企业金融服务方案，以及对航运从业人员的私人财富管理方案，以求实现针对航运客户的全方位、多元化的服务。政策方面，为了推进航运金融的发展，上海一系列促进措施相应出台，包括：对注册在上海的融资租赁企业，其从事国际航运有关的船舶融资租赁业务取得的收入免征营业税；对注册在上海的保险企业，其从事国际航运保险业务取得的收入免征营业税；对注册在上海的融资租赁企业，其从事国际航运有关的船舶融资租赁业务取得的收入免征营业税等。值得关注的是宁波，其依托港口航运综合优势，大力发展海洋经济及航运金融服务，作出了自己的特色：宁波国际金融服务中心于2010年竣工，浙江金融租赁有限公司宁波分公司船舶融资租赁业务已顺利开展，宁波航运保险公司作为全国首家专业性保险公司，研发和推广了一系列航运保险新产品、新模式。

在该模块，广州可以充分利用南沙新区建设的契机，加强航运金融建设，提升港口金融服务软实力，具体做法是：吸引和培育具有国际影响力的骨干金融机

构和航运企业，积极吸引船舶租赁、保险、再保险公司等航运金融服务机构落户
广州；支持金融机构产品创新，加快发展船舶融资、国际结算、航运保险等金融
业务；加快成立航运产业投资基金，引导国内资金投入国际航运市场；加大航运
金融政策争取与扶持，如争取国家支持，采取税收减免政策，鼓励广州海上货运
险本地投保，适当降低银行船舶贷款业务、保险公司海上保险业务的营业税，对
国际航运业务收入免征营业税，扩大航运保险免营业税的险种范围；加强对航运
物流企业外汇管理专题研究，对涉及航运物流企业的跨境投、融资审批予以倾斜；
积极适应航运金融发展形势，根据航运企业和相关金融机构需求，及时出台支持
航运金融发展的金融外汇政策，便利航运相关外汇资金的跨境收付。

3．大力扶持民营上市公司，增加上市公司数目和规模，发展有代表性和影响力的龙头企业

无论是金融制度创新模块中的民营上市公司数目，还是金融市场创新模块中
的上市公司数目，广州都位列杭州、宁波之后，排名第六。北京的上市公司数目
虽然不如上海，但是北京上市公司数目的增速却比较快，从 2007 年的 104 家上升
到 2011 年的 187 家，与上海的差距不断缩小，现在基本持平。而北京、上海、深
圳的上市公司数目都是遥遥领先，是排名第四的杭州上市公司数目的三倍之多。
而且杭州虽然上市公司数目不多，但增速却很快，在 2011 年已经超越广州。

北京作为我国的政治经济文化中心，在各方面都有着绝对的优势；上海是中
国金融中心，几乎囊括全中国所有的金融市场要素，从标准化交易的场内市场到
多样化的场外市场，从资金的筹集市场到风险的管理市场，均有涵盖；深圳是中
国改革开放以来所设立的第一个经济特区，且民营公司上市数目排名第一。广州
与这三个城市之间的差距较大，且受地理位置和政治等因素的局限，很难在短时
间内缩小差距。但杭州在这一模块的排名十分值得关注，究其原因，杭州对上市
公司的扶持政策以及阿里巴巴在杭州的影响力和领导作用是其中不可忽视的重要
因素。阿里巴巴无疑是杭州金融创新的领军企业，一方面大力推动互联网金融的
发展，另一方面则是吸引了其他上市公司的聚集。

由此可见，广州想要提升自身的金融市场创新能力，就要出台有利于公司上
市的优惠扶持政策，在数量上紧追杭州的步伐，争取向北京、上海、深圳靠拢；
在质量上，重点培育有潜力的上市公司，使之成为有规模、有影响力的企业，起
到带头作用，并吸引更多有潜力的公司来广州上市，形成集聚效应。

4．大力发展金融服务业，大力扶持银行类金融机构和证券市场的发展

银行类金融机构总资产和本地上市公司证券市场成交额也是金融市场创新模
块非常重要的指标。这两个指标奠定了北京和上海在这一模块中的领先地位。从

银行类金融机构总资产来看，排名第一的北京达到 16 796 293 642.38 美元，第二名的上海为 1 556 018 339.67 美元，略少于北京，而排名第三的深圳的银行类金融机构总资产不到第二名上海的一半，仅有 676 800 837.85 美元，排名第四的广州的银行类金融机构总资产则不到深圳的 1/3，仅为 221 984 857.03 美元。从本地上市公司证券市场成交额来看，排名第一的北京为 45 482.61 亿元，排名第二的上海为 33 431.56 亿元，而排名第三的深圳为 31 040.16 亿元，广州在这一指标中排名第四，本地上市公司证券市场成交额为 8036.97 亿元，差距仍然很明显。

从以上指标的比较可以看出，在金融机构数目、规模、上市公司市值及成交额等方面，北京有着难以撼动的优势。从金融机构分布的角度看，全国性的金融机构总部集聚在北京，这是政策和历史演变的结果，而从金融市场来看，全国性金融市场几乎都集中于上海，这也是北京和上海在银行类金融机构总资产上遥遥领先的原因。而深圳在支持香港人民币离岸中心建设方面又具有不可取代的优势，因此在金融机构规模和证券市场成交额这两个指标上，深圳虽然落后于北京和上海，但也领先广州许多。此外，由于上交所和深交所的存在，上海和深圳在证券市场交易方面优势非常明显，上交所和深交所给上海和深圳上市公司的证券市场交易提供了更好的平台，促进证券市场的发展。

广州在这一方面，先天的基础比较薄弱，想要超越排名前三的城市难度较大。但要想在金融市场创新方面提升得分和排名，必须要在薄弱环节缩小差距。想要提升银行类金融机构总资产，一方面是在数量上，为银行类金融机构的成立提供有利的政策，加大对本地金融机构的投资，为金融机构的发展提供良好的环境；另一方面，在质量上，要扩大已经发展起来的银行类金融机构的规模，增加金融服务的范围，提升金融服务的质量，拓宽金融服务的市场。

5. 完善金融服务业，在服务好大公司的同时，加快建设民间金融街，服务好中小微企业，利用服务中小企业的金融理念来弥补上市公司筹资不足的短板

金融市场创新模块另一个非常重要的指标是本地上市公司实际募集资金的净额。从这个指标来看，仍然是北京遥遥领先，2011 年北京上市公司实际募集资金的净额达到 4 623 774.70 万元，且在 2010 年曾达到 13 118 753.00 万元，而排名第二的深圳仅有 1 598 424.00 万元，排名第五的广州为 374 850.02 万元，而杭州在这一指标的表现也远远超过了广州，为 600 631.77 万元。

杭州之所以在上市公司实际募集资金的净额指标甚至金融市场创新模块能够有非常出色的表现，一个重要的原因是杭州对中小企业金融服务的重视。杭州金融创新的重点总是围绕着"中小企业"，活跃的民间金融及致力于服务中小企业的金融理念是杭州金融创新的优势，也是杭州在金融制度创新和金融市场创新模块排名较高的原因。"桥隧模式"和"网络联保"是其中的代表,而阿里巴巴无疑是杭州金融创新的领军企业。阿里巴巴发展的金融新模式将网络信用平台与传统银行审贷流程相结合,有效降低了信息收集、风险控制等多方面的贷款成本,降低了企业贷款门槛,受到中小"网商"的欢迎。

相比北京上海,总部设在广州的大金融机构数量比较少,广州在这一方面的发展受到局限,因此,可以借鉴杭州的发展模式,从中小企业金融服务下手,弥补这一不足,加快建设民间金融街,打造集资金借贷、财富管理、支付结算、信息发布为一体,为中小微企业和居民个人提供全方位、多样化金融服务的民间金融集聚区。民间金融街与省内外其他金融基地功能互补、错位发展,着重突出"聚集、服务、定价"三大功能:一是发挥集聚效应,集中引入一批经营规范、服务优质的小贷公司、融资担保公司、典当等民间金融机构及其他配套服务机构,促使民间金融机构集聚发展;二是突出服务功能,拓展面向中小微企业和居民个人的金融服务,通过为广大中小微企业提供融资、担保、典当、信息咨询等方面的服务,大力培育一批民间金融知名企业,为中小微企业的发展提供支持;三是形成定价机制,通过建设信息管理平台,定期采集、整理、公布驻街金融机构资金供求信息,按日公布民间融资的市场利率、费率,逐步建立反映资金供求状况和监管治理环境的民间融资利率、费率价格的市场化定价机制。

6. 加快建设广州金融创新服务区,拓展资本市场创新业务,培育离岸金融市场,建设金融后台服务基地以及构建金融创新服务平台

在金融业务创新模块,2007~2011 年,北京、上海和深圳始终占据着前三的位置,广州和杭州在 2007 年的排名都比较靠后,分别位列第七和第十,而到 2011年两个城市则分别位列第四和第五。除了北京以外,其他城市在该模块的得分差距并不大。其中,2011 年金融机构衍生资产总额排名前三的为北京、上海、深圳,广州位列第五,在宁波之后;次级贷款总额排名前五的城市是北京、上海、深圳、广州、南京;证券化率排名前三的城市是北京、深圳、上海,广州仅排在第六位。中间业务收入占比排名前三的城市是深圳、广州、上海。

在金融业务创新方面,广州可以借鉴北京发展的模式,加快建设广州金融创新服务区,将广州金融创新服务区打造成广州金融业务创新的中心,推动广州金融产品和金融服务创新,积极支持企业利用多层次资本市场融资,并借鉴中关村经验,进一步推动担保融资,深化知识产权质押贷款、信用贷款、信用保险及贸易融资、小额贷款、科技金融保险等试点,鼓励金融产品的创新。

7. 加大科技创新投入,加快科技创新步伐,拓宽金融业务范围

金融业务创新板块是广州做得比较好的一个板块,虽然排名不算最靠前,但

近几年的得分和排名都在不断上升，从 2007 年的第 7 名上升到了 2011 年的第 4 名，且除北京外，其他各城市的差距并不大。在金融业务创新模块的具体指标下，广州在中间业务收入占比这一指标上做得比较好，超过了模块排名第一的北京，并与上海持平，为 0.03，仅次于深圳的 0.05，差距很小，但我国银行中间业务收入的整体水平都偏低。中间业务是商业银行在市场经济中最具发展潜力的业务，可以增强商业银行积聚资金的能力，降低平均成本，增加信用供给，从而增强盈利水平。因此，国有商业银行要高度重视和大力发展中间业务，以拓展业务领域，寻求更多的生长点、收益点。中间业务是金融业务创新的重要环节，但我国商业银行的中间业务却比较局限，对增加银行收益的贡献并不大。广州要发展金融业务创新，就要强化在银行中间业务收入方面的优势，缩小与深圳的差距，并巩固自己的领先地位。

金融业务创新模块又分为金融工具创新，金融产品创新，金融技术创新和服务方式创新。金融技术创新是其中的重要一环。新技术革命是推动经济与金融发展的一个重要力量。新技术，特别是电子计算机在金融领域的广泛应用，一方面加快了信息传递速度、大幅度降低了交易成本，另一方面也推动了银行金融技术的发展。只有加快金融技术创新，才能突破传统银行中间业务的局限，为客户提供更加多样化的服务和更加多样化的业务，增加银行中间业务收入，提升金融业务创新的能力。从广州目前的金融业务创新情况来看，虽然已经取得了一定的发展，品种多样化，但是规模并不大，而且投入高，产出低，效益并不算好，新业务和产品的科技含量也不高。

要想建设创新型城市，广州应该在弥补不足，缩小差距的同时，强化自己优势的板块，巩固广州在金融业务创新方面的地位，拓宽银行中间业务的范围，增加收入。要想做到这一点，可以采用加大科技创新投入、加快科技创新步伐、提高金融业务的科技含量、增加银行中间业务的多样化、大力推动金融技术创新、培养创新型人才等重要手段。

第三篇

金融创新对创新型城市的作用

第11章 金融支持对创新型城市的影响效应与机制

11.1 模型设定

考虑到城市创新能力和金融创新评分只有年度数据，而且通过各种途径只搜集到2007～2011年的数据，所以数据较为局限。通过考虑省份之间、地域之间的差异，采用面板数据模型的回归方法，利用各截面单元2007～2011年的样本组成面板数据，建立面板数据模型，该模型既能反映样本在时间上的变化，又能反映出横截面单元方向上的区别。这里采用的是静态面板数据模型，是指解释变量中不包括被解释变量的滞后项的情况。在面板数据的模型设定过程中，一般用 i 表示个体，t 表示时间，设定如下线性模型：

$$y_{it} = \alpha_{it} + x'_{it}\beta_{it} + \varepsilon_{it}$$

其中，β_{it} 用于衡量个体 i 在第 t 时点，x'_{it} 对 y_{it} 的边际影响。但是，由于假设 α_{it} 和 β_{it} 都会随着个体 i 和时点 t 发生变化，为此对上述模型进一步限定。例如，假设 β_{it} 为常数，即 $\beta_{it} = \beta$，但常数项可以随着个体的不同而有差异，可以表示如下：

$$y_{it} = \alpha_{it} + x'_{it}\beta + \varepsilon_{it}$$

x'_{it} 为 $K \times 1$ 列向量（不包含常数项），K 为解释变量的个数，β 为 $K \times 1$ 系数列向量。这意味着，对于所有的个体和时点，x 的边际效果都相同，但是个体 i 的平均水平不同于个体 j。对于特定的个体 i 而言，α_i 表示那些不随着时间改变的影响因素，而这些因素在多数情况下都是无法直接观测或者难以量化的，将 α_i 称为"个体效应"。由于 α_i 会随个体变化，便可以进一步将其视为 N 个未知参数，因此将上述模型称为"固定效应模型"。与此模型相对应的是"随机效应模型"，假定个体的截距虽有差异，但是不固定，是从服从（μ，σ_μ^2）分布中随机抽取的。模型设定如下：

$$y_{it} = \mu + x'_{it}\beta + \alpha_i + \varepsilon_{it}$$

上述模型的干扰项包含不随时间改变的干扰项 α_i 和随时间变化的干扰项 ε_{it}。

由固定效应模型和随机效应模型的设定方式可知，两者的差异集中在对个体效应的处理上，前者假定个体效应在组内是固定不变的，个体间的差异反映在每个个体都有一个特定的截距项上，后者假设所有的个体具有相同的截距项，个体间的差异是随机的，这种差异主要反应在随机干扰项的设定下。为了判断使用随机效应模型或者固定效应模型，在分析中引入了 Hausman 检验，利用固定效应模型和随机效应模型的检验结果以及 Hausman 检验的结果选择适用模型。Hausman 检验的原假设是模型中个体效应与自变量无关即为随机效应回归模型，备择假设是个体效应与自变量有关即固定效应模型。

指标选取自第一篇和第二篇根据主成分分析法提取出来的因子，总体来说，包括金融支持、金融创新、创新型城市效应指标，而金融创新模块中又包括金融创新环境、金融制度创新、金融市场创新，创新型城市效应包括创新型城市创新基础、创新型城市创新环境和创新型城市创新绩效。数据取自以上两大部分的各项指标的评价分数。经过主成分分析法算出来得分都是标准化了的数据，为了便于分析，使用 Stata11 软件来完成数据回归分析。

11.2　金融支持对创新城市的作用

表 11-1 是金融支持对创新型城市总体效应的实证结果图。此部分的 Hausman 检验结果都是接受原假设，因此采用随机效应模型进行实证研究。实证的结果表明，金融支持和金融创新对创新型城市的建设有显著促进作用。

表 11-1　金融支持对创新型城市效应分析

解释变量	随机效应模型 （y：城市创新能力）	固定效应模型 （y：城市创新能力）
金融支持	0.710 640 8***	0.835 201 1***
	（11.03）	（8.42）
系数	−0.535 789 6***	−10.765 5***
	（−0.10）	（−1.32）
样本数	50	50
R^2	0.645 3	0.645 3
分组数	10	10

*** $p < 0.01$, ** $p < 0.05$, * $p < 0.1$

国内外已有大量的研究成果表明，金融支持促进金融发展，从而对经济增长有促进作用，而经济增长又是创新型城市建设的重要基础，因此在此不再赘述，而将重点放在探讨金融创新对创新型城市的促进作用上。

金融创新和发展通过拓宽投融资渠道，降低交易成本，缓解市场的信息不对称，从而影响到了储蓄水平、投资决策以及经济长期增长速度。Merton 和 Bodie（1993）系统地论述了金融功能观，他们认为任何金融系统的基本功能是在不确定环境中，从时间上和空间上为经济资源的配置与拓展提供便利，因此资源配置是金融系统功能最为集中的体现。以此为基础，可以进一步区分金融系统发挥的六个核心功能：第一，为商品交易提供清算与结算支付的途径；第二，为跨时间、跨地域和跨产业的经济资源转移提供途径；第三，为从事大规模、技术上不可分的企业提供融资机制；第四，为协调不同经济领域分散决策提供价格信息；第五，为不确定性的管理和风险控制提供手段；第六，为信息不对称和激励问题提供处理方法，其中任何一项功能对经济增长的影响最终是通过"资本积累"和"技术创新"这两条途径来实现的。

金融系统主要由金融机构体系、金融市场体系和金融服务及配套体系构成，因此金融系统的创新主要通过这三个体系对创新型城市的建设发挥作用。

第一，金融机构体系。我国的金融机构体系是以中央银行为核心，政策性银行与商业性银行相分离，国有商业银行为主体，保险、信托等多种金融机构并存的现代金融体系，严格分工，相互协作，为城市提供更完整的金融服务。中国人民银行为创新型城市的建设提供政策依据，政策性银行是创新型城市建设的主要资金来源，商业性银行为城市建设提供了许多产品，促进资源的有效配置；非银行金融机构有利于城市建设中的风险分散和风险担保等。这些金融机构体系内部的创新，能够提高效率，丰富金融产品，扩大合作渠道，从而为创新型城市的建设提供充足的资金支持和良好的环境支持。

第二，金融市场体系。金融市场包括货币市场和资本市场，前者具体包括银行同业拆借市场、票据市场、贴现市场、可转让大额定期存单市场、国库券市场和回购市场；后者包括债券市场、股票市场、抵押贷款市场、证券投资基金、保险市场和融资租赁市场。健全有效的金融市场对创新型城市的建设有十分重要的意义，不仅能够高效率地聚集、分配、调节社会资金，优化资产配置，同时能够促进产业结构调整、为城市经济运行提供反馈和引导。目前，我国金融市场发展尚未完善，其中问题之一是缺乏风险资产投资和交易市场，这在一定程度上制约了先进技术的创新和运用，若金融市场能够在风险投资方面进行改革和创新，弥补这一空缺，将有力地鼓励和促进高新技术企业的发展。

第三，金融服务及配套体系。金融服务及配套体系包括担保、融资租赁、外汇管理、资产管理、财务顾问、征信服务等金融机构提供的服务和相关的配套措施。创新型城市的建设不仅需要各类投融资服务，也需要不同功能的中介服务和多样化的金融工具，这些金融服务和金融工具的创新为城市的创新建设提供了便利，不断完善金融配套环境，保证创新型城市建设的顺利进行。

图 11-1 为 2007～2011 年十个城市金融支持综合得分，从总体趋势来看，位列前五的分别是北京、上海、深圳、广州、杭州；但从图 11-2 中看出，就 2011年的排名来看，宁波已超过广州，位列第四。2012 年宁波市政府提出了关于金融支持实体经济发展的若干意见，努力为企业融资、产业升级转型和实体经济创新发展提供有力支持、便利服务和良好环境；各金融监管部门要充分考虑地方发展需要，实施差异化监管措施，有紧有松，与此同时，规范民间金融秩序和拓宽民间资本投资渠道；在支持农业经济发展方面，为引导银行业金融机构改进农村金融服务，完善金融服务功能，加大对"三农"的信贷投放，全面提升金融支持"三农"发展的服务水平，宁波银监局也发布了关于全面做好农村金融服务工作的指导意见。这些政策措施都有效提升了宁波的金融支持水平，值得广州借鉴。

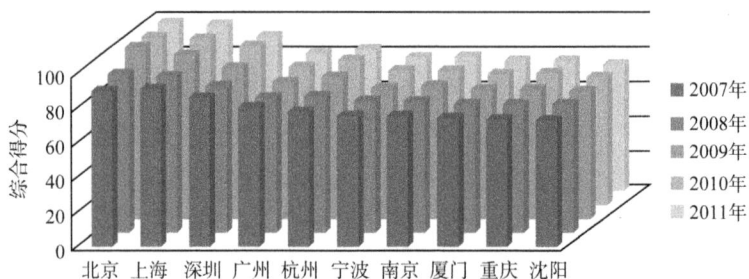

图 11-1　2007～2011 年各城市金融支持综合得分

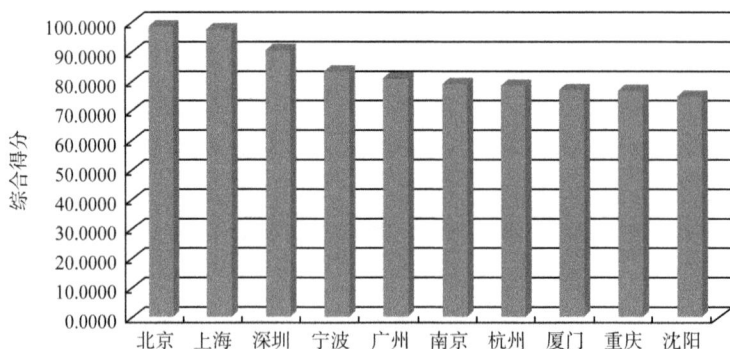

图 11-2　2011 年各城市金融支持综合得分

11.3　金融创新对创新城市的作用

1．实证结果

为了判断是使用随机效应模型还是固定效应模型，在分析中引入了 Hausman 检验，利用固定效应模型和随机效应模型的检验结果以及 Hausman 检验的结果选择适用模型。Hausman 检验的原假设是模型中个体效应与自变量无关即为随机效应回归模型，备择假设是个体效应与自变量有关即固定效应模型。这里使用 Stata11 软件来完成数据回归分析（表 11-2）。

表 11-2　金融创新对创新型城市效应分析

解释变量	随机效应模型 （y：城市创新能力）	固定效应模型 （y：城市创新能力）
金融创新	0.763 207 7*** (11.40)	0.751 976 8*** (9.97)
系数	−2.843 729 (−0.53)	−1.950 941 (−0.33)
样本数	50	50
R^2	0.718 0	0.718 0
分组数	10	10

*** $p<0.01$，** $p<0.05$，* $p<0.1$

2．金融创新促进创新型城市建设的作用机理

除了实证分析以外，还通过柱状图直观的分析金融创新对创新型城市建设的作用机理。图 11-3 和图 11-4 分别是 2007～2011 年各创新型城市创新综合得分和 2011 年各创新型城市创新综合得分。下面将对金融创新支持创新型城市建设的作用机理进行简要分析。

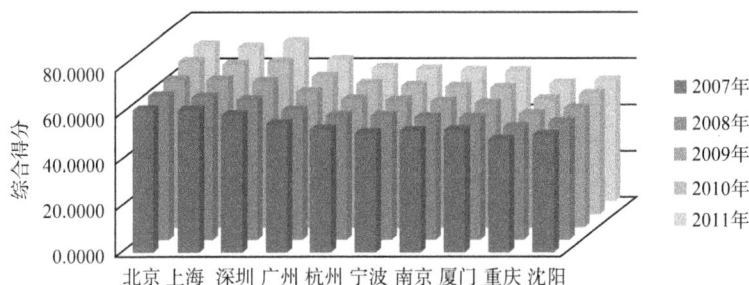

图 11-3　2007～2011 年各创新城市创新能力综合得分

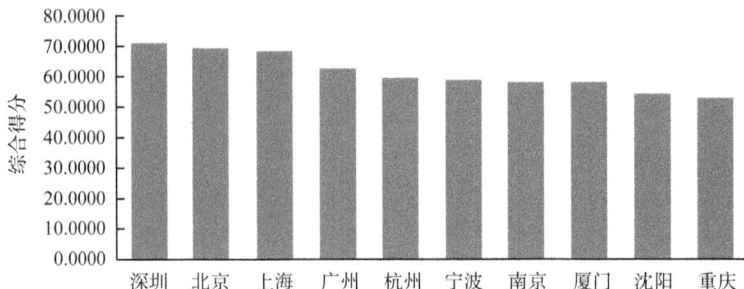

图 11-4　2011 年各创新城市创新能力综合得分

　　金融创新有利于提高创新型城市建设的基础和环境，具体体现在以下四个方面：

　　（1）金融创新使得资金筹集更加便利高效。实施科技创新与知识创新、提高自主创新能力是创新型城市建设的核心和精髓所在。这些创新活动的开展，必须以保持一定量资金的循环投入为前提。资金不仅是科技创新活动最重要的因素，更是创新型城市建设最为活跃的要素。通过金融创新，拓宽投融资渠道、加强流动性、规避风险以及降低信息获取成本，可以更加有效地将社会中分散的资金快速、大规模聚集起来，将大量闲散的社会资金转化到创新型产业，为创新产业发展和创新型城市建设提供充足的资金保障，为创新型城市建设奠定了良好的基础。

　　（2）金融创新为创新型城市的建设提供更广的风险分散。科技创新具有高投入、高风险和高收益等特点，创新主体往往难以独自承担全部风险，金融系统的介入则能很好地解决这一问题。高收益吸引着众多风险爱好者。例如，银行等金融机构能够通过资金的跨期配置来实现不同期限内平滑投资收益的目的，为企业分担风险。通过金融创新，金融系统可以向投资者提供信贷、私募、风险投资、股权融资等不同类型、多层次的金融产品和金融工具，将创新主体在科技创新中所面临的风险分散到不同偏好的投资者手中，为科技创新的融资渠道提供保障。

　　（3）金融创新优化创新型城市建设中的资源配置。技术创新本身是一个不断筛选择优的过程，在通过技术创新方向的选定、合作伙伴的选择、融资方式的确定、后续研究的调整过程中，不断优胜劣汰，这实质上是以资金供求形式表现出来的资源配置过程，而金融作为现代经济的核心，是资源配置的基础。金融体制将创新型城市建设中的各种生产要素和经济资源有机地结合在一起，对技术创新项目进行筛选和淘汰，具体表现为金融组织体系通过对创新主体的发展战略、财务状况、盈利能力等方面的评估、甄别和筛选，为成长性好、发展前景广、盈利潜力大的创新项目和创新企业提供信贷资金支持，在这样不断的筛选过程中，整个社会的资本和资源得以优化配置，经济效率得以提高。

　　（4）金融创新为创新型城市的信用体系建设提供便利。完善的社会信用体系的构建是城市发展的重要标志之一，而各种金融工具的创新为记录社会各个经济群体的信用提供了便利。传统的现金交易和手工凭证的传递与交换逐渐被新型电子货币的支付方式代替，不仅大大加快了资金的周转速度，同时记录了资金的往来，提升资金的安全性和流动性。金融支持系统也为创新型城市的建设提供了信用约束，金融机构为企业提供信贷资金前以明确的信贷契约约束企业，提供资金后实时监测企业的现金流量和经营状况，这些监督和信用约束促使创新企业改善经营管理，加快健康发展，推动创新产业的发展和创新型城市的建设。

　　从历年数据对比可以看出，深圳的金融市场创新程度较高，城市的创新能力综合排名也比广州领先多位。深圳市地处改革开放前沿，城市年轻，市场机制灵活，能够紧跟市场变化适时调整发展步骤，连年出台系列重大金融创新改革措施，从创新债券市场发展、扩大代办股权转让系统试点、成立深圳前海股权交易所、跨国公司境内集中设立资金管理机构、设立战略新兴产业国家级创投基金，到将与香港试点开展双向跨界贷款，不断在金融领域改革创新，迎合市场需求，带动实体经济发展，成为国内创新水平最高的城市之一。因此，广州创新型城市的建设离不开金融创新的带动和扶持，可对比参照深圳金融创新的步伐，有条理、有计划地逐步推进金融创新、深化金融改革。

第12章　金融创新各模块对创新型城市的作用

12.1　金融创新各模块对创新型城市整体的作用

表 12-1 是金融创新各模块对创新型城市的总体效应的实证结果。此部分的 Hausman 检验结果都是接受原假设，因此采用随机效应模型进行实证研究。实证的结果表明，金融支持和金融创新对创新型城市的建设有显著促进作用，并且在金融创新评价体系的四大板块中，金融创新环境、金融市场创新、金融业务创新对创新型城市的建设有促进效应，其中前两个在 1%的统计水平上显著，后者在 10%的水平上显著。

表 12-1　金融创新各模块对创新型城市的总体效应

解释变量	随机效应模型 (y：城市创新能力)	固定效应模型 (y：城市创新能力)
金融创新环境	1.127 918***	1.189 018***
	(10.06)	(9.11)
金融制度创新	0.028 323 3	−0.025 929
	(0.27)	(−0.24)
金融市场创新	0.222 400 7***	0.241 204 4***
	(3.41)	(3.18)
金融业务创新	0.136 972*	0.176 978 9*
	(1.72)	(1.88)
系数	−78.530 85***	−83.961 01***
	(−6.97)	(−5.74)
样本数	50	50
R^2	0.831 5	0.832 9
分组数	10	10

*** $p < 0.01$, ** $p < 0.05$, * $p < 0.1$

下面将简要分析创新型城市各模块对于创新型城市建设的作用机理，由于金融制度创新对于创新型城市创新综合能力的效应并不显著，而且在中央集中统辖情况下，地方政府并没有太多的制度制定权。国家金融法律、法规的制定和修改是自上而下的，未能充分因地制宜，根据各地市场具体情况及时、高效地制定相应政策。例如，银行的监管制度，资本充足率的设定，以及国有商业银行的市场地位，因此各个城市之间的得分并不显著。但这并非说明金融制度创新对创新性城市的建设没有促进作用，只是就我国目前的国情来讲，要实现城市层面的金融制度创新还非常困难。当然一些制度因素还是可以由地方政府决定的，如对民营企业的政策支持、银行收入成本比例等。国家可考虑在未来的发展中对不同的城市制定差异化的金融制度，并适当地降低国有金融机构的市场份额，为各城市金融制度创新提供更宽松的环境。

1. 金融创新环境

有利于孕育金融创新的金融生态环境具体体现为较高的第三产业增加值占比，尤其是金融服务业的增加值占比；更加开放外向的经济环境和政策；较多的金融从业人员和较高的金融行业平均工资水平；较高水平的金融辅助机构如律师所、注册会计师事务所。环境的影响是潜移默化而又深远悠长的，积极的金融创新环境氛围通过激励金融行业的创新，加快储蓄向投资的转换，提高资金配置效率，推动企业发展，辐射带动整个城市的创新型转变。2011年金融创新环境模块得分如图12-1所示。

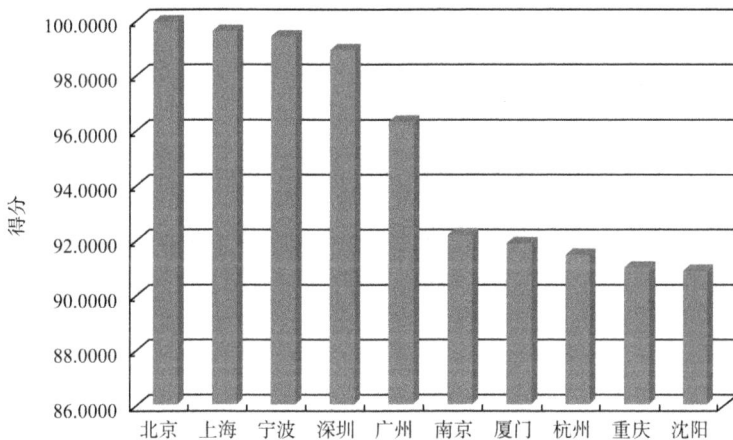

图12-1　2011年金融创新环境模块得分

2. 金融市场创新

现代经济中，几乎所有的金融资产都是在有组织的金融市场中进行交易的，金融市场通过金融商品交易发挥着融通资金、配置资源、宏观调控、风险管理和信息交流的作用。一个有创新动力的金融市场应该具有较强的市场竞争强度和较高的市场活跃程度，竞争促使金融企业努力创新，加强市场资金融通能力、资源配置能力和风险分散能力，提高市场的运行效率和交易效率，优化市场结构，不断完善原有的金融市场，开发新的金融市场，适应创新型城市经济发展的需求（图 12-2）。

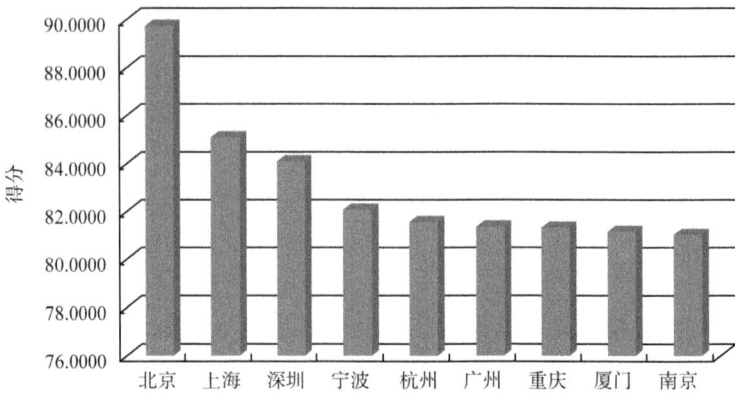

图 12-2　2011 年金融市场创新模块得分

3. 金融业务创新

金融业务创新包括金融工具创新、金融产品创新、金融技术创新和服务方法创新，总的来说，是金融机构在业务的经营管理方面采用的新思维或新方法。金融工具创新是先导，形式多样，而金融产品创新最为活跃，内容丰富，这两者的创新使金融产业不断适应经济的发展，满足居民的需求。金融工具的创新总是伴随着金融交易技术的革新，而新技术革命是推动金融和经济发展的重要力量，金融技术的创新加快信息交流速度，大幅降低交易成本，突破传统局限。服务方式的创新使客户享受更加人性化和个性化的服务，随着金融产品在国民经济中比例的不断加大，金融行业的服务水平将会更加深刻地影响着第三产业的发展（图 12-3）。

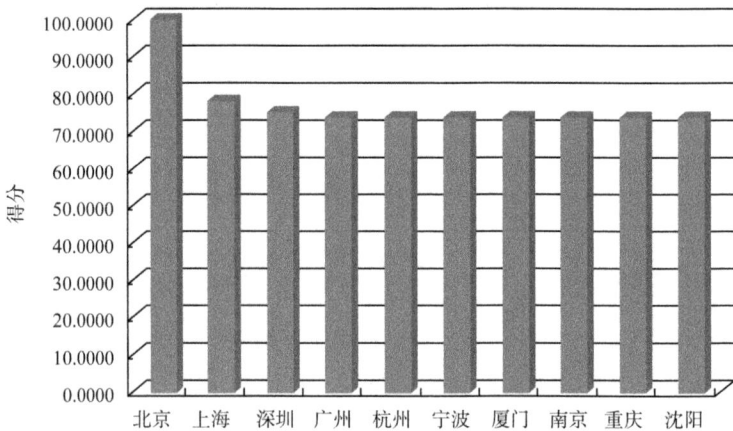

图 12-3　2011 年金融业务创新模块得分

从实证结果可以看出，金融创新环境对城市创新能力的影响最深最显著，而在金融创新环境中，北京市相对其他城市做得较好。北京是国家政治、经济中心，受中央政策导向的影响最深。目前国家积极倡导金融创新，北京借地势便利获得了浓厚的金融创新氛围，加之北京市学术氛围浓厚，人才济济，北京大学、中国人民大学等在经济领域颇有建树的知名学府在一定程度上带动了金融创新环境建设。作为国际大都市，北京也不断吸收来自世界各地先进的创新成果、经济理念和金融工具。与北京相比，广州在这些方面略有不足，尽管同样是国际大都市，广州的商业氛围远比学术氛围浓重，且由于地理位置限制，在享受国家政策优惠方面不及北京，因此广州要构建良好的金融创新环境，至少要从加强学术氛围、积极吸收国外金融创新成果两方面加强工作。

12.2　金融创新各模块对创新型城市创新基础模块的作用

创新基础是投入结构的引申和扩展，不仅包括实际投入到创新中的人力、物力和财力，更涵盖作为创新重要基础和支撑的经济基础和社会发展水平，因此，创新基础指数可进一步分解为两类，一类是实际投入，另一类是作为转型支撑的经济和社会发展水平。

创新基础模块包括创新主体建设，人力、财力资源，以及经济和社会发展水平三个二级指标。高校数量、科研机构、技术中心和实验室数量和高新技术企业数这几个指标用来衡量创新主体建设；每万名劳动力中 R&D 人员数，R&D 经费占 GDP 比例，每万名劳动力中科技活动人员数，科技经费投入占 GDP 比例，每万人高校在校生数这几项指标用来衡量人力、财力资源；地区国民生产总值，人均 GDP，第三产业增加值比例，居民平均家庭教育文化娱乐服务支出，每百人公共图书馆藏书，基本养老、医疗、失业保险平均覆盖人口比率这几个指标用来衡量经济和社会发展水平。表 12-2 列出了 2007～2011 年十个创新型城市在创新基础模块的得分及排名情况。图 12-4 为 2011 年各城市创新基础得分排名的直观图示，后文各模块的分析将以 2011 年为主。

表 12-2　2007～2011 年十个创新型城市创新基础排名

城市	2007 年		2008 年		2009 年		2010 年		2011 年	
	得分	排名	得分	排名	得分	排名	得分	排名	得分	排名
北京	78.4048	1	79.6711	1	85.4279	1	92.7373	1	100.0000	1
上海	53.0034	2	53.2533	2	64.7049	2	65.9315	2	72.9980	2
深圳	38.9643	4	43.0963	4	49.9615	4	60.2029	4	66.6779	4
广州	49.2623	3	51.2738	3	59.0211	3	62.8564	3	66.8082	3

城市	2007 年		2008 年		2009 年		2010 年		2011 年	
	得分	排名	得分	排名	得分	排名	得分	排名	得分	排名
杭州	30.1322	5	36.4915	5	42.9351	5	47.7928	5	53.2366	5
宁波	19.3488	8	28.3793	7	34.6795	8	35.7122	8	39.3241	8
南京	25.2698	7	27.0240	8	36.6758	6	39.3306	7	42.9738	7
厦门	27.4479	6	30.2683	6	35.7701	7	42.0604	6	49.0399	6
重庆	13.4965	10	14.7544	10	17.4912	10	19.9533	10	24.0709	10
沈阳	19.2810	9	20.5380	9	24.3952	9	26.5217	9	29.5931	9

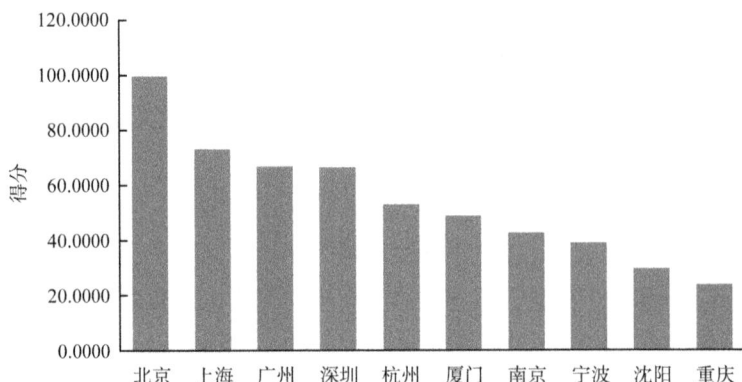

图 12-4　2011 年创新城市创新基础得分

　　创新基础条件是创新型城市建设的必要物质技术条件，主要衡量为建设创新型城市投入的人力和财力资源。这其中比较有代表性的是高新技术企业数量、资金和人才的投入和经济社会发展水平。

　　高新技术企业数量反映的是社会技术创新的活力和动力。企业是技术创新的主体，因其既是技术研究开发的主要参与者，也是将新技术应用于生产，创造新价值的实施者。只有将新技术转化为产值，才能体现出新技术的价值，进而体现城市科技创新的能力。创新是与市场关系较为密切的经济活动，企业是城市中市场经济的重要成分，会因市场机制的激励而从事创新。新古典经济学的创新理论认为，创新是生产要素的重新组合，而这种重新组合主要由企业家通过市场来实现，其他组织或个人无法替代企业在这方面的作用。技术创新需要大量与产业相关的特定知识，这些知识是产业技术创新的重要基础。高校数量、科研机构、技术中心和实验室的数量则反映城市知识创新的驱动力和能力。知识创新能力是城市整体创新能力的基础，而科研机构和高校是知识创新的主体，其任务是为其他创新能力的提高储备知识，同时为企业技术创新提供强有力的理论支撑。人才是最重要的创新资源之一，在创新体系中具有较为重要的地位。另外，资金投入也是企业创新成果产出的必要条件。表 12-3 是金融创新各模块对创新型城市创新基础效应的实证结果图。此部分的 Hausman 检验结果都是拒绝原假设，因此采用固定效应模型进行实证研究。

表 12-3　金融创新各模块对创新型城市创新基础的效应分析

解释变量	随机效应模型 （y：创新绩效）	固定效应模型 （y：创新绩效）
金融创新环境	3.561 446*** （9.29）	1.127 918*** （10.06）
金融制度创新	−0.060 836 5 （−0.18）	−0.028 323 3 （0.27）
金融市场创新	0.780 130 7** （3.52）	0.222 400 7** （3.41）
业务创新	0.607 769 9* （2.22）	0.136 972 （1.72）
系数	−392.461*** （−9.59）	−78.530 85*** （−6.97）
样本数	50	50
R^2	0.819 2	0.831 5
分组数	10	10

*** $p<0.01$, ** $p<0.05$, * $p<0.1$

下面，本节将结合计量结果分别分析金融创新的四个模块，即金融创新环境、金融制度创新、金融市场创新和金融业务创新对创新型城市创新基础的作用，并主要从高新技术企业数量、资金和人才的投入和经济社会发展水平这三个方面分析。

1. 金融创新环境——创新型城市创新基础

表 12-4 列出了 2007～2011 年十个创新型城市在金融创新环境模块的得分及排名。图 12-5 显示了 2011 年十个城市的创新型城市金融创新环境得分。

表 12-4　十个创新型城市金融创新环境得分及排名

城市	2007 年		2008 年		2009 年		2010 年		2011 年	
	得分	排名	得分	排名	得分	排名	得分	排名	得分	排名
北京	94.3811	1	95.8697	2	95.7143	3	98.1977	2	100.0000	1
上海	92.8627	3	95.6477	3	96.1700	2	98.0725	3	99.6345	2
深圳	93.0338	2	96.7153	1	96.6360	1	98.6686	1	98.9306	4

续表

城市	2007 年		2008 年		2009 年		2010 年		2011 年	
	得分	排名	得分	排名	得分	排名	得分	排名	得分	排名
广州	90.8652	5	93.0355	5	93.4272	5	94.9767	5	96.3292	5
杭州	86.2499	9	89.2125	9	89.3287	9	90.4509	8	91.4775	8
宁波	91.1373	4	94.7267	4	94.4235	4	97.1494	4	99.4327	3
南京	86.6106	8	89.3089	7	89.8193	6	90.6796	6	92.2220	6
厦门	87.7870	7	89.4983	6	89.5901	7	90.4742	7	91.8939	7
重庆	83.9198	10	87.6259	10	87.8557	10	89.1621	10	90.9985	9
沈阳	88.6342	6	89.2350	8	89.5123	8	90.2138	9	90.8789	10

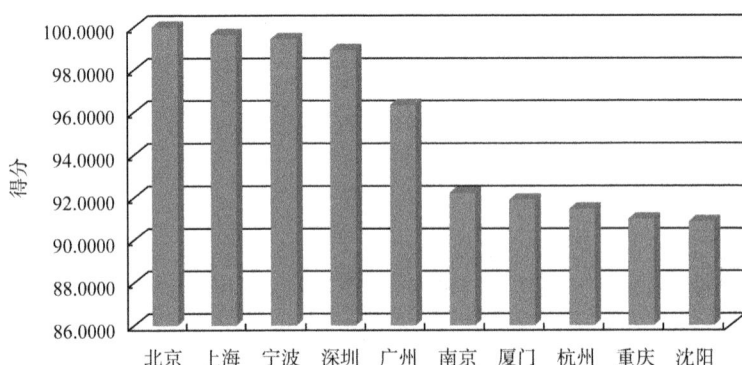

图 12-5　2011 年金融创新环境模块得分

　　对比图 12-4 和图 12-5，2011 年金融创新环境排名前五的城市是北京、上海、宁波、深圳、广州；而同年创新型城市创新基础得分排名前五的城市为北京、上海、广州、深圳和杭州。两个排名并不完全一致，但从各指标数据以及表 12-4 的实证结果来看，两者存在较为显著的正相关关系，即金融创新环境的发展有利于促进创新型城市创新基础水平的提升。

　　谢林林（2009）用一个简单的模型证明了金融发展水平能影响高新技术产业成长。金融创新环境模块的指标主要衡量该城市的经济发展水平、金融结构和金融发展水平，这些反映了一个城市的金融基础。根据研究，金融发展使金融结构朝着有利于促进技术创新的方向演进。无论是市场主导型的金融结构还是银行主导型金融结构，大都产生或建立了有限合伙制风险投资机构、创业板市场、非正式创业资本市场等风险投资机构和风险资本市场，出现商业银行向全能型银行转变的趋势。金融结构的这种演变使金融系统能为高新技术产业提供更多长期资金，为技术创新提供源源不断的风险资本。因此，金融发展通过集中更多的资本支持技术创新活动使之对高新技术产业的成长发挥关键作用。同时，城市金融创新环境的提升和改善，有助于增强对各类高素质人才的吸引力，也为进行进一步的人才培养和提高人才素质奠定了基础。

北京、上海、宁波和深圳在金融创新环境方面都比广州领先。北京是我国的经济文化政治中心，拥有丰富的科技、人才资源，总部经济的优势也十分显著；上海几乎囊括了全中国所有的金融市场要素，再加上金融谷与自贸区的建立，可以说是当之无愧的金融中心。广州与这两个城市的差距在一定程度上是国家政策支持力度的不同造成的，短期内要缩短差距相对较难。另外，宁波和深圳的金融创新环境也优于广州，广州可以更多地借鉴这两个城市的发展经验。

根据 2010 年社会科学院金融所《中国城市金融生态环境评价》的报告，在全国 50 个大中城市中，宁波金融生态环境排名第二，宁波是全国信贷资产质量为 AAA 的八个城市之一，其中企业诚信排名第一。宁波金融业逐渐步入了以质量求效益、以内控促发展的良性循环路径。为了解决科技型中小企业融资难的问题，宁波市政府决定在宁波高新区进行科技和金融结合的试点，选择一家商业银行，设立专业的科技银行。科技银行能充分发挥科技金融助推科技产业发展的牵引作用，进一步促进金融服务资源分布和金融服务供给结构的优化，有力促进宁波金融业发展，支持宁波建设创新型城市。这一点广州可以借鉴。

深圳作为国内证券交易中心、资产管理中心、风险投资中心和离岸金融中心，在资本市场发展和改革方面具有绝对优势，再加上毗邻香港的地缘优势，有望建成金融创新产品的研发基地和粤港合作的示范区，而且前海自贸区的建立也要早于广州南沙自贸区。因此，一方面南沙可借鉴前海在人民币国际化和金融机构创新方面的经验，优化中小企业放贷的相关政策，缓解中小企业资金紧缺的问题。另一方面，前海还确立了支持战略性新兴产业的政策，以及国内首个互联网金融发展专项政策。广州在战略性新兴产业和互联网产业这两个方面都比较薄弱，可以借鉴。但是无论是前海、横琴还是南沙，其发展的重点之一就是粤港澳跨境金融创新、资本项目可兑换以及人民币跨境结算。因此三个新区应该错位互补，增强联动效应。

2. 金融制度创新——创新型城市创新基础

表 12-5 列出了 2007～2011 年十个创新型城市在金融制度创新模块的得分及排名，图 12-6 显示了 2011 年十个创新型城市金融制度创新得分的排名情况。

表 12-5　十个创新型城市金融制度创新得分及排名

城市	2007 年		2008 年		2009 年		2010 年		2011 年	
	得分	排名	得分	排名	得分	排名	得分	排名	得分	排名
北京	92.9743	1	92.4739	1	96.2486	1	98.9972	1	100.0000	1
上海	89.4840	3	89.3634	4	90.2655	3	91.0927	5	91.9481	4
深圳	91.4635	2	89.9783	3	90.9544	2	92.2984	4	92.8296	3
广州	87.3136	6	89.2687	5	89.6022	4	94.2716	2	89.6157	6

城市	2007年		2008年		2009年		2010年		2011年	
	得分	排名	得分	排名	得分	排名	得分	排名	得分	排名
杭州	88.3234	4	88.6321	6	87.5545	6	89.9307	6	90.0807	5
宁波	87.4754	5	87.2098	10	87.3305	7	89.5481	7	89.1743	7
南京	82.0315	10	88.2160	7	87.5899	5	89.0079	8	88.8823	8
厦门	86.6807	7	90.3668	2	86.0495	10	87.3212	9	86.4234	10
重庆	85.6114	9	87.4687	9	86.8383	8	92.7596	3	93.6103	2
沈阳	85.9033	8	88.0774	8	86.5488	9	87.0943	10	88.6027	9

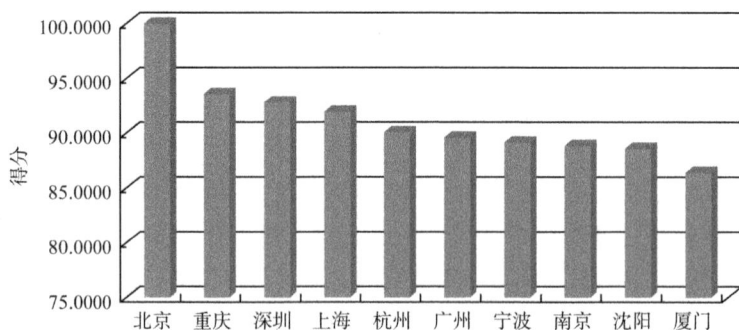

图12-6　2011年金融制度创新模块得分

　　对比图12-4和图12-6，2011年金融制度创新模块得分排名前五的城市是北京、重庆、深圳、上海和杭州，广州仅排在第六。而同年创新型城市创新基础得分排名前五的城市为北京、上海、广州、深圳和杭州。由此可见，创新基础排名较前的城市在金融制度创新模块中也相对得分较高，但是仅金融制度创新得分高的城市并不一定在创新基础得分高，如重庆。根据表12-3的实证结果，金融制度创新与创新型城市创新基础之间是负相关关系，但并不显著。金融制度是经济制度的有机构成部分，金融发展意味着金融制度的变迁，金融发展将引发经济制度的演变。金融创新模块的指标主要包括金融企业制度创新、金融监管制度创新和金融制度环境。这些指标着重反映了政府对金融市场及金融机构的约束程度，在一定程度上可反映城市金融制度创新水平。金融制度创新通过监督及激励机制培养造就大批从事高新技术产业的职业企业家。金融在向高新技术企业提供资金的同时，会导致企业所有权和经营权的分离，并产生对职业企业家的约束监督与激励机制。因而金融在帮助众多高新技术企业成功的同时，亦培养大批高素质的高新技术企业家。同时，金融制度创新有利于使民间金融发挥作用，并可以通过相关的法律体系保障风险投资的健康发展，这些对提高公众对高新技术产业的关注程度有重要作用。另外，金融通过对项目前景和风险的评估选择应该支持的投资项目。企业家仅凭拥有可以获利的项目难以获得投资者支持，金融提供的以保证投资者获得预期回报的制度设计才使企业家能获取所需启动资金；另外，制度化的外部并购是金融市场最显著的监督手段，这说明金融制度创新对高新技术产业的发展具有重要的推动作用。但是，金融制度创新通常需要较长的时间，对现有金融体制造成的冲击也可能是巨大风险的来源。因此，认为其对于创新型城市创新基础是否具有促进作用还有待进一步研究。

从政策建议上，广州南沙自贸区可以作为金融制度创新的"试验田"，南沙政府在目前国家新区的政策基础上，必须率先创新机制，增强统筹能力，给予投资商各方面的优惠和补偿机制，加快南沙基础设施的建设速度。上海自贸区最值得借鉴的成功举措是负面清单管理和金融体制改革。但上海和广东自贸区环境存在许多不同之处，前者面向全球，后者立足粤港澳，强调加强粤港澳的紧密合作，旨在打通三地的经济壁垒。两者完全是不同类型的定位发展，如果要学，并不限制于具体政策。

3. 金融市场创新——创新型城市创新基础

表 12-6 列出了 2007～2011 年十个创新型城市在金融市场创新模块的得分及排名，图 12-7 显示了 2011 年十个创新型城市金融市场创新得分的排名情况。

表 12-6　十个创新型城市金融市场创新得分及排名

城市	2007 年		2008 年		2009 年		2010 年		2011 年	
	得分	排名	得分	排名	得分	排名	得分	排名	得分	排名
北京	100.0000	1	86.3295	1	92.3897	1	92.2063	1	89.7542	1
上海	93.3801	2	83.8169	2	88.1304	3	89.1795	2	85.0863	2
深圳	88.7902	4	82.3956	3	88.3025	2	86.6864	3	84.0758	3
广州	85.3495	7	80.5398	7	83.3674	7	82.8680	8	81.3527	6
杭州	86.4936	6	80.7563	5	83.3829	6	84.8180	4	82.0705	4
宁波	89.0952	3	80.2667	8	83.3928	5	83.2577	7	81.1467	8
南京	87.5934	5	80.2088	9	82.8133	8	83.5495	6	81.5374	5
厦门	83.5425	9	80.5541	6	81.7246	10	82.7857	9	81.3134	7
重庆	85.0357	8	79.9774	10	83.7255	4	84.6020	5	81.0258	9
沈阳	80.7416	10	80.7660	4	81.7742	9	80.9502	10	81.0161	10

对比图 12-4 和图 12-7，2011 年金融市场创新得分排名前五的城市是北京、上海、深圳、宁波、杭州。同年创新型城市创新基础得分排名前五的城市为北京、上海、广州、深圳和杭州。两者呈现较高的一致性。

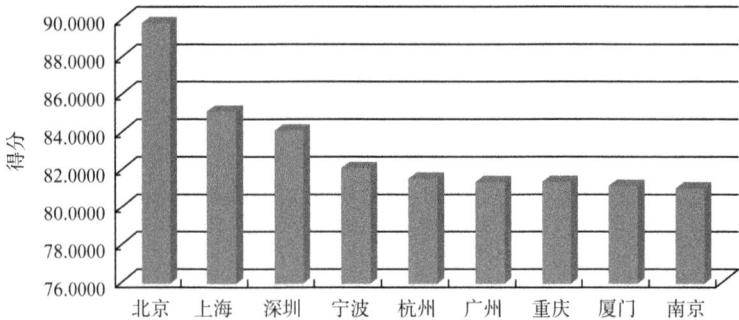

图 12-7   2011 年金融市场创新模块得分

表 12-3 的实证结果也表明金融市场创新与创新型城市创新基础之间存在较为显著的正相关关系。金融市场对于技术创新的重要性是不言而喻的。金融市场是连接投资者与筹资者的主要渠道，健全的资金市场和资本市场体系能给高新技术产业提供多元的、多层次的金融支持。许多文献对金融市场与城市技术创新之间的影响机制有着深入的分析。一般认为，在经济发展的初期，金融市场相对于银行等金融中介的比较优势并不明显，但随着发展阶段的提升，一方面储蓄转化仍然重要；另一方面，资本的配置效率逐渐成为制约经济增长的关键因素。那么，金融市场的优势就凸显出来。

金融机构的发展，如全能型商业银行、投资银行、基金组织、风险投资机构、政策性金融机构等以及金融市场的创新如创业板市场和私人风险资本市场，能集中更多的闲置货币和货币资本流向急需资本的高新技术产业。商业银行具有创造存款货币的强大能力，使高新技术产业在资本积累之外获得新的货币资本支持。由于高收益的特点，高新技术产业在货币资本增量供给中具有获取新的货币资本的优势。根据科技型企业发展的阶段性特点，金融市场创新的关键环节是建立规范的、适用于科技创新特点的中小型资本市场体系。这一体系应该是场内交易市场和场外交易市场相结合、私人权益资本与公开权益资本相结合、一般投资公司和投资者、风险投资公司和投资者相结合的系统。

因此，从组织体系上说，支持科技创新分层推进的中小资本市场应当包括：二板市场、三板市场和产权交易市场及以风险资本为主的私人权益资本市场。各个层次的市场之间应当做到分工明确，具有明显的互补性和递进性，有效拓展科技创新的融资渠道，完善其融资方式。另外，金融市场创新通过风险分担、风险分散与转移、风险防范与补偿等控制与管理高新技术产业风险。科技创新项目本身所具有的高意见分歧程度、高事前乐观程度和高风险以及相关信息缺乏等特点，决定了市场融资方式在为其提供融资上具有比较优势。因而金融市场创新对技术创新以及高新技术成长都具有积极的意义，从而在一定程度上为创新型城市创新基础提供支持。

在金融市场创新模块，2007～2011 年，北京始终位列第一；上海除了 2009 年以外，其余年份均位列第二；深圳基本维持在第三的水平。其余城市在不同年份的排名都有一定程度的变动。从 2011 年的排名来看，位列第四到第六的分别是宁波、杭州和广州。就金融市场而言，广州相比上海和深圳还是比较薄弱的。在金融机构数目、规模、上市公司市值及成交额等方面，北京占有难以撼动的优势。从金融机构分布的角度看，全国性的金融机构总部集聚在北京，这是政策和历史演变的结果，而从金融市场来看，全国性金融市场几乎都集中于上海，这也是北京和上海在银行类金融机构总资产上遥遥领先的原因。而深圳也有着支持香港人民币离岸中心建设方面不可取代的优势，因此在金融机构规模和证券市场成交额上，深圳虽然落后于北京和上海，但也领先广州许多。此外，由于上交所和深交所的存在，上海和深圳在证券市场交易方面优势也是非常明显，上交所和深交所给上海和深圳上市公司的证券市场交易提供了更好的平台，促进证券市场的发展。另外，值得注意的是，金融市场创新模块中的上市公司数目，广州位列杭州、宁波之后，排名第六。杭州对上市公司的扶持政策以及阿里巴巴在杭州的影响力和领导作用是其中不可忽视的重要因素。阿里巴巴无疑是杭州金融创新的领军企业，一方面大力推动互联网金融的发展，另一方面则是吸引了其他上市公司的聚集。由此可见，广州应提升自身的金融市场创新能力，出台有利于公司上市的优惠扶持政策。广州日前出台的《2014 年科技·金融·产业融合创新发展重点行动》提出，积极推动广州、深圳、广东金融高新区 3 家股权交易中心与各地签署战略合作协议，实现业务服务省内全覆盖。指导和鼓励 3 家股权交易中心研究推出短期理财、私募债、资产证券化等创新型产品。预计到 2014 年年底，广州股权交易中心累计挂牌企业超过 1000 家，融资交易额超过 30 亿元。该文件还提出，支持广州金融资产交易中心在 3 月底前正式开业运营，并举办金融资产交易创新论坛。指导和鼓励广州金融资产交易中心、深圳前海金融资产交易所、广东金融资产交易中心不断完善交易规则，研究推出金融股权、金融资产和金融产品等方面的创新交易品种。这些交易中心的逐步建立将有助于进一步发展广州的金融市场，促进金融市场创新，从而为创新型城市建设提供更便利有效的资金融通机制。

4. 金融业务创新——创新型城市创新基础

表 12-7 列出了 2007～2011 年十个创新型城市在金融业务创新模块的得分及排名，图 12-8 显示了 2011 年十个创新型城市金融业务创新得分的排名情况。

表 12-7　2007~2011 年十个创新型城市金融业务创新得分及排名

城市	2007 年		2008 年		2009 年		2010 年		2011 年	
	得分	排名	得分	排名	得分	排名	得分	排名	得分	排名
北京	80.3133	1	88.5802	1	91.8533	1	94.3949	1	100.0000	1
上海	75.3619	2	77.0044	2	76.0270	2	76.9420	2	78.1709	2
深圳	74.4185	4	74.2975	3	74.6680	3	75.1597	3	75.1197	3
广州	73.8397	7	73.7667	7	73.6534	9	73.8573	5	73.8632	4
杭州	73.5958	10	73.8104	4	73.7401	7	73.8462	6	73.8109	5
宁波	73.6432	9	73.6499	9	73.7261	8	73.8184	7	73.6815	6
南京	73.7695	8	73.6023	10	73.7473	6	73.9772	4	73.6649	8
厦门	73.9249	5	73.8080	5	73.8588	5	73.6558	8	73.6688	7
重庆	73.8401	6	73.7937	6	74.5008	4	73.6286	9	73.5976	9
沈阳	74.4239	3	73.6964	8	73.6197	10	73.4936	10	73.4280	10

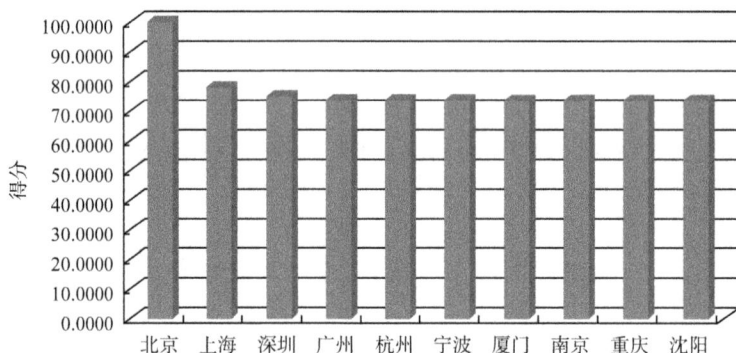

图 12-8　2011 年金融业务创新得分

对比图 12-4 和图 12-8，2011 年金融业务创新模块得分排名前五的城市是北京、上海、深圳、广州、杭州，同年创新型城市创新基础得分排名前五的城市为北京、上海、广州、深圳和杭州,基本保持一致。但根据表 12-3 的实证研究，在固定效应回归模型中，金融业务创新与创新型城市创新基础之间的正相关关系并不显著。其中的原因可能是有关金融业务创新的衡量因为数据无法获得而过于片面，仅反映了银行方面的金融业务创新。但从现有研究看，其发挥的作用还是不容忽视的。金融业务尤其是金融产品的发展为城市技术创新以及高新技术产业发展提供了有力的支持。例如，知识产权质押贷款的出现打破了以往实物抵押的贷款方式，是一种创新型的融资模式，科技型企业可利用所拥有的专利技术、著作权等向银行质押获得贷款。知识产权质押贷款能够使科技创新对银行信贷融资渠道的严重依赖与传统金融机构的普遍惜贷这一对矛盾在一定程度上得以缓解。良好的中介机构参与是提升知识产权质押贷款决策效率的重要保证。在保证中介机构自身素质的前提下，引入合格的知识产权评估机构、信用评级机构、法律事务所等中介，充分发挥其专业化的优势和合理的社会分工，为银行放贷决策提供客观、独立的第三方依据。随着金融创新的浪潮而产生的一种新的贷款方式——贷款证券化。银行通过贷款证券化，可使贷款成为具有流动性的贷款，增加资产负债表的流动性，改善资产质量，缓解资产充足压力和提高金融系统的安全性。因此，贷款证券化不仅使银行经营更具灵活性、安全性，而且可获得较高的收益率，扩大了银行信用规模。另外，期权的出现则帮助商业银行解决向高科技企业提供贷款，在承担高风险的同时，所获收益主要是利息收入，风险与收益不对称的问题。高新技术企业金融需求具有多样性和复杂性的特点，金融业务及金融产品的创新有利于推动高新技术产业的发展，从而对创新型城市的创新基础起到促进作用。

广州的中小企业居多，也是未来广州创新型城市建设的潜力。金融创新说到底是要服务实体经济，因此金融业务创新需要提供更多的平台和产品来与实体经济对接，助力其发展，这也是创新型城市创新的基础。除了北京、上海和深圳之外，宁波和杭州在这方面也值得广州借鉴，甚至更适用广州目前的发展状况。

宁波首创的"单票融资平台"在江东正式上线，为中小企业提供无抵押在线贷款服务和免费的出口保险。有了这两层保障，中小企业就有底气接更多订单。金融服务业已成为江东经济结构中核心产业之一。目前，该区有各类工商注册金融机构及网点300多家，其中银行法人及区域总部机构占全市的60%，证券、期货、基金、保险公估等新兴金融产业也已形成规模。江东充分发挥金融业对优势产业发展和结构调整的杠杆撬动作用，通过引导金融机构不断进行产品创新、优化服务举措，为金融机构提供更好的业态环境，走出一条"政银企"共同发力、助推经济健康发展的特色之路。该区积极推动特色产业与现代金融的融合发展，发挥金融业的"输血"功能。中国农业银行宁波文化创意支行开业，重点针对文化创意企业的特点，量身定制一系列金融产品，提供信贷融资、理财咨询等金融服务。另一些金融机构则瞄准了"蓝色市场"，推出航运保险、船舶融资、资金结算等航运金融服务。这些金融业务创新有效的助力实体经济及特色产业的发展，为创新型城市建设奠定良好基础。

从本地上市公司实际募集资金的净额这个指标来看，仍然是北京遥遥领先，2011年北京上市公司实际募集资金的净额达到4 623 774.70万元，而排名第二的深圳仅有1 598 424.00万元，排名第五的广州为374 850.02万元，而杭州在这一指标的表现也远远超过了广州，为600 631.77万元。杭州之所以在上市公司实际募集资金的净额指标能够有非常出色的表现，一个重要的原因是杭州对中小企业金融服务的重视。杭州金融创新的重点总是围绕着"中小企业"，活跃的民间金融及致力于服务中小企业的金融理念是杭州金融创新的优势，也是杭州在金融制度创新和金融市场创新模块排名较高的原因。"桥隧模式"和"网络联保"是其中的代表，而阿里巴巴无疑是杭州金融创新的领军企业。阿里巴巴发展的金融新模式将网络信用平台与传统银行审贷流程相结合，有效降低了信息收集、风险控制等多方面的贷款成本，降低了企业贷款门槛，受到中小"网商"们的欢迎。

相比北京上海，总部设在广州的大金融机构数量比较少，广州在这一方面的发展受到局限，因此，可以借鉴杭州和宁波的发展模式，从中小企业金融服务下手，弥补这一不足，加快建设民间金融街，集资金借贷、财富管理、支付结算、信息发布为一体，为中小微企业和居民个人提供全方位、多样化的金融服务的民间金融集聚区。

12.3　金融创新各模块对创新型城市创新环境模块的作用

创新环境从定义上讲，可以涵盖所有不直接投入到创新中但又深刻影响着城市创新的因素。在创新型城市的发展过程中，国家和政府具有资金支持和政策带动的作用，政府的投入和推进是城市创新中较为重要的驱动力量，所以创新环境模块主要从政府方面切入，在评价政府为企业、城市的创新作出的努力方面用地方财政教育经费、地方财政科技拨款、财政科技拨款占财政支出的比例来表征。城市信息化水平也是创新环境的内容之一，目前常用的衡量指标是居民个人计算机拥有量和互联网用户数。因此，该模块包括政府支持和社会生活信息化水平两个二级指标。地方财政教育经费、地方财政科技拨款和财政科技拨款占财政支出的比例这几项指标用来衡量政府支持水平；每 100 名居民互联网用户数、每 100 户居民个人计算机拥有量用来衡量社会生活信息化水平。表 12-8 列出了 2007～2011 年十个创新型城市在创新环境模块的得分及排名情况，图 12-9 为 2011 年各创新型城市创新环境得分排名的直观图示，各模块的分析将以 2011 年为主。

表 12-8　2007～2011 年十个创新型城市创新环境排名

城市	2007 年		2008 年		2009 年		2010 年		2011 年	
	得分	排名	得分	排名	得分	排名	得分	排名	得分	排名
北京	72.9703	1	78.2880	1	85.6758	1	95.6567	1	100.0000	1
上海	67.4313	2	70.6024	2	75.6324	2	84.6726	2	91.7360	2
深圳	40.5545	3	44.2741	3	53.8623	3	60.5079	3	71.2168	3
广州	36.1168	5	41.2360	5	45.9020	5	49.1693	5	56.4370	5
杭州	24.4631	7	27.5781	7	29.5690	7	33.4911	7	37.4942	7
宁波	24.3806	8	24.3556	9	26.9781	9	30.8175	9	33.6915	8
南京	38.0345	4	41.4542	4	50.7458	4	52.3453	4	59.0950	4
厦门	33.2485	6	35.7616	6	38.4647	6	40.6305	6	43.2369	6
重庆	13.2812	10	14.5516	10	16.0745	10	19.5577	10	25.4803	10
沈阳	22.4723	9	25.0669	8	29.0984	8	31.2684	8	31.6578	9

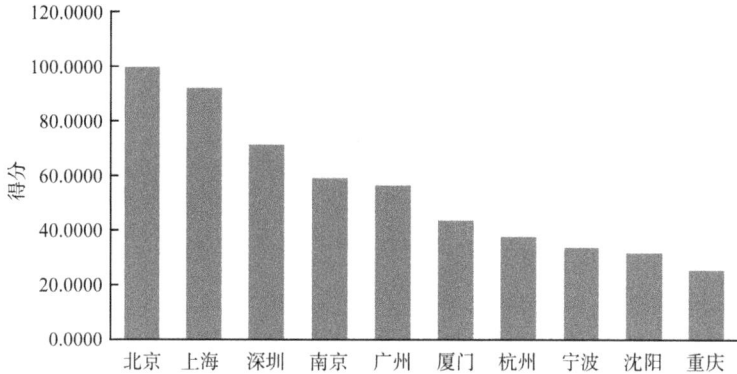

图 12-9　2011 年创新城市创新环境得分

表 12-9 是金融创新各模块对创新型城市创新环境效应分析的实证结果。此部分的 Hausman 检验结果都是接受原假设，因此采用随机效应模型进行实证研究。

表 12-9　金融创新各模块对创新型城市创新环境的效应分析

解释变量	随机效应模型 （y：创新环境）	固定效应模型 （y：创新环境）
金融创新环境	2.902 564***	2.855 532***
	（7.84）	（7.21）
金融制度创新	0.312 351 3	0.340 041 4
	（0.98）	（1.02）
金融市场创新	0.691 115 9***	0.626 750 5**
	（3.23）	（2.72）
业务创新	0.890 016 3***	0.802 625***
	（3.35）	（2.81）
系数	−377.809 1***	−363.807 9***
	（−9.36）	（−8.21）
样本数	50	50
R^2	0.818 0	0.818 6
分组数	10	10

*** $p<0.01$，** $p<0.05$，* $p<0.1$

创新环境是指有助于提升创新能力，适宜于创新型城市建设发展的社会环境。一个城市的创新环境是否优化、是否宽松，将直接关系到创新要素能否聚集、创新人才能否聚集。创新环境包括经济水平、风土人情、福利保障等因素。由于创新基础指数里已经涉及了相关的内容，所以创新环境指数主要关注政策环境和社会信息化环境，包括政府支持和社会生活信息化水平两个二级指标。促进创新要素集聚不仅是市场机制发挥作用的结果，也是政府主动推动的结果，因此政府的支持和驱动对创新型城市的发展有着举足轻重的作用。另外，在经济全球化、信息化相互交织、相互作用的今天，一个城市信息化水平的高低，不仅能反映其综合竞争实力和经济发展水平，也能反映其创新能力。

结合实证结果分别分析金融创新的四个模块，即金融创新环境、金融制度创新、金融市场创新和金融业务创新对创新型城市创新环境的作用。

1. 金融创新环境——创新型城市创新环境

对比图 12-5 和图 12-9，2011 年金融创新环境排名前五的城市是北京、上海、宁波、深圳、广州；同年创新型城市创新环境得分排名前五的城市是北京、上海、深圳、南京、广州。表 12-9 中随机效应模型的回归结果显示了两者之间非常显著的正相关关系。这不难理解，因为两者都是衡量创新环境的，在一定程度上具有较多重叠。但是两者的侧重点并不完全相同。前者偏向于经济环境，包含的指标有金融服务业增加值占国内生产总值比例、人均 GDP、人均 GDP 增速、第三产业增加值占国内生产总值比例、当年实际利用 FDI 总额、当年进出口总额、金融业从业人员平均工资、金融机构员工数目等；而后者偏向于社会环境，包含的指标有地方财政教育经费、地方财政科技拨款、财政科技拨款占财政支出的比例、每 100 名居民互联网用户数、每 100 户居民个人计算机拥有量。我们认为创新型城市的创新环境是金融创新环境的基础，或者说金融创新环境是创新型城市创新环境的一部分。一方面，政府对创新和教育的投入越高，相对的金融创新环境也越好，这可能体现在金融业从业人员平均工资、金融机构员工数目的增加。教育是创新的必要基础，地方财政教育经费主要反映政府对教育的支持和教育对创新的支持情况；同时，对于大中型企业的技术创新，政府往往会在财政支出中给予专项拨款，即科技三项经费。2011 年财政科技拨款占政府财政支出比例排名前五的城市是深圳、杭州、北京、上海、广州。另一方面，城市信息化水平的提高，互联网的普及也引发了金融交易方式的创新，如最近兴起的互联网金融和 P2P 模式。

南京在创新型城市创新环境这一模块的得分较高，截至 2011 年 11 月底，全市金融机构本外币贷款余额 1015.09 亿元，增长 17.24%，分别超出无锡市和全省平均水平 6.5 个百分点和 4.3 个百分点。本外币存款余额 1279.26 亿元，增长 11.74%。南京市在细化金融服务，深化金融创新，强化金融监管，优化金融环境方面有一些值得广州借鉴的地方。例如，在小微企业金融服务方面，积极推行小微企业专项金融债的发行，督促农村中小金融机构继续深化"三大工程"（金融服务进村入社区工程、阳光信贷工程和富民惠农金融创新工程）建设。南京市政府在金融人才培养与引进、金融监管上也做了一系列工作。在金融人才培养与引进上，一是建立金融高层次人才认定机制，构建市区联动的金融人才支持体系；二是加快南京亚太金融研究院的发展，打造金融综合研究与人才培养基地；三是建立金融监管部门、金融机构与地方政府干部双向挂职交流常态机制。与此同时，南京市建立财政支持金融创新的财政激励机制，每年安排 1000 万元，用于鼓励和促进各类金融产品创新、技术创新、工具创新和服务创新，对创新性突出、经济社会效益和引领示范作用显著的金融创新成果和项目予以奖励。这些支持措施直接优化了金融创新环境，因而也对创新型城市创新环境产生了有利的影响。

2. 金融制度创新——创新型城市创新环境

对比图 12-6 和图 12-9，2011 年金融制度创新模块得分排名前五的城市是北京、重庆、深圳、上海和杭州，广州仅排在第六。同年创新型城市创新环境得分排名前五的城市是北京、上海、深圳、南京、广州。表 12-9 中随机效应模型的回归结果显示了两者之间具有正相关关系，但并不显著。对金融制度创新的衡量主要反映了政府对金融市场及金融机构的约束程度，或者说政府金融监管的有效性。我们认为，适当宽松的金融制度环境有利于推动我国的金融创新，尤其是民间金融的发展；而良好的产权和法律制度环境，以及政府对金融机构风险的有效控制则能够保持金融的稳定运行。城市的信息化程度的高低会影响信息不对称的程度，从而影响金融监管的效率。但是政府在教育及科技上的支出与其在金融监管方面发挥的作用之间并不具有显著的相关性。这也与实证结果相吻合。

政策杠杆是推动金融创新支持实体经济的利器。广州可以通过资金补助，鼓励企业上"新三板"进行融资，引导企业发行集合债，鼓励对中小企业进行股权投资，延续对小贷公司的扶持政策。在这方面宁波江东的经验可以借鉴。此外，江东还力推多部门合作，为金融机构营造良好的生态环境。目前，整合了区国税、地税、物价、发改委等部门统计数据的"企业信用信息平台"已经向银行开放，帮助银行快速获取企业信息，高效甄别企业客户。

南京市出台了一系列政策支持金融创新和创新型城市的发展，其中有两个亮点值得广州关注和借鉴。一是鼓励发挥政府引导基金功能，建立"1+N"产业投资引导基金模式，联合不同行业龙头企业、上市公司发起设立若干支产业基金、并购基金，加大对新兴产业的覆盖面和支持力度。二是建立科技银行、科技保险的综合考核及动态调整机制，加大科技信贷投放的财政补贴力度，优化风险补偿机制，扩大知识产权质押贷款规模。

3. 金融市场创新——创新型城市创新环境

对比图 12-7 和图 12-9，2011 年金融市场创新得分排名前五的城市是北京、上海、深圳、宁波、杭州。同年创新型城市创新环境得分排名前五的城市是北京、上海、深圳、南京、广州。表 12-9 中随机效应模型的回归结果显示了两者之间非常显著的正相关关系。科技创新具有高投入、高风险和高收益等特点。高新技术的开发和成果转化需要进行长期研究和试验，这一性质决定了科技创新活动存在着诸多不确定因素，技术开发能否成功、能否实现成果转化面临着极大的风险。当然，一旦成功，将形成企业的核心竞争力，带来巨额的投资回报。金融市场是金融资产进行交易的场所，实质是在不同风险偏好的市场主体之间进行资产、风险和收益的配置，起到分散风险和资源优化的作用。针对技术创新的不确定性，在高新技术产业发展的不同阶段，金融业可提供风险投资、私募、信贷、股权融资等不同的金融产品和工具，以分散和转移风险，满足高新技术产业发展的需要。另外，金融市场创新使得不同类型的资金提供者通过不同的机制，进行风险、收益的比较选择，寻找成长性好、盈利潜力大的创新型项目进行投资，从而起到引导整个社会资源的优化配置和提高经济效率的作用。例如，南京市明确提及规范和发展信用评级市场，通过信用评级对金融机构生产、经营和融资等活动进行约束，即从信用评级角度对金融业实施监管。而这一市场创新对金融互联网化也有积极作用。面对互联网金融，南京将充分利用互联网大数据的快速发展，打造更加完善的信用评价体系，营造良好的互联网发展环境。

2014 年南京市出台《关于加快互联网金融产业发展的实施办法》，明确将在加强互联网金融信用体系建设、支持重点项目建设等方面优化全市互联网金融产业发展环境。该办法明确了以下三点：①对互联网金融企业进行分级持牌管理，按照经营规模、创新能力、风险控制水平、人力资源储备等情况，按分级准予其在经营范围中使用"金融产品交易服务""资产管理""投资管理"等字样。对于优秀的互联网金融项目和相关企业，在著名商标认定或知识产权保护方面给予支持。②支持征信机构建立网络金融征信系统，打破线上与线下、新型金融与传统金融的信息壁垒，构建金融互联网风险控制基础信息库，实现网络借贷企业征信共享，防范信用风险。③从 2014 年开始，三年内每年安排总额不低于 1000 万元的互联网金融产业发展专项资金，重点用于支持南京市互联网金融示范区及孵化器建设、互联网金融重点企业引进和培育、重点示范项目实施、经认定的互联网金融业务创新等。其中，对于经认定的互联网金融示范区一次性给予 100 万元的资金补贴；经认定的互联网金融孵化器一次性给予 50 万元资金补贴；经认定的重点项目给予每家不超过 50 万元资金补贴，重点示范企业给予每家不超过 100 万元资金补贴；对于经认定的从事数据挖掘、信用评价的中介机构总部或区域总部等，给予不超过 50 万元的一次性开办补贴。通过出台这些措施，推动南京市的金融市场的建设。金融市场创新有助于更好地发挥其风险配置和资源优化的功能，从而对创新型城市创新环境的建设起到积极作用。

4. 金融业务创新——创新型城市创新环境

对比图 12-8 和图 12-9，2011 年金融业务创新模块得分排名前五的城市是北京、上海、深圳、广州、杭州，同年创新型城市创新环境得分排名前五的城市是北京、上海、深圳、南京、广州。两者具有较高的一致性，表 12-9 中随机效应模型的回归结果也验证了两者之间非常显著的正相关关系。金融业务创新是指金融机构在业务经营管理领域的创新，依据市场类型主要从证券市场基础业务创新、金融衍生产品创新、保险市场业务创新和银行业务创新四个维度来建立指标体系。国家对于创新型城市建设的一些政策支持需要依靠相关的金融产品创新来实现。例如，作为政策性金融产品的国家助学贷款，针对小微企业的特殊融资产品，以及以房养老所涉及的银行抵押贷款问题，都和金融业务创新有密切的关系。另外，政府支持与社会生活信息化水平的提高也有助于引发金融业务创新。鉴于金融产品和服务的创新将在先进的信息网络技术平台上展开，金融企业要强化"科技先导"意识，把金融创新与科技建设有机结合起来，将过去分散、功能较弱的、以业务自动化处理为主的计算机系统改造提升为以网络为基础，集经营管理、业务处理和客户服务为一体的功能强大的新一代集中式计算机应用系统。同时要进一步完善综合业务系统，全面推动传统业务处理模式的改造和技术手段的升级；加快开发数据库和各类信息管理系统，建立集办公自动化、信息查询与业务监测、风险分析、成本核算、预警监测功能为一体的决策支持系统和信息管理系统。因此金融业务创新的发展也离不开现今的信息网络技术平台，两者是相互促进的关系。

目前很多金融产品的创新，依托于日新月异的互联网技术，传统银行业正在发生翻天覆地的变化。面对互联网浪潮，多数银行不是排斥，而是更愿意选择"拥抱"并不断创新。互联网将倒逼商业银行进一步提升服务效率与个性化服务能力。除了传统的金融业务，多家银行的手机银行陆续引入了电影票、商城、机票、彩票、果蔬等非金融服务，将手机银行慢慢打造成一个综合性、生活化金融服务平台。这些金融业务创新是金融环境变化的结果，与此同时也提升了创新型城市的创新环境。南京市在这个领域也进行比较多的创新，2013 年 11 月全国首家综合性文化金融服务机构——南京文化金融服务中心成立，江苏省文化产权交易所、南京市金陵文化科技小额贷款公司、南京市文化艺术产权交易所同日揭牌，南京银行、北京银行、交通银行、中国银行等四家银行正式成为该市首批文化银行。南京已经从顶层设计入手，制定出台了《南京市文化产业投融资体系建设计划》、《关于鼓励和促进文化银行发展的实施办法（试行）》等政策文件。文化金融服务中心的建设，旨在通过积聚效应，在文化与资本之间架起一座桥梁和纽带，让不同需求的文化企业与门类繁多的金融机构实现有效对接，降低文化企业融资成本，促进文化科技成果转化，逐步构建具有南京特色的文化产业投融资体系。该中心整合该市包括文交所、文化小贷公司、文创基金、文化银行、保险、担保、信托等金融机构，构成一条全手段的文化产业金融服务链，针对全市文化企业不同发展阶段，为其提供差别化融资和交易服务。其中，注册资本1亿元的江苏省文化产权交易所，是全省唯一的省级文化产权交易机构，主要为版权交易和艺术品交易提供条件和综合配套服务的专业化市场平台；全省第一家文化类小贷公司——南京市金陵文化科技小额贷款公司，注册资本2亿元，通过为中小文化企业提供符合其特性的剧场影院贷、影视制作贷、版权联盟贷、商标质押贷等创新金融产品，破解小微文化企业融资难题；初始规模1亿元的南京市文创科技投资基金，是南京第一支文化类天使投资基金，主要为该市拥有核心自主知识产权、"321"文化科技领军人才等处于初创期的文化企业提供资金扶持；此外南京首家文化类创投机构——南京文化创业投资基金，初始规模1亿元，旨在加快推进中小文化企业实现上市。南京市在这些领域不断开拓创新，推动金融业务的发展，广州在这些方面应积极借鉴。

12.4　金融创新各模块对创新型城市创新绩效模块的作用

采用效益的观点来衡量创新产出。创新绩效模块包括成果产出和可持续发展两个二级指标。每百万人拥有专利授权量、高新技术产业产值、高新技术产业产值占GDP比例、工业新产品产值率、高新技术产品出口占出口总额的比例这几项指标用来衡量创新成果。其中，国外的评价指标体系一般采用发明专利这一指标来衡量创新产出能力，这是因为发明专利在各项专利中的技术含量最高。考虑到我国正处于建设创新型国家的起步阶段，因此用各项专利的总和来衡量创新产出的能力更符合中国的实际国情。专利的申请量和授权量都是衡量城市自主创新能力的重要指标，然而专利的申请量能反映社会创新的活跃度，但不能切实反映产出的成果，因此用每百万人专利授权量作为具体指标更加合适。衡量创新产出还应加入高新技术产业的情况。工业新产品和高新技术产品是创新的成果，可以用工业新产品产值率、高新技术产业产值、高新技术产业产值占GDP比例、高新技术产品出口占出口总额的比例来衡量。资源和环境已经成为限制人类社会发展的重要因素之一，创新型社会是进步的社会，更应该与可持续发展的观念融合起来，在产生经济效益的同时注重环境效益问题。因此，用万元GDP综合耗能加入创新绩效评价指标体系，衡量创新产生的环境效益，即城市的可持续发展能力。

表12-10列出了2007~2011年十个创新型城市在创新绩效模块的得分及排名情况，其中广州从2007年的第五名成长为2011年的第二名。图12-10为2011年各创新型城市创新绩效得分排名的直观图示，后文各模块的分析将以2011年

为主。

表 12-10　2007～2011 年十个创新型城市创新绩效排名

城市	2007 年		2008 年		2009 年		2010 年		2011 年	
	得分	排名	得分	排名	得分	排名	得分	排名	得分	排名
北京	56.4806	2	57.2074	2	61.6671	2	65.6832	2	67.6348	4
上海	50.8883	3	52.0805	3	55.5396	3	60.9873	4	61.7847	6
深圳	59.6823	1	69.8573	1	72.1579	1	86.9994	1	100.0000	1
广州	43.9291	5	44.7487	4	54.0081	4	61.5226	3	71.4771	2
杭州	42.2496	6	39.7632	8	45.7359	7	55.7917	6	64.4832	5
宁波	40.9282	8	44.7110	5	50.0057	5	58.3943	5	69.2689	3
南京	36.9820	9	32.7788	9	32.3158	9	38.9249	9	44.0287	9
厦门	47.5316	4	42.7085	7	41.3162	8	46.9106	8	56.1676	7
重庆	19.8597	10	21.9531	10	21.0329	10	26.6187	10	33.4535	10
沈阳	42.0440	7	43.8316	6	47.1393	6	50.5222	7	53.6493	8

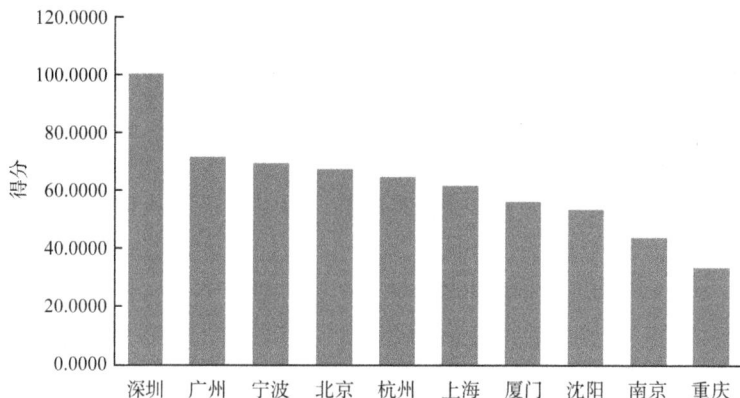

图 12-10　2011 年创新城市创新绩效得分

　　表 12-11 是金融创新各模块对创新型城市创新绩效效应的实证结果图。此部分的 Hausman 检验结果都是拒绝原假设，因此采用固定效应模型进行实证研究。

表 12-11　金融创新各模块对创新型城市创新绩效的效应分析

解释变量	随机效应模型 （y：创新绩效）	固定效应模型 （y：创新绩效）
金融创新环境	3.563 749*** （-7.43）	4.117 458*** （7.02）
金融制度创新	-0.110 069 （-0.23）	-0.515 359 4 （-1.05）

续表

解释变量	随机效应模型 (y: 创新绩效)	固定效应模型 (y: 创新绩效)
金融市场创新	0.514 479 6 1.80	0.845 511 7** (2.48)
业务创新	−0.313 811 7 −0.92	0.053 087 9 (0.13)
系数	289.274 3*** (−6.27)	−360.291 7*** (−5.49)
样本数	50	50
R^2	0.674 2	0.686 5
分组数	10	10

*** $p < 0.01$, ** $p < 0.05$, * $p < 0.1$

在某种程度上，城市创新能力就反映在企业的创新产出上。获得创新效益是开展创新活动的主要目的，也是城市提高创新能力的主要目的之一。创新效益以增加值、企业利润、劳动者收入等为主，但也得益于创新的环境改善和人民生活水平的提高。因此，在此用产出成果和可持续发展能力两个二级指标来表征企业创新效益、技术创新效益和环境保护效益。从 2011 年高新技术产业产值的情况来看，上海、深圳、北京和广州的产出成果较高，而从 2011 年万元 GDP 综合耗能来看，南京、杭州和重庆在可持续发展水平上表现较好。下面，将分别分析金融创新的四个模块，即金融创新环境、金融制度创新、金融市场创新和金融业务创新对创新型城市创新绩效的作用。

1. 金融创新环境——创新型城市创新绩效

对比图 12-5 和图 12-10，2011 年金融创新环境排名前五的城市是北京、上海、宁波、深圳、广州，同年创新型城市创新绩效得分排名前五的城市是深圳、广州、宁波、北京、杭州，上海仅排在第六。直观来看，两者的排名情况似乎相差较远，但根据表 12-11 固定效应模型的回归结果显示两者之间有非常显著的正相关关系。创新型城市创新绩效强调的是可持续发展的能力，这与金融创新环境有着密切的关系。虽然金融创新环境多为反映金融发展水平的存量指标，但这些是创新型城市创新产出及可持续发展的基础，如金融人才的培育、社会信用环境的建设等。城市的可持续发展离不开金融资源。金融是战略性稀缺性社会资源，金融发展以合理运用金融资源为根本，既定时期的金融资源配置必须考虑资源的长期利用与效率问题，实现金融与经济社会的全面协调可持续发展。金融是社会资源配置的核心载体，金融资源配置将影响或引导配置其他一切自然和社会资源。因此，金融资源配置效率影响经济运行效率。我国目前存在金融资源分配结构不均匀，区域金融结构不均衡等问题，而金融创新环境的提高，尤其是金融资源分配结构的改善，在很大程度上决定了经济和社会的可持续发展，为创新型城市创新绩效的提高奠定基础。

深圳在创新型城市创新绩效模块的得分排名第一，甚至超过了北京、上海，主要因为这一模块的指标多涉及高新技术产业。2011 年年底，深圳在全国率先出台了《深圳新一代的信息技术产业振兴发展规划》和配套政策，重点发展生物、互联网、新能源、新材料、新一代信息技术和文化创意六大战略性新兴产业。深圳 GDP 增速迅猛，于 2013 年实现了历史性的突破，人均 GDP 达到 2.2 万美元，首次超越了"亚洲四小龙"之一的台湾地区；进出口总量达到了 5300 亿美元，经济具有很高的外向度。这些指标都是深圳创新环境的组成部分。相对应的，2013 年，深圳的战略性新兴产业增加值达到 5000 亿元人民币左右，占 GDP 的比例超过三分之一，成为深圳经济发展的主引擎，造就了深圳创新成果产出高、GDP 综合能耗少的经济现状。在金融政策方面，深圳明确提出金融支持实体经济的若干量化指标要求。例如，2012 年全市各项贷款增速高于经济增速 5 个百分点，小企业贷款增速不低于全市贷款增速 6.5 个百分点，战略性新兴产业贷款增速高于全市贷款增速 4 个百分点。可见技术密集型和资本密集型的高新技术产业繁荣造就了深圳位列第一的创新绩效，而这又很大程度上归功于深圳良好的金融创新环境。

2. 金融制度创新——创新型城市创新绩效

对比图 12-6 和图 12-10，2011 年金融制度创新模块得分排名前五的城市是北京、重庆、深圳、上海和杭州，广州仅排在第六。同年创新型城市创新绩效得分排名前五的城市是深圳、广州、宁波、北京、杭州，上海仅排在第六。从排名来看，两者之间的关系并不明晰。表 12-11 中固定效应模型的回归结果显示两者之间有负相关关系，但并不显著。在我国金融创新的发展过程中，政府负责掌握和发放微观金融主体的"创新准入许可证"，是推动金融创新进程的主导力量，几乎每一项重大金融创新措施的出台，都是政府行为的产物，政府决定着金融创新的内容、方向、步骤和进度，左右着金融创新的总体过程。在这种方式下，政府提供创新供给的"偏好"和能力，成为制约创新供给的基本因素：一是政府的创新动因并非仅仅出于对经济效益的考虑，政府有时可能更关心创新带来的社会收益，即便政府对某种金融创新措施实施的必要性有很高的认知程度，但因为这种措施有可能影响现有的政治、经济秩序和政府的利益目标，政府也不会采取具体的创新行动，这无疑会贻误创新进程。二是政府主导的强制性创新是自上而下的供给方式，由于政府与创新需求主体存在差异，因而金融创新的供求之间可能产生局部错位，从而降低创新供给的针对性，影响创新收益。三是政府主导金融创新会遏制微观金融主体的创新冲动，抑制其创新积极性，从而可能使金融创新失去厚重的主体基础。这些在一定程度上解释了金融制度创新与创新型城市创新绩效呈现负相关的原因，但由于结果并不显著，仍需要进一步的研究。

3. 金融市场创新——创新型城市创新绩效

对比图 12-7 和图 12-10，2011 年金融市场创新得分排名前五的城市是北京、上海、深圳、宁波、杭州。同年创新型城市创新绩效得分排名前五的城市是深圳、广州、宁波、北京、杭州，上海仅排在第六。两者的排名并不完全相同，由表 12-11 中固定效应模型的回归结果显示两者之间有较为显著的正相关关系。金融市场创新是指通过对金融交易方法进行技术改进、更新或创设，从而形成新的市场架构的金融创新。利率市场化从某种程度上说也是金融市场创新的一部分。通常，反映金融市场效率状况的指标主要包括定价机制、风险机制、创新机制以及交易费用等，而其更为显性的表现在金融市场竞争强度、金融市场活跃程度及资金的配置效率这三个方面。在创新型城市建设中，随着创新能力在城市发展中作用的提升，城市的产业结构必然向以高新技术产业、知识产业、现代服务业为主导的产业结构方向发展，推进产业结构的高级化。高新技术产业产值指标和高新技术产业产值占 GDP 比例指标能反映产业结构优化水平，进而体现城市创新能力的发展程度。高新技术产品出口占出口总额的比例反映了产业的国际竞争力，高新技术产品出口额越多，说明产品在国际市场上的竞争力越强，被认可程度越高，科技成果的商品化越有效，城市的创新能力越强。有关研究表明，金融市场在产业集聚与产业创新中发挥重要作用，研究认为金融市场效率的提高对于促进企业家形成和产业集聚都是至关重要的。无论是产业创新、产业升级，还是产业集聚都对产业资金和金融结构有着特定的需求，需要金融市场提供多元化金融服务支撑其产业活动。众多研究表明，一国金融发展水平显著决定了一国的产业规模结构和产业发展水准，所以在产业资本要素趋向在一定空间范围内汇聚的过程中，金融市场发挥着重要促进作用和媒介作用。国内外学者研究也表明，金融市场与技术创新关系密切，一方面金融市场通过融通创新资本和分散投资风险为产业技术创新提供条件，另一方面则通过其信息收集和传播功能激励产业技术创新。因此，金融市场创新能力对于创新型城市创新绩效具有促进作用。

探究城市深圳，在金融支持经济转型方面，率先提出支持战略性中小企业的系统性政策，如为战略性新兴产业中小企业改制上市开辟"绿色通道"、开发适合战略性新兴产业中小企业的新型金融产品等。这有助于完善深圳的战略性新兴产业生态体系，培育更多的战略性新兴产业龙头企业。在金融要素市场建设方面，深圳通过大力推进各类要素市场发展，逐渐形成系统的金融要素市场体系。特别是，前海试验田成为深圳金融创新先行先试的重大载体。推进前海股份交易所和场外交易市场发展、扩大代办股权转让系统试点、推进大宗商品期货市场、珠宝钻石交易中心、排放权交易所等新型要素交易平台建设等，再加上已有的中小板、创业板、产权交易所等，深圳多层次、多功能金融市场体系建设已见雏形。正是这一系列金融市场创新举措，解释了深圳城市创新绩效高的现象。探究城市杭州，为了鼓励金融机构创新，2012 年杭州将构建金融产品、服务创新平台列入年度杭州市金融工作重点任务。因与金融中心上海相邻，发展交易所场内市场的可能行非常小；同时杭州有发达民营经济的比较优势，故而杭州选择大力发展场外交易市场。2014 年根据省政府批复的《杭州财富管理中心 2014～2018 年实施纲要》，杭州将以私募金融服务为核心和龙头，以场外交易市场、财富管理中介为两翼，构建独具优势的杭州财富管理产业"金三角"，形成符合自身优势和特质、具备核心竞争能力的财富管理标志和核心业态。杭州市政府随后出台《杭州财富管理中心建设 2014 年度行动计划》，全面启动财富管理中心建设，规划建设玉皇山南对冲基金小镇、未来科技城梦想小镇、云栖大数据互联网金融小镇、湘湖场外市场创新小镇、桐庐健康金融小镇等一系列财富管理特色集聚区。杭州市依据自身发展特点，金融市场创新频出，政府设置鼓励机制，不断加大支持力度，为杭州企业的壮大，城市创新绩效的提升起到了至关重要的作用，值得广州借鉴学习。

4. 金融业务创新——创新型城市创新绩效

对比图 12-8 和图 12-10，2011 年金融制度创新模块得分排名前五的城市是北京、重庆、深圳、上海和杭州，广州仅排在第六。同年创新型城市创新绩效得分排名前五的城市是深圳、广州、宁波、北京、杭州，上海仅排在第六。从排名来看，两者之间的关系并不明晰。表 12-11 中固定效应模型的回归结果显示两者之间有正相关关系，但并不显著。相关研究表明，金融业务创新所产生的套期保值、规避风险等功能可以促进其他产业的健康和快速的发展，从而带动创新型城市创新绩效的提高。例如，环境金融衍生品的运用就对我国目前的经济发展方式转型有着十分重要的意义。转变经济发展方式中的其中一个主要问题就是在于将原来以粗放型模式发展的企业转变成以集约型模式发展。粗放型的模式突出表现在对于资源的浪费和对于环境的破坏这些方面，将环境金融衍生品引入到企业中，能够制约其对环境的破坏，从而促进该企业向集约型模式转变。可以说环境金融衍生产品为环境保护与经济发展的结合提供了契机，为节能减排与绿色经济发展的具体应用提供了工具。碳金融产品是具有代表性的例子。另外，银行针对高科技研发时所提供的科技贷款、保险公司为缓解科技创造过程中可能出现的投入损失所提供的科技保险等，将科技纳入金融创新范畴，对于科技创造过程来说则是发挥着更重要的作用。例如，科技金融创新衍生品的推出就能很好地规避科技创新过程中所产生的损失风险，一项新技术尤其是高端技术的产生往往需要很长的时间以及一定的资金投入，而且结果并非一定是成功的，科技创新工具的运用，使在这个过程中投资人损失的机会成本能够得到一定的保障，此外金融业务创新还有发现科技价值以及更好地为科技创新提供更多支持的作用。因此虽然实证结果并不显著，但我们认为金融业务创新对创新型城市创新绩效的提高有一定的促进作用。

第13章 金融创新对创新型城市作用的研究结论与政策建议

研究金融创新对创新型城市建设的作用机理是为了发掘如何通过金融创新的发展来促进创新型城市的建设，并据此提出政策建议。目前，创新型城市建设的理论研究和实践探索尚处于起步阶段，对创新型城市的金融支持度进行评价并建立科学、合理的评价指标体系更是当前乃至未来相当长一段时期内研究的热点、难点问题。本书的第一篇初步构建了创新型城市创新能力的评价指标体系框架，并搜集北京、上海、深圳、广州、南京、杭州、宁波、厦门、重庆和沈阳等十个城市的相关指标数据进行主成分因子分析，进而通过综合指标来反映这十个城市创新能力的程度。第二篇构建金融支持和金融创新指标体系，得到上述十个城市金融支持程度和金融创新水平，进而从金融支持和金融创新的角度为创新型城市建设出谋划策。可以得知，金融创新是创新型城市建设的重要环节，通过金融创新的杠杆效应能够极大地从创新基础和创新环境等方面为创新型城市建设带来效益。

13.1 金融创新对创新城市影响机制的基础性结论

本篇从金融创新模块对城市创新能力模块之间的相互影响进行分析。首先分析与创新型城市创新基础模块的相互影响。创新基础条件是创新型城市建设的必要物质技术条件，主要衡量为建设创新型城市投入的人力和财力资源。这其中比较有代表性的是高新技术企业数量、资金和人才的投入和经济社会发展水平。根据第一篇研究结果可得，2011年创新基础排名在前五名的城市为北京、上海、广州、深圳和杭州。首先是第一个模块金融创新环境对城市创新基础模块影响，实证结果表明，2011年金融创新环境排名前五的城市为北京、上海、宁波、深圳、广州，而创新基础排名前五的城市为北京、上海、广州、深圳和杭州，虽然排名不完全一致，但是基本吻合，前五名都有北京、上海、广州、深圳。从实证结果来看，两者是正向关系，显著性水平为99%，即金融创新环境的发展有利于促进创新型城市创新基础水平的提升。第二个模块是金融制度创新对创新型城市创新基础影响。实证结果表明，2011年金融制度创新模块得分排名前五的城市是北京、重庆、深圳、上海和杭州，广州仅排在第六，同年创新基础排名前五的城市为北京、上海、广州、深圳和杭州，可看出创新基础较好的城市创新制度创新水平高，北京从 2007～2011 年的排名都是十个城市之首，其次金融制度创新较好的是深圳。但金融制度创新好的城市不一定创新基础好，如重庆市。从实证结果来看，两者关系并不显著。第三个模块是金融市场创新对创新型城市创新基础影响。2011 年金融市场创新得分排名前五的城市是北京、上海、深圳、宁波、杭州。同年创新型城市创新基础得分排名前五的城市为北京、上海、广州、深圳和杭州，具有较高的一致性，实证结果也表明两者存在显著的正相关关系，显然，通过健全的资金市场和资本市场体系能给高新技术产业提供多元的多层次的金融支持，从而带动城市的创新基础发展。第四个模块是金融业务创新对城市创新基础模块影响。2011 年金融业务创新模块得分排名前五的城市是北京、上海、深圳、广州、杭州，同年创新型城市创新基础得分排名前五的城市为北京、上海、广州、深圳和杭州，可能由于数据原因，实证结果表明两者没有显著的相关关系，但是从排名上看前五位城市基本保持一致，从现实来看，两者的关系也不容忽视，金融业务尤其是金融产品的发展为城市技术创新以及高新技术产业发展提供了有力的支持。

然后再分析与创新型城市创新环境模块的相互影响。创新环境指数主要关注政策环境和社会信息化环境，包括了政府支持和社会生活信息化水平两个二级指标，政府的支持和驱动对创新型城市的发展有着举足轻重的作用，而一个国家信息化水平的高低，不仅能反映其综合竞争实力和经济发展水平，也能反映其创新能力。首先是第一个模块金融创新环境对城市创新基础模块影响，2011 年金融创新环境排名前五的城市是北京、上海、宁波、深圳、广州，同年创新型城市创新环境得分排名前五的城市是北京、上海、深圳、南京、广州，基本上一致，而实证结果表明两者之间确实显著的正相关关系。第二个模块是金融制度创新对创新型城市创新环境影响，2011 年金融制度创新模块得分排名前五的城市是北京、重庆、深圳、上海和杭州，广州仅排在第六，创新型城市创新环境得分排名前五的城市是北京、上海、深圳、南京、广州，城市排名上吻合度不高，从实证结果来看，两者关系不显著，但事实上良好的金融制度在一定程度上能促进城市的创新环境建设。第三个模块是金融市场创新对创新型城市创新环境影响。2011 年金融市场创新得分排名前五的城市是北京、上海、深圳、宁波、杭州。同年创新型城市创新环境得分排名前五的城市是北京、上海、深圳、南京、广州，前三名的城市排名基本一致，实证结果表明两者具有显著的正相关关系，原因在于金融市场的创新能够促进风险分散和资源优化，满足高新技术产业发展需要，从而推动城市创新环境建设。第四个模块是金融业务创新对城市创新环境模块影响。2011 年金融业务创新模块得分排名前五的城市是北京、上海、深圳、广州、杭州，同年创新型城市创新环境得分排名前五的城市是北京、上海、深圳、南京、广州，具有较高的一致性，实证结果表明两者有显著的正相关关系，通过金融业务创新能够为创新城市的建设提供依托。

最后分析与创新型城市创新绩效模块的相互影响。创新效益以增加值、企业利润、劳动者收入等为主，可分解为产出成果和可持续发展能力两个二级指标对其进行表征，其中产出成果主要考虑专利和创新产品的生产情况，可持续发展水平主要用万元 GDP 综合耗能进行表征。在某种程度上，城市创新能力就反映在企业的创新绩效上。首先是第一个模块金融创新环境对城市创新基础模块影响，2011年金融创新环境排名前五的城市是北京、上海、宁波、深圳、广州，同年创新型城市创新绩效得分排名前五的城市是深圳、广州、宁波、北京、杭州，上海仅排在第六位，排名相差较多，但实证结果表明两者具有显著关系，因为金融创新环境是城市创新绩效的基础。第二个模块是金融制度创新对创新型城市创新绩效影响，2011 年金融制度创新模块得分排名前五的城市是北京、重庆、深圳、上海和杭州，广州仅排在第六。同年创新型城市创新绩效得分排名前五的城市是深圳、广州、宁波、北京、杭州，上海仅排在第六。从排名来看，两者之间的关系并不清晰，实证结果表明两者关系也不显著，很大程度是因为政府有关金融创新的政策都是出于政府考量，一定程度上制约了创新产出。第三个模块是金融市场创新对创新型城市创新绩效影响。2011 年金融市场创新得分排名前五的城市是北京、上海、深圳、宁波、杭州。同年创新型城市创新绩效得分排名前五的城市是深圳、广州、宁波、北京、杭州，上海仅排在第六。两者的排名并不完全吻合，实证结果表明两者的相关关系较为显著，总体而言，金融市场创新程度越高，对创新绩效有着较大的促进作用。第四个模块是金融业务创新对城市创新环境模块影响。2011 年金融制度创新模块得分排名前五的城市是北京、重庆、深圳、上海和杭州，广州仅排在第六，同年创新型城市创新绩效得分排名前五的城市是深圳、广州、宁波、北京、杭州，上海仅排在第六。从排名来看，两者之间的关系并不明晰，实证结果也表明两者存在关系，但是不显著，金融业务通过创新能够促进其他产业发展，从而提高城市创新绩效。

13.2　部分创新城市建设和金融创新举措

北京、上海和深圳三个主要城市是综合得分很高的城市，广州可以从这几个城市的具体政策措施和板块之间的作用机制中借鉴他们发展的经验。除此之外，一些特色城市，如南京和宁波，它们虽然在总得分中不占优势，但在某些具体模块上却有着惊人的表现，从这些特色城市的具体发展模式中，广州也可以汲取许多经验。

1. 主要城市

1）北京

从各大城市的城市创新能力和金融创新得分来看，北京无疑是做得最好的一个城市，在各大板块的排名大多为第一，历年排名均在前三。其中，在金融创新部分，北京做得最好的是金融制度创新，金融市场创新和金融业务创新模块。

就金融制度创新模块而言，北京作为政治文化中心具有得天独厚的优势，其得分比排位第二的深圳高出很多，且由于众多银行的总部均设在北京，因而其相比其他城市，占有绝对优势。由实证结果也可以看出，金融制度创新主要是对创新城市创新环境有推动作用，呈正相关关系。从北京的具体政策措施来看，适当宽松的金融制度环境有利于推动我国的金融创新，尤其是民间金融的发展；而良好的产权和法律制度环境，以及政府对金融机构风险的有效控制则能够保持金融的稳定运行。城市的信息化程度的高低会影响信息不对称的程度，从而影响金融监管的效率。在金融制度创新方面，北京市在全国率先建立了政府主导、市场运作的政策性农业再保险机制，初步形成"多方参与、风险共担、多层分散"的农业保险巨灾风险分散体系；与此同时，北京市农村金融改革试验区大兴区展开多项金融创新政策，积极筹建该区农业信贷担保公司、农村信用公司等担保机构，积极探索"动产抵押"等信用担保方式，建立和完善多种形式的农业信用担保体系，扶助"三农"发展。这些措施都为北京市的发展打下了良好的金融制度基础，也为北京在创新城市创新基础和创新城市创新环境方面的排名奠定了基础。

在金融市场创新模块，北京的发展重点是科技创新和互联网金融。北京作为全国乃至全球科技资源最为集中的地区之一，丰富的科技资源和强大的创新能力为首都经济发展提供了动力引擎，而科技金融是促进科技进步和科技成果转化、提升产业活力的必要条件。北京以中关村国家自主创新示范区为建设重点，以科技金融的"组织机制创新、政策规范创新、业务运行创新"为主要工作内容，设立统一的中关村企业融资服务申请通道，收集中关村企业融资需求，发挥平台金融机构和科技中介机构聚集的优势，为企业量身定制融资方案和有效融资需求培育方案。中关村在北京金融创新的各方面都起到示范带头作用。而金融市场创新与创新型城市创新基础之间存在较为显著的正相关关系，金融市场是连接投资者与筹资者的主要渠道，健全的资金市场和资本市场体系能给高新技术产业提供多元的、多层次的金融支持。北京在金融市场创新模块的一系列措施，推动了北京在创新能力，创新投入和创新技术方面的发展，使得北京在创新城市创新基础板块的排名稳居第一。同时，金融市场创新与创新城市创新环境之间也存在着非常显著的正相关关系，金融市场创新使得不同类型的资金提供者通过不同的机制，进行风险、收益的比较选择，寻找成长性好、盈利潜力大的创新型项目进行投资，从而起到引导整个社会资源的优化配置和提高经济效率的作用。北京在金融市场创新方面的投入对地方财政教育经费、科技拨款、互联网用户数等指标具有较大的推动作用，体现了当地政府的支持程度和社会信息化水平，从而也使得北京在创新城市创新环境方面排名稳居第一。

在金融业务创新模块，北京在金融业务创新方面的优势与国家的政策导向有密切关系。例如，北京在全国率先发行保障房建设私募债，发起设立全国首例保障房土地储备保险债券投资计划以及公积金贷款试点等。中关村也为推动北京金融产品和金融服务创新作出了重要贡献。自从北京提出将中关村建设成为国家科技金融创新中心的目标后，中关村企业上市和股份代办系统挂牌企业数量均有历史性突破。金融业务创新与创新城市创新环境板块有着非常显著的正相关关系。金融业务创新是指金融机构在业务经营管理领域的创新，国家对于创新型城市建设的一些政策支持需要依靠相关的金融产品创新来实现，和金融业务创新有密切的关系。北京在金融业务创新模块率先推出的金融创新产品使得北京在创新城市创新投入和城市政府资源方面排名靠前，使得北京在创新城市创新环境板块成绩较好。

2）上海

上海也是在金融创新能力和创新城市创新能力各个模块总体表现都很好的城市。上海是中国金融中心，2012 年 8 月发布的国际金融中心发展指数（IFCD）中上海稳坐国际金融中心第六位。上海几乎囊括全中国所有的金融市场要素，从标准化交易的场内市场到多样化的场外市场，从资金的筹集市场到风险的管理市场，均有涵盖。金融创新能力方面，上海在金融创新环境和金融市场创新两个模块得分较高，其排名仅次于北京。在金融业增加值这一单项指标中，根据 2011年的数据，上海甚至超过了北京位列第一。而在创新城市创新能力方面，上海做得比较好的是创新城市创新基础和创新城市创新环境模块。

在金融创新环境模块，上海排名第二，仅次于北京。上海是国家战略建设的国际金融中心，聚集了全国主要的金融资源，因而其在金融创新环境方面具有显著优势。上海的金融创新着重于打造上海金融谷、上海自贸区、外滩金融创新试验区和陆家嘴金融城这几个方面，这些措施优化了上海金融发展的环境，为金融创新能力的提升营造了良好的氛围。金融创新环境与创新城市创新基础模块存在较为显著的正相关关系，即金融创新环境的发展有利于促进创新型城市创新基础水平的提升，金融创新环境模块的指标主要衡量该城市的经济发展水平、金融结构和金融发展水平，这些反映了一个城市的金融基础。上海在建设国际金融中心方面的投入体现在经济和社会发展、创新主体培育、人力和财力投入方面水平较高，促进了上海城市创新基础水平的提升。金融创新环境和创新城市创新环境之间存在着非常显著的正相关关系，创新型城市的创新环境是金融创新环境的基础，金融创新环境是创新型城市创新环境的一部分。上海在创新型城市创新环境方面，在科研人员的引进与培养方面具有一定优势。上海以系统集成的方式，建立科技人才选拔培养体系，自 2003 年以来陆续推出以年轻科研人员为主要对象的"青年科技启明星计划""启明星跟踪培养计划"；以中青年科技人员为主要对象的"上

海市优秀学科带头人计划"；以吸引境内外优秀人才来沪开展科技合作，支持上海
市优秀科技人才参与国际合作交流为主的"白玉兰科技人才基金计划"；与市人事
局共同推出以资助留学回国人员研发、创业为主的"浦江人才计划"等，这些都
为金融创新环境奠定了基础，促进 GDP 和金融服务业从业人员数目等指标的增
加，使上海在金融创新环境上有较好的排名。

在金融市场创新方面，全国性金融市场几乎都集中于上海，在上市公司数目
和上市公司证券市场成交额等指标上上海排名较高。上海在互联网金融，民营金
融和小微金融方面有较大的投入。金融市场对于技术创新的重要性是不言而喻的。
金融市场是连接投资者与筹资者的主要渠道，健全的资金市场和资本市场体系能
给高新技术产业提供多元的、多层次的金融支持。也正是由于上海在金融市场创
新上有较大的投入，使得上海在城市创新技术方面排名靠前，对创新城市创新环
境水平的提升有较好的促进作用。此外，金融市场创新对创新城市创新环境也有
很好的促进作用。上海对高新技术企业有一系列优惠政策，以增强高新技术企业
的运作能力，这不仅促进了上海金融市场的发展，而且促进了金融市场创新技术
的发展，提高了上海城市创新技术水平，增加了上海城市创新产出，从而使得上
海在创新城市创新能力方面有较好的排名。

3）深圳

深圳在创新城市和金融创新能力的总体排名在北京和上海之后，但是在创新城
市中，深圳在创新城市创新绩效模块的成绩却很好，创新效率最高，在 2004 年以后
都稳居第一，在发展创新的资源投入产出比最高。在金融创新能力部分，深圳在各
子模块的得分基本都位列第三，在金融环境创新模块做得比较好，在 2008～2010
年都超过北京、上海位列第一，且在其他各个方面与北京和上海的差距正在不断缩
小。而在民营上市公司数目这一单项指标中，深圳位列第一，并且具有绝对优势，
这说明深圳拥有丰富的中小企业资源，未来的金融创新具有很大潜力。

深圳在金融创新能力部分做得最好的模块是金融创新环境，而金融创新环境
与城市创新绩效之间具有显著的正相关关系，说明金融创新环境对于城市创新绩
效有着较强的推动作用。创新型城市创新绩效强调的是可持续发展的能力，这与
金融创新环境有着密切的关系。虽然金融创新环境多为反映金融发展水平的存量
指标，但这些是创新型城市创新产出及可持续发展的基础，如金融人才的培育、
社会信用环境的建设等。城市的可持续发展离不开金融资源。金融是战略性稀缺
性社会资源，金融发展以合理运用金融资源为根本，既定时期的金融资源配置必
须考虑资源的长期利用与效率问题,实现金融与经济社会的全面协调可持续发展。
我国目前存在金融资源分配结构不均匀，区域金融结构不均衡等问题，而金融创
新环境的提高，尤其是金融资源分配结构的改善，在很大程度上决定了经济和社
会的可持续发展，为创新型城市创新绩效的提高奠定基础。在新一轮的金融创新

浪潮中，深圳的前海自贸区无疑是一大亮点，与此相配合，深圳的金融创新重点在人民币国际化、互联网金融以及中小企业金融服务，这些都为金融产业增加值和金融发展指标等指标的增长提供了基础，从而使得深圳在金融创新能力模块上得分较高。而在创新城市创新绩效模块，指标多涉及高新技术产业，2011 年年底，深圳在全国率先出台了《深圳新一代的信息技术产业振兴发展规划》和配套政策，重点发展生物、互联网、新能源、新材料、新一代信息技术和文化创意六大战略性新兴产业。深圳 GDP 增速迅猛，于 2013 年实现了历史性的突破，人均 GDP 达到 2.2 万美元，首次超越了"亚洲四小龙"之一的台湾地区；进出口的总量达到了 5300 亿美元，经济具有很高的外向度。这些指标都是深圳创新环境的组成部分，都为创新型城市创新产出及可持续发展奠定了基础。

2. 特色城市

1）南京

南京在创新城市创新能力和金融创新能力的整体排名上落后于"北上广深"，但在二线城市中表现尚可，其中在创新城市创新能力的城市创新环境模块中表现最好，从 2006 年开始，排名仅次于北京上海深圳，位于第四，超越了广州。而在金融创新能力模块方面，南京的金融创新环境做得比较好。

创新型城市创新环境与金融创新环境有非常显著的相关关系，政府对创新和教育的投入越高，相对的金融创新环境也越好，这可能体现在金融业从业人员平均工资、金融机构员工数目的增加。南京的金融创新是消费金融、小微企业金融以及保险业创新。这对金融业从业人员平均工资、金融机构员工数目等都有促进作用，从而提升南京金融创新环境的水平。南京在创新型城市创新环境这一模块的得分较高，截至 2011 年 11 月底，全市金融机构本外币贷款余额 1015.09 亿元，增长 17.24%，分别超出无锡市和全省平均水平 6.5 和 4.3 个百分点。本外币存款余额 1279.26 亿元，增长 11.74%。南京市在细化金融服务，深化金融创新，强化金融监管，优化金融环境方面有一些值得广州借鉴的地方。与此同时，南京市建立财政支持金融创新的财政激励机制，每年安排 1000 万元，用于鼓励和促进各类金融产品创新、技术创新、工具创新和服务创新，对创新性突出、经济社会效益和引领示范作用显著的金融创新成果和项目予以奖励。这些支持措施直接优化了金融创新环境，因而也对创新型城市创新环境产生了有利的影响。

2）宁波

另外一个值得注意的城市是宁波。尽管宁波在整体排名上比较平庸，但在金融创新环境这一模块表现很好，仅次于北京和上海，在创新型城市创新绩效上的成绩也十分值得注意，在 2011 年中排名第三，超过了北京。

宁波的金融业发展目标是建成长三角南翼区域金融中心，成为上海国际金融中心重要组成部分。目前宁波的金融生态环境仅次于上海。宁波金融创新的重点是民营经济、保险业务、高端服务业、互联网金融和航运金融。宁波在航运金融方面取得的成绩比较值得关注，结合自身的优势，作出了金融创新环境的特色。在航运金融方面，宁波依托港口航运综合优势，欲发展航运金融，做浙江省海洋经济的弄潮儿，宁波作为港口城市在自然条件、基础设施、作业效率等方面具有突出优势。此外，宁波-舟山港一体化的加速推进，为宁波航运金融提供了广阔的发展前景。宁波排名较前的另一个原因是其在"金融发展"指标中排名第一，其依托港口航运综合优势，大力发展海洋经济及航运金融服务，航运金融的发展给宁波的进出口总额这一指标作出了很大的贡献。另外，在中国社会科学院 2011年的金融生态评价报告中宁波位列第二，排名仅次于上海，而广州在当年进出口总额上甚至还不到宁波的一半，与排名前三的城市差距很大。金融创新环境多为反映金融发展水平的存量指标，但这些是创新型城市创新产出及可持续发展的基础，如金融人才的培育、社会信用环境的建设等。城市的可持续发展离不开金融资源。民营经济也是宁波的一大特色和优势，而民间资本更是宁波经济的活力和潜力，他们正推进着宁波的经济结构调整和产业升级。这些政策对增加宁波人均GDP，金融从业人员人均工资等指标有较大的促进作用，为创新城市的发展提供了良好的资源和环境。

13.3　研究结论和政策建议

从实证结果来看，金融制度创新总体上对创新型城市建设的各模块影响都不显著，金融业务创新对创新城市中创新环境模块有显著影响，影响系数达 0.89；而金融创新环境和金融市场创新对创新型城市建设的各模块都具有显著的正作用，且金融创新环境对创新型城市建设的总体影响系数为 1.13，金融市场创新对创新型城市建设的总体影响系数为 0.22。具体到广州来看，广州在创新型城市创新能力综合得分中排名稳定，位列第四；在创新基础模块，广州位列第三；在创新环境模块，广州位列第五；在创新绩效模块，广州位列第二。从对创新型城市建设影响较大的金融创新各模块来看，在金融创新环境模块，广州位列第五；在金融市场创新模块，广州位列第六；在金融业务创新模块，广州位列第四。综上所述，为了提升广州建设创新型城市的创新能力，应大力完善金融创新环境，其次是着力于促进金融市场创新，再者鼓励金融业务创新，从而强化创新绩效，提升创新基础，大幅度改善创新环境，达到提升创新型城市创新能力的目的。针对广州创建创新型城市，提出以下几点建议。

1. 利用金融政策引导，改善金融创新环境，推动产业升级，服务于创新型城市建设

一方面，广州市政府在全面贯彻国家自主创新政策的同时，制定并实施具有广州特色的鼓励政策，以有利于广州高技术产业、信息产业、知识密集型服务业和创意产业集聚，形成各具特色的产业创新集群为目标，发挥集聚效应。例如，广州现有 IT 产业群——天河软件园，科学技术产业群——科学城，汽车、电子产业群——广州开发区，这些产业群在金融创新和技术创新中扮演着重要角色，市政府应该根据这些产业群的发展现状，建立起与之相适应的金融组织结构，高度关注营造环境、规范市场、维护安全，构建更加多样性、多元化的金融生态，并向区域外延伸生态单元，带动更大区域经济发展。区域金融结构政策重点在扩大金融市场、加快机构集聚，完善制度建设，给予适当市场准入优惠以及对金融机构在当地释放贷款的贴息、担保等优惠，在不破坏竞争规则的前提下，尽量弥补经济发展的阶段性差异，使处于劣势的区域有条件参与竞争。

另一方面，通过金融政策引导，加快构建多层次、多部门共同参与的统筹协调工作机制和信息沟通长效机制，积极采取有效政策措施促进产业升级。围绕传统产业结构优化与升级，以提高技术创新能力为基础，采取更加有利于促进传统产业转型升级和创新发展的金融政策，引导企业调整发展战略，创新管理模式，不断强化技术创新能力和综合服务能力，尽快从传统产品制造商向综合成套服务提供商转变，推动工业经济的快速、健康、可持续发展。再者，促进战略性新兴产业跨越式发展，把新一代信息技术、高端装备制造、新材料、新能源汽车等产业作为战略性新兴产业发展的主攻领域。

2. 吸引和培养金融人才，改善金融创新环境，为创新型城市建设的创新基础、创新环境、创新绩效全方位服务

人才培养方面，鼓励产学研联动培养，培育适合金融主体的金融创新发展需要的、了解市场运作规律的金融人才。广州的金融机构通过本部分、本地区的金融创新的实施动态、并且总结自身客户的最新需求，再向高校的创新人才反馈相关的信息。通过加强金融主体与科研单位的互动，有效降低人力成本，开阔金融创新的内容，提高金融创新效率。此外，广州应建立金融人才培训长效机制，联合省内、国内、国际知名的培训机构和高校商学院，共同组织实施广州市金融人才发展培养项目，实现人才培养，人才流动和人才引进。

人才引进方面，金融主体要引进一批高素质的金融相关人才，不仅仅是经营管理的人才，还需要金融领域的科研专门人才、咨询专家、评估调研专家，精通各类信托、担保、外汇买卖的金融人才，以及一批熟悉金融、法律、财政税收等多领域跨行业的复合型知识型人才。通过各种鼓励措施和激励机制，吸引高端人才流入广州，扎根广州，从而为广州不断注入创新活力，从根本上提升广州的金融创新环境和城市创新能力。要吸引人才，广州政府应该发挥主导作用，不断优化吸引金融人才的外部环境，形成金融聚集地，吸引高端金融人才来广东创业和发展。同时完善相关配套措施，如完善社会保障体系，降低人才流动限制，相关部门在住房、医疗、配偶就业和子女入学等方面出台更多的优惠政策，解决其后顾之忧。关于引进高端人才，可以学习香港的做法，只要满足基本要求的人都可以在"综合计分制"和"成就计分制"中选择一种来给自己打分，"成就计分制"主要针对已经在业内取得重大成就的人才，较少人选择；而其他人参照"综合计分制"都能够很快计算出自己所能获得的分数，从而估算到自己能不能通过"优才计划"。

3. 健全金融组织体系，完善金融市场创新，为创新型城市建设的创新基础、创新环境、创新绩效全方位服务

完善金融市场创新，旨在促进金融市场的优化资源配置机制和商业价值发现机制，推动创新型城市建设。广州集聚了众多中小企业，金融组织体系的发展应该结合这一特征，构建多层次的金融组织体系，加强金融聚集。

一是完善银行体系，打破大银行垄断，放宽符合条件的中小商业银行分支机构准入数量限制，吸引更多外地和外国金融机构到广州市设立分支机构；完善本地中小商业银行体系，鼓励发展股份制中小商业银行，加快对广州银行、广州农村商业银行、广东南粤银行的改造；加强银行体系对高新技术企业提供金融服务的功能，为广州市内的中小企业和创新产业发展提供资金支持。

二是发展小额贷款公司、信托公司、担保公司等金融机构，积极发挥其支持广州高新技术产业、中小民营企业发展的重要作用。作为新型融资机构，小额贷款公司的成立为民间资本提供了规范的投资渠道，是民间融资制度创新的有益探索。小额贷款公司的最大竞争优势是抵押条件多变，不仅可以提供最常见的房产抵押，更可以在保证风险的前提下，为企业提供商品抵押、应收账款抵押、股权质押等多种灵活的贷款方式，为中小企业创新活动提供资金周转，大大促进了创新活动的发展。广州应大力支持依法合规经营、运行良好、没有不良信用记录的小贷公司增资扩股，同时对服务中小企业贡献突出的小额贷款公司设立奖励机制，促进他们在创新型城市建设中发挥更大的作用。

三是发挥南沙新区区位优势和政策优势，大力推进保理业务。商业保理企业可从事国际贸易保理、国内贸易保理、销售分户账管理、客户资信调查与评估、应收账款管理与催收、信用风险担保等业务。商业保理有利于提升中小企业的融资和风险防控能力，也有利于提升贸易效率和企业利润水平，从而为广州中小企业融资提供有效便利的新渠道，又有利于广州企业开展进出口活动，将在很大程度上改善广州的金融创新环境,优化城市的创新环境。过去我国类似业务主要由银行运作,门槛较高,但近两年我国商业保理业发展迅猛,据商务部的统计数据显示,截至 2013 年 8 月底,全国经批准成立的商业保理公司共 137 家,注册资本总计约 178 亿元人民币。因此,广州应抓住新政策落实的契机,鼓励成立一批优质商业保理公司,加强保理业从业人员队伍建设,鼓励高等院校和学术研究机构培养保理业务专业人才,同时鼓励商业保理企业成立行业协会,加强行业交流和行业自律,实现保理业务在珠三角的蓬勃发展。

四是推进风险投资产业,发展直接融资,推进广东产业转型。广东正值传统制造业转型关键期,一些中小微企业在转型中的融资难问题突出,且缺乏净资产的新兴企业尤其明显,因此,亟须私募股权基金、风险投资基金等领域的积极支持。然而与江苏等转型较快的省份相比较,直接融资依然是广东的短板。因此为了推进广州创新城市建设,加快传统产业转型,可大力发展风险投资产业,完善金融市场,实现在不同风险偏好的市场主体之间进行资产、风险和收益的有效配置。针对风险投资中的创业投资市场,广州可完善创业投资机制,探索有限合伙制在创业投资企业中的应用,充分调动投资者的投资积极性和创业投资管理者的积极性;拓宽创业投资的资金来源,吸引多元化的投资主体,迅速扩大资金规模。同时,广州市政府应该制定政策,降低创办创业投资公司的门槛,简化注册手续,鼓励民间资本创办旨在为创新型中小企业服务的创业投资机构。再次,建立完善创业投资退出机制,拓宽创业投资资金的退出渠道,促进创业投资在良性循环中不断壮大,使其为广州市不断孵化具有良好前景的创新型企业。为了促进风险投资对创新型城市建设的支持,广州政府应该从本市经济发展战略的高度,引导风险投资业的融资取向,发挥本市的产业优势,培育新的经济增长点,实现产业结构的升级,促进创新型城市的建设。此外,全球知名风险投资行业培训机构美国风险投资学院将于 2015 年开进中国并落户广东,这对广州发展风投产业是个利好消息,有利于充实广东风投领域人才库。

4. 鼓励资产证券化,通过金融业务创新,完善创新型城市的创新环境

2012 年我国资产证券化重启,银行、信托、证券、基金等纷纷涉足企业资产证券化业务,沪、深交易所近期也先后推出资产证券化产品转让平台来激活市场的交易。正在开展的资产证券化业务主要有两类:一类是由银监会审批资质,中国人民银行主管发行的信贷资产证券化;另一类是由证监会主管,主要以专项资产管理计划为特殊目的载体的证券公司资产证券化,信贷资产证券化发展的最早,规模也最大,截至 2014 年 6 月,已发行 79 只信贷资产支持债券,规模达 896 亿元,资产支持票据 20 只,规模 77 亿元,券商专项资产证券化债券 56 只,规模 313.5 亿元。7 月 7 日,阿里小贷资产证券化获批。这是首单获批的基于小额贷款

的证券公司资产证券化产品，也是证券公司与小贷公司合作的初次探索，被金融界视为信贷资产证券化的破冰之举。

通过资产证券化，银行可将流动性较低的信贷资产卖出，一方面有助于增加银行流动性，扩大信贷收益；另一方面也有利于银行降低加权风险资产规模，提高风险加权资产回报。同时，通过贷款证券化，可以较好地解决资产长期化和负债短期化的矛盾，优化资产负债管理能力，避免流动性风险，通过资产证券化扩大长期资产的业务规模，商业银行可用出售存量贷款的资金重新发放贷款减少表内风险资产、增加表外的资产管理业务，开辟了一条新的盈利渠道。

资产证券化业务的常规化、多元化发展，将会进一步加快金融脱媒的进程，推动金融市场多层次和产品多元化。同时，资产证券化产品也有利于丰富现有的金融工具，有助于满足投资者多样化的投资需求，也为融资方提供了更多的融资途径。因而，广州可以顺应资产证券化蓬勃发展的浪潮，加强广州的信用评级体系建设，开展资产证券化试点，率先鼓励一批优质资产证券化，从小额市场推进，逐步渗透到银行核心业务以及企业资产证券化，来为广州的金融业务创新、金融市场创新，乃至创新型城市建设提供源源不断的动力。

参 考 文 献

毕亮亮，潘锡辉. 2010. 关于我国创新型城市建设的思考. 中国科技论坛，（12）：30-35.

曹蒸蒸. 2009. 我国商业银行金融创新力评价. 金融理论与实践，（11）：85-88.

陈岱孙，厉以宁. 1991. 国际金融学说史. 北京：中国金融出版社.

陈柳钦，孙建平. 2003. 论制度创新与中小企业信用担保体系的发展. 上海财经大学学报，（5）：24-31.

陈志，陈柳. 2000. 论我国中小企业融资改革与金融创新. 金融研究，（12）：117-121.

代明. 2005. 自主创新型城市的四大功能标志. 特区经济，（12）：12-13.

杜辉. 2006. 创新型城市的内涵与特征. 大连干部学刊，22（2）：10-12.

冯霞. 2006. 发挥统计职能建立创新型城市建设评价指标体系. 太原科技，（3）：6.

高琼. 2007. 我国金融创新的制度环境分析. 山东财经学院学报，（2）：64-66.

高晓亚，修明月，张路瑶. 2012. 创新型城市评价与运行机制研究. 科技信息，（35）：29-29.

龚明华，雷电发. 2005. 金融创新、金融中介与金融市场：前沿理论综述. 金融研究，（10）：185-190.

韩瑾. 2007. 创新型城市的内涵特征及发展路径. 浙江工商职业技术学院学报，（1）：5-8.

何传启. 1999. 第二次现代化：人类文明进程的启示. 北京：高等教育出版社.

贺显南. 2006. 中国证券市场金融创新探析. 国际经贸探索，（6）：60-65.

胡明铭. 2006. 区域创新系统评价及发展模式与政策研究. 中南大学学位论文.

胡钰. 2007. 创新型城市建设的内涵、经验和途径. 中国软科学，（4）：32-38.

胡钰. 2009. 创新型城市的评价与实现. 科技进步与对策，26（1）：32-37.

胡彬彬，胡亮. 2010. 金融业支持创新型城市建设研究:以宁波市为例.经济论坛，（5）：134-136.

黄存明. 2001. 论我国银行业金融创新的制度约束. 金融研究，（7）：126-129.

黄达. 2004. 金融学.北京：中国人民大学出版社.

黄磊. 2001. 金融制度创新的几个理论问题. 当代财经，（6）：36-39.

黄磊. 2010. 论金融创新保障制度体系的构建. 山东财政学院学报，（1）：14-17.

姜再勇. 2006. 关于衡量金融支持经济程度问题的思考. 中国金融，（17）：44-45.

蒋博. 2008. 创新型城市指标体系与评价研究. 重庆大学学位论文.

蒋晓岚. 2010. 创新型城市建设的国内实践和基本模式研究. 中国城市经济，（10）：36-38.

李健. 1998. 金融创新与发展. 北京：中国经济出版社.

李琳，韩宝龙，李祖辉，等.2011. 创新型城市竞争力评价指标体系及实证研究：基丁长沙与东部主要城市的比较分析. 经济地理，31（2）：224-229.

李琬，张玉利，胡望斌. 2010. 创新型城市第四代创新评价指标体系构建与实证研究. 科技管理研究，30（1）：54-57.

李艳双，曾珍香，张闽，等. 1999. 主成分分析法在多指标综合评价方法中的应用. 河北工业大学学报，28（1）：94-97.

李扬，黄金老. 2000. 金融创新、金融自由化与金融全球化. 中国城市金融，（3）：50-52.

李扬，王国刚，刘煜辉. 2005. 中国城市金融生态环境评价. 北京：人民出版社.

李莹华，蔡文春，李具恒. 2012. 欠发达地区创新型城市评价实证分析：基于甘肃省十四个地州市的研究. 三峡大学学报，34（6）：51-55.

刘建军. 2013. 天津滨海新区金融改革创新能力评价研究. 华北金融，（1）：11-17.

刘芮珺. 2004. 论金融创新与制度创新. 济南金融，（7）：57-58.

柳瑞禹，邱丹. 2010. 创新型城市评价指标体系的实证研究：基于相关性分析. 技术经济，29（1）：29-34.

陆磊，王颖. 2005. 金融创新、风险分担与监管：中国转轨时期保险资金运用的系统性风险及其管理. 金融研究，（6）：1-16.

马运全. 2011. 金融创新的制度环境研究. 当代经济管理，33（10）：87-91.

倪鹏飞. 2006. 中国城市竞争力报告 No.4 楼市：城市中国晴雨表. 北京：社会科学文献出版社.

倪芝青，林晔，沈悦林，等. 2011. 城市创新指标指数选择研究：以杭州为例. 科技进步与对策，28（6）：123-126.

潘艳平，潘雄锋. 2010. 我国创新型城市的评价与分析. 经济问题探索，（7）：50-54.

闫凌州，杨冬梅. 2006. 国外创新型城市的建设实践综述//提高全民科学素质、建设创新型国家：2006 年中国科学协会论文集. 北京：中国科学技术协会学会学术部.

生柳荣. 1998. 当代金融创新. 北京：中国发展出版社.

石睿. 2011. 金融创新，金融风险与金融稳定的理论分析. 南方金融，（6）：32-37.

石忆邵，卜海燕. 2008. 创新型城市评价指标体系及其比较分析. 中国科技论坛，（1）：22-26.

宋河发，穆荣平，任中保. 2010. 国家创新型城市评价指标体系研究. 中国科技论坛，（3）：20-25.

孙易祥. 2012. 创新型城市发展的关键要素分析. 长春教育学院学报，（1）：45-47.

王爱俭. 2002. 金融创新与中国虚拟经济发展研究. 金融研究，（7）：69-75.

王仁祥，邓平. 2008. 创新型城市评价指标体系的构建. 工业技术经济，27（1）：69-73.

王瑞文，张嘉. 2011. 创新型城市建设中人才创新资源的聚集. 科学管理研究，29（1）：69-72.

王续琨. 2006. 创新型城市的内涵及其特征//第二届中国科技政策与管理学术研讨会暨科学学与科学计量学国际学术论坛 2006 年论文集. 北京：中国科学学与科技政策研究会.

吴林海. 2008. 创新型城市评价指标体系研究综述与展望. 科技管理研究，28（1）：79-81

吴敏，刘主军. 2009. 创新型城市的评价指标体系构建及实证分析. 科技与经济，22（6）：14-17.

吴献金，苏学文. 2003. 金融创新与金融产业升级指标体系及效用分析. 湖南大学学报（自然科学版），30（3）：108-112.

吴晓波. 2008. 2007~2008 浙江省创新型经济蓝皮书. 杭州：浙江大学出版社.

吴尤可，钟坚. 2011. 基于熵值法的创新型城市评价体系构建研究. 科技管理研究，（18）：13-16.

向东进. 2005. 实用多元统计分析. 北京：中国地质大学出版社.

肖鹏，李兴文，刘国新. 2006. 创新型城市的国内外研究现状与展望. 科技与经济，19（5）：51-54.

谢林林. 2009. 金融发展对高新技术产业成长的作用机理研究. 经济前沿，（1）：15-22.

徐雯斐，王晓鸿. 2009. 我国区域创新体系构建分析. 经济问题探索，（1）：1-5.

薛薇. 2006. 基于 SPSS 的数据分析. 北京：中国人民大学出版社.

杨冬梅. 2006. 创新型城市的理论与实证研究. 天津大学学位论文.

杨冬梅, 赵黎明, 闫凌州. 2006. 创新型城市: 概念模型与发展模式. 科学学与科学技术管理, 27 (8): 97-101.

杨贵庆, 韩倩倩. 2011. 创新型城市特征要素与综合指数研究: 以上海 "杨浦国家创新型试点城区" 为例. 上海城市规划, (3): 72-78.

姚德良, 庄毓敏. 2004. 金融创新的微观经济学理论与实证研究. 财经研究, 30 (9): 47-55.

尹继佐. 2003. 世界城市与创新城市: 西方国家的理论与实践. 上海: 上海社会科学院出版社.

尹继佐, 沈祖炜. 2004. 2004 年上海经济发展蓝皮书: 创新城市. 上海: 上海社会科学院出版社.

尹龙. 2005. 金融创新理论的发展与金融监管体制演进. 金融研究, (3): 7-15.

尤建新, 卢超, 郑海鳌等. 2011. 创新型城市建设模式分析: 以上海和深圳为例. 中国软科学, (7): 82-92.

喻平, 李敏. 2007. 金融创新能力的评价研究. 当代经济管理, 29 (3): 99-102.

张波. 2002. 金融创新理论研究的新进展评析. 南开经济研究, (1): 69-72.

张健. 2008. 黑龙江省区域金融创新能力评价及提升对策. 哈尔滨工程大学学位论文.

张杰, 李宏瑾, 王巍. 2009. 创新型城市的金融支持体系与金融创新能力研究. 北京: 中国人民大学出版社.

张仁寿, 魏伟新. 2008. 创新型城市综合评价指标体系的构建. 广东科技, (7): 48-52.

张希胜. 2007. 大学推动创新型城市发展研究. 同济大学学位论文.

张献英. 2008. 创新型城市建设的研究. 西北大学学位论文.

张忠军. 2007. 创新型城市的金融制度支持. 中共中央党校学报, (1): 49-54.

周纳. 2010. 创新型城市建设评价体系与评价方法探讨. 统计与决策, (9): 21-23.

周天勇. 2008. 中国城市创新报告. 北京: 红旗出版社.

周小川. 2004-12-07. 完善法律制度, 改进金融生态. 金融时报.

朱尔茜. 2013. 基于因子分析的中国区域金融创新能力评价. 武汉大学学报(哲学社会科学版), 66 (3): 85-89.

朱孔来, 张莹, 王艳芳. 2012. 创新型城市评价指标体系、评价方法的实证研究: 以山东省 17 市为例. 青海社会科学, (4): 22-26.

朱凌, 陈劲, 王飞绒. 2008. 创新型城市发展状况评测体系研究. 科学学研究, 26 (1): 215-222.

邹燕. 2012. 创新型城市评价指标体系与国内重点城市创新能力结构研究. 管理评论, 24 (6): 50-57.

Aghion P, Bloom N, Blundell R, et al. 2005. Competition and innovation: an inverted-U relationship. The Quarterly Journal of Economics, 120 (2): 701-728.

Allen I F, Gale D. 1994. Financial Innovation and Risk Sharing. Cambridge MA, USA: MIT Press.

Angel de La, Marin J M. 1996. Innovation, bank monitoring and endogenous financial development. Journal of Monetary Economics, 38 (2): 269-301.

Arrow K J. 1962. Economic welfare and the allocation of resources for invention//The Rate and Direction of Inventive Activity: Economic and Social Factors. Princeton: Princeton University Press: 609-626.

Bagehot W. 1873. Lombard Street: A Description of the Money Market. London: Henry S. King.

Charles L. 2000. The Creative City: A Toolkit for Urban Innovators. London: Comedia and Earthscan Publications.

Davies S. 1979. The Diffusion of Process Innovations. Cambridge: Cambridge University Press.

Davis L, North D C, Smorodin C. 1971. Institutional Change and American Economic Growth. Cambridge and New York: Cambridge University Press.

Finnerty J D. 1992. An overview of corporate securities innovation. Journal of Applied Corporate Finance, (4): 23-39.

Fisman R, Love I. 2004. Financial development and growth in the short and long run. National Bureau of Economic Research.

Florida R. 2003. Cities and the creative class. City & Community, 2 (1): 3,19.

Greenbaum S I, Haywood C F. 1971. Secular change in the financial services industry. Journal of Money Credit & Banking, 3 (2): 571-589.

Gurley J G, Shaw E S. 1955. Financial aspects of economic development. The American Economic Review, 45 (4): 515-538.

Hannan T H, McDowell J M. 1984. Market concentration and the diffusion of new technology in the banking industry. The Review of Economics and Statistics, 66 (4): 686-691.

Hicks J. 1969. A Theory of Economic History. Oxford: Clarendon Press.

Hicks J, Hicks J R. 1985. Methods of Dynamic Economics. USA: Oxford University Press.

Hollis Burnley C, Sherman R, Moises S. 1986. Industrialization and Growth: A Comparative Study. United Kingdom: Oxford University Press.

Hotelling H. 1933. Analysis of a complex of statistical variables into principal components. Journal of educational psychology, 24 (6): 417-441.

James S. 2001.Innovative City. London and New York: Spon Press.

Joint V. 2009. The Index of Silicon Valley. San Francisco: Joint Venture Silicon Valley Network.

Kane E J. 1988. Interaction of financial and regulatory innovation. The American Economic Review, 78 (2): 328-334.

Manfred F, Javier Revilla D, Folke S. 2001. Metropolitan Innovation System: Theory and Evidence from Three Metropolitan Regions in Europe. Berlin and Heidelberg: Springer-Verlag.

Mass T. 2002. Index of the Massachusetts Innovation Economy. Westborough: The Massachusetts Technology Collaborative.

Merton R C. 1995. Financial innovation and the management and regulation of financial institutions. Journal of Banking & Finance, 19 (3-4): 461-481.

Merton R C, Bodie Z. 1993. Deposit insurance reform: a functional approach. Carnegie-rochester Conference Series on Public Policy, 38 (1): 1-34.

Michael P. 1990. The Competitive Advantage of Nations. California: Free Press.

Michael P, Scott S. 1999. The New Challenge to America's Prosperity: Findings from the Innovation Index. Washington: Council on Competitiveness.

Molyneux P, Shamroukh N. 1996. Diffusion of financial innovations: the case of junk bonds and note issuance facilities. Journal of Money Credit and Banking，28（3）：502-522.

Niehans J. 1971. Money and barter in general equilibrium with transactions costs. The American Economic Review，61（5）：773-783.

Niehans J. 1983. Financial innovation，multinational banking，and monetary policy. Journal of Banking & Finance，7（4）：537-551.

Pearson K. 1901. On lines and planes of closest fit to systems of points in space. Philosophical Magazine，（2）：559-572.

Peter H. 1998. Cities in civilization: Culture, Innovation and Urban Order. London: Phoenix Giant.

Rajan R G, Zingales L. 1996. Financial dependence and growth. Social Science Electronic Publishing，88（3）：559-586.

Robert H, Hiro I, Davies W. 2005. World Knowledge Competitiveness Index 2005. United Kingdom: Robert Huggins Associates.

Rogers E.1983. The Diffusion of Innovation. New York:Free Press.

Satty T. 1986. Axiomatic foundation of the analytic hierarchy process. Management Science，32（7）：841-855.

Schumpeter J A. 1912. The Theory of Economic Development. Cambridge: Harvard University Press.

Schumpeter J A. 1947. The creative response in economic history. The Journal of Economic History，7（2）：149-159.

Silber W L. 1983. The process of financial innovation. The American Economic Review，73（2）：89-95.

Simon K. 1966. Modern Economic Growth: Rate, Structure and Spread. New Haven: Yale University Press.

Tufano P. 2003. Financial innovation. Handbook of the Economics of Finance，1（3）：307-335.

Walt R. 1960. The Process of Economic Growth. United Kingdom: Clarendon Press.

Walt R. 1971. Politics and the Stages of Growth. United Kingdom: Cambridge University Press.

Wong P K, Ho Y P, Singh A. 2005. Singapore as an innovative city in East Asia: An explorative study of the perspectives of innovative industries. Social Science Electronic Publishing.

附　录　1

附表 1.1　北京各指标值

指标	高校数量	规模以上工业企业办科技机构	高新技术企业数	每万名劳动力中R&D人员数	R&D经费占GDP比例	每万名劳动力中科技活动人员数	科技经费投入占GDP比例	每万人高校在校生数	本市国民生产总值	人均GDP	居民家庭教育文化娱乐服务支出	每百人公共图书馆藏书	基本养老保险覆盖人口比率
BJ2001	61	398	489	68.876	0.046 2	173.976	0.138 6	246.048	3 708	26 980	1 429	226.544	0.307 954
BJ2002	62	263	547	80.747	0.050 9	180.808	0.152 7	280.054	4 315	30 730	1 810	228.232	0.306 492
BJ2003	74	72	625	75.775	0.051 2	186.021	0.153 6	315.091	5 007.2	34 777	1 964	230.376	0.307 951
BJ2004	77	134	1 125	101.917	0.052 5	201.783	0.157 5	335.128	6 033.2	40 916	2 116	231.165	0.308 166
BJ2005	79	98	1 101	115.582	0.054 5	249.124	0.163 5	348.975	6 969.5	45 993	2 187	235.78	0.338 101
BJ2006	82	125	1 107	106.815	0.053 3	242.097	0.159 9	350.855	8 117.8	51 722	2 515	238.836	0.382 1
BJ2007	83	174	1 163	125.333	0.053 5	275.769	0.160 5	347.75	9 846.8	60 096	2 384	241.274	0.411 329
BJ2008	82	266	934	112.976	0.055 8	254.177	0.167 4	325.036	11 115	64 491	2 383	231.508	0.428 063
BJ2009	88	375	1 859	103.107	0.055	284.938	0.165	310.298	12 153	66 940	2 655	234.839	0.445
BJ2010	89	441	2 844	98.74	0.058 2	270.05	0.174 6	294.525	14 113.6	73 856	2 902	235.129	0.500 79
BJ2011	89	520	3 371	107.627	0.057 6	300.198	0.172 8	286.651	16 251.9	81 658	3 307	250.124	0.539 681

续表

指标	医疗保险覆盖人口比率	失业保险覆盖人口比率	地方财政教育经费	地方财政科技拨款	财政科技拨款占财政支出的比例	每100名居民互联网用户数	每100户居民个人计算机拥有量	每百万人拥有专利授权量	高新技术产业产值	高新技术产业产值占GDP比例	工业新产品产值率	高技术产品出口占出口总额的比例	万元GDP综合耗能（吨标/万元）
BJ2001	0.151 988	0.207 664	72.26	12.14	0.021 713	33.499	57	451.627	1 148.62	0.309 768	0.119 802	0.223 729	1.14
BJ2002	0.248 595	0.210 441	85.82	15.05	0.023 954	35.978	72	445.826	1 321.717	0.306 308	0.130 884	0.249 07	1.03
BJ2003	0.299 437	0.210 519	98.82	63.74	0.078 75	38.64	90	566.328	1 520.9	0.303 743	0.142 99	0.234 792	0.93
BJ2004	0.324 245	0.206 338	121.39	78.55	0.080 633	41.499	106	603.269	1 750.1	0.290 078	0.156 217	0.282 426	0.85
BJ2005	0.373 732	0.256 567	145.87	96.09	0.084 49	44.57	125	656.697	2 313.84	0.331 995	0.126 697	0.314 568	0.79
BJ2006	0.429 791	0.304 997	209.21	70.14	0.049 689	47.868	137	710.816	2 817.326	0.347 055	0.149 698	0.365 95	0.73
BJ2007	0.479 486	0.327 802	263	90.74	0.043 885	51.411	138	915.738	3 866.547	0.392 67	0.251 73	0.367 44	0.64
BJ2008	0.491 813	0.346 866	316.3	112.19	0.046 728	55.215	138	1 002.089	4 568.395	0.411 012	0.237 304	0.331 547	0.57
BJ2009	0.504 516	0.363 28	365.67	126.31	0.044 777	59.301	155	1 232.312	5 230.803	0.430 412	0.241 651	0.362 209	0.54
BJ2010	0.542 179	0.394 617	450.22	178.92	0.044 015	62.083	168	1 708.089	5 862.894	0.415 407	0.248 29	0.349 362	0.49
BJ2011	0.588 527	0.436 441	520.08	183.07	0.040 016	68.315	167	2 025.562	6 675.173	0.410 732	0.244 482	0.307 087	0.43

附表 1.2　上海各指标值

指标	高校数量	规模以上工业企业办科技机构	高新技术企业数	每万名劳动力中R&D人员数	R&D经费占GDP比例	每万名劳动力中科技活动人员数	科技经费投入占GDP比例	每万人高校在校生数	本市国民生产总值	人均GDP	居民家庭教育文化娱乐服务支出	每百人公共图书馆藏书	基本养老保险覆盖人口比率
SH2001	45	171	1 602	83.669	0.016 9	147.894	0.045 513	168	5 210.12	31 799	1 422	339.741	0.409715
SH2002	50	193	1 753	81.489	0.017 8	146.663	0.047 54	194	5 741.03	33 958	1 668	339.562	0.408513
SH2003	57	219	1 916	77.69	0.019 3	139.886	0.045 484	214	6 694.23	38 486	1 834	333.767	0.405263
SH2004	59	234	2 161	77.58	0.021 1	139.666	0.045 206	227	8 072.83	44 839	2 195	318.927	0.392522
SH2005	60	313	2 303	81.172	0.023 1	146.131	0.045 759	234	9 247.66	49 648	2 273	320.031	0.388571
SH2006	60	355	2 542	79.718	0.024 5	143.497	0.042 102	237	10 572.24	54 858	2 432	308.661	0.393262
SH2007	60	513	2 743	86.165	0.024 6	155.09	0.043 377	235	12 494.01	62 040	2 654	303.063	0.384681
SH2008	61	718	1 812	84.098	0.025 8	151.409	0.043 465	235	14 069.87	66 932	2 875	298.7	0.382912
SH2009	66	1 397	2 525	111.02	0.028 1	215.384	0.047 34	232	15 046.45	69 165	3 139	298.307	0.382626
SH2010	66	1 085	3 154	108.25	0.028 1	204.059	0.048 18	224	17 165.98	76 074	3 363	295.69	0.388633
SH2011	66	884	3 455	118.867	0.031	224.513	0.052 394	218	19 195.69	82 560	3 746	293.645	0.549905

指标	医疗保险覆盖人口比率	失业保险覆盖人口比率	地方财政教育经费	地方财政科技拨款	财政科技拨款占财政支出的比例	每100名居民互联网用户数	每100户居民人均计算机拥有量	每百万人拥有专利授权量	高新技术产业产值	高新技术产业产值占GDP比例	工业新产品产值率	高技术产品出口占出口总额的比例	万元GDP综合能耗（吨标/万元）
SH2001	0.408 073	0.258 168	113.03	12.39	0.017	18.581	33.572	321.939	1 671.43	0.320 805	0.134 32	0.195 888	1.131
SH2002	0.405 629	0.254 535	127.73	15.25	0.017	24.519	41.949	390.725	1 980.08	0.344 9	0.138 688	0.233 38	1.089
SH2003	0.403 796	0.249 819	138.11	19.84	0.018	24.442	50.23	944.083	2 980.64	0.445 255	0.141 52	0.337 465	1.015
SH2004	0.390 969	0.266 117	155.35	39.32	0.028	34.496	61.083	579.025	3 947.78	0.489 021	0.121 615	0.392 655	0.917
SH2005	0.387 185	0.246 559	182.94	79.34	0.048	42.481	73.49	666.734	4 826.67	0.521 934	0.158 097	0.399 517	0.889
SH2006	0.380 651	0.242 558	235.17	94.89	0.052	48.724	83.474	845.268	4 460.97	0.421 951	0.166 539	0.389 89	0.84
SH2007	0.371 263	0.238 198	283.33	105.77	0.048 5	52.336	95.948	1 186.336	5 606.63	0.448 745	0.152 587	0.403 618	0.774
SH2008	0.369 575	0.239 1	326.06	115.66	0.044 2	54.189	101.25	1 143.017	6 041.98	0.429 427	0.147 947	0.421 069	0.725
SH2009	0.430 353	0.236 861	346.95	127.96	0.042 8	56.554	114.927	1 579.574	5 560.65	0.369 566	0.163 482	0.448 271	0.689
SH2010	0.434 167	0.241 547	417.28	139.14	0.042 1	67.748	121.341	2 093.883	6 958.01	0.405 337	0.152 627	0.465 257	0.653
SH2011	0.571 707	0.257 393	549.24	144.76	0.037	72.035	128.584	2 043.059	7 060.47	0.367 815	0.164 2	0.445 033	0.587

附表 1.3 广州各指标值

指标	高校数量	规模以上工业企业办科技机构	高新技术企业数	每万名劳动力中R&D人员数	R&D经费占GDP比例	科技经费投入占GDP比例	每万名劳动力中科技活动人员数	每万人高校在校生数	本市国民生产总值	人均GDP	居民家庭教育文化娱乐服务支出	每百人公共图书馆藏书	基本养老保险覆盖人口比率
GZ2001	37	160	411	61.351	0.013 2	0.037 2	123.096	343.44	2 841.651	28 537	1 161	68.288	0.158 22
GZ2002	39	161	442	63.092	0.014	0.038 3	143.923	414.97	3 203.962	32 339	1 377	78.628	0.162 047
GZ2003	44	158	842	66.77	0.014 6	0.04	133.141	516.75	3 758.617	38 398	1 709	88.266	0.176 416
GZ2004	52	152	934	65.254	0.015 3	0.036	119.403	623.14	4 450.55	45 906	2 038	99.949	0.192 64
GZ2005	59	147	928	68.98	0.016 5	0.036 9	142.111	738.58	5 154.228	53 809	2 165	125.695	0.213 98
GZ2006	60	162	962	72.616	0.017 4	0.038 7	169.243	814.28	6 081.861	62 495	2 349	141.393	0.220 947
GZ2007	63	229	1 135	74.002	0.019 7	0.042 1	252.679	888.35	7 140.322	69 673	3 012	143.34	0.224 271
GZ2008	63	235	1 381	78.43	0.021 3	0.045 3	236.59	938.77	8 287.382	76 440	3 245	144.996	0.234 393
GZ2009	74	358	1 291	95.612	0.024 2	0.047 9	207.559	1 001.75	9 138.214	79 383	3 805	146.983	0.360 803
GZ2010	77	344	1 411	102.857	0.026 7	0.049 2	198.182	1 046.88	10 748.283	87 458	4 253	146.058	0.394 232
GZ2011	77	369	1 218	108.165	0.028 3	0.051 2	212.582	1 100.1	12 423.439	97 588	4 692	150.033	0.411 266

指标	医疗保险覆盖人口比率	失业保险覆盖人口比率	地方财政教育经费	地方财政科技拨款	财政科技拨款占财政支出的比例	每100名居民互联网用户数	每100户居民个人计算机拥有量	每百万人拥有专利授权量	高新技术产业产值	高新技术产业产值占GDP比例	工业新产品产值率	高技术产品出口占出口总额的比例	万元GDP综合能耗（吨标/万元）
GZ2001	0.041 63	0.183 792	30.55	8.6	0.027291	12.146	58.343	472	619.827	0.218 122	0.118 204	0.148 6	0.84
GZ2002	0.109 66	0.187 752	35.58	9.83	0.028077	27.425	64.524	510	821.714	0.256 468	0.135 105	0.223 7	0.81
GZ2003	0.161 553	0.206 637	37.71	9.17	0.023176	32.155	87.075	694	1 121.798	0.298 46	0.149 062	0.181 2	0.8
GZ2004	0.196 447	0.228 16	45.21	10.17	0.022745	25.626	103.338	757	1 486.055	0.333 904	0.160 819	0.204 3	0.78
GZ2005	0.217 757	0.244 359	47.37	11.52	0.024181	23.807	84.651	769	1 867.867	0.362 395	0.139 622	0.340 9	0.78
GZ2006	0.315 739	0.248 487	52.39	12.9	0.023056	24.034	87.907	849	2 284.831	0.375 68	0.130 846	0.303 6	0.75
GZ2007	0.324 504	0.250 245	80.77	21.16	0.024892	18.979	93.478	1 111	3 075.328	0.430 699	0.140 993	0.296	0.71
GZ2008	0.338 172	0.236 55	95.95	26.22	0.026275	21.714	107.775	1 038	3 762.808	0.454 041	0.130 49	0.299	0.68
GZ2009	0.528 193	0.271 122	110.32	32.36	0.030545	24.34	117.314	1 406	4 211.677	0.460 886	0.141 167	0.444 7	0.65
GZ2010	0.551 382	0.273 402	112.63	31.94	0.021476	34.411	119.447	1 885	5 474.268	0.509 316	0.147 011	0.486	0.62
GZ2011	0.562 897	0.282 937	175.33	42.69	0.02868	39.119	125.59	2 338	6 462.238	0.520 165	0.153 392	0.591 4	0.53

附表 1.4　深圳各指标值

指标	高校数量	规模以上工业企业办科技机构	高新技术企业数	每万名劳动力中R&D人员数	R&D经费占GDP比例	科技经费投入占GDP比例	每万名劳动力中科技活动人员数	每万人高校在校生数	本市国民生产总值	人均GDP	居民家庭教育文化娱乐服务支出	每百人公共图书馆藏书	基本养老保险覆盖人口比率
SZ2001	3	220	682	27.76	0.019826	0.023767	27.851	25.61	2482.487	34822	2423	33.841	0.210078
SZ2002	9	208	751	21.541	0.016032	0.016907	32.9	35.866	2969.518	40369	2902	39.471	0.239552
SZ2003	9	176	827	27.981	0.017452	0.018917	42.152	41.253	3585.724	47029	2956	44.393	0.270026
SZ2004	9	220	910	36.348	0.018998	0.021165	54.005	51.512	4282.143	54236	2939	48.102	0.308354
SZ2005	9	268	1002	47.216	0.02068	0.02368	69.191	54.744	4950.908	60801	2355	60.236	0.35052
SZ2006	9	309	1973	95.462	0.022673	0.025358	116.057	58.799	5813.562	68441	2264	123.924	0.391365
SZ2007	8	458	2046	101.316	0.023003	0.026992	127.25	64.568	6801.571	76273	2411	134.288	0.439053
SZ2008	8	629	895	119.666	0.025323	0.031299	170.162	68.776	7786.792	83431	2464	146.225	0.49323
SZ2009	8	1096	1536	114.302	0.029299	0.037762	162.77	67.288	8201.318	84167	2662	201.606	0.514668
SZ2010	8	1113	2262	145.995	0.031466	0.041268	217.893	64.909	9581.51	94296	2653	221.365	0.666554
SZ2011	8	1203	2737	189.647	0.034252	0.046172	170.07	72.428	11140.422	105419	2694	278.699	0.718154

指标	医疗保险覆盖人口比率	失业保险覆盖人口比率	地方财政教育经费	地方财政科技拨款	财政科技拨款占财政支出的比例	每100名居民个人计算机拥有量	每100户居民互联网用户数	每百万人拥有专利授权量	高新技术产业产值	高新技术产业产值占GDP比例	工业新产品产值率	高技术产品出口占出口总额的比例	万元GDP综合能耗/（吨标）万元
SZ2001	0.6216	0.115947	27.36	1.32	0.000507	14.651	71	483.873	745.63	0.300355	0.085115	0.303355	0.664
SZ2002	0.658439	0.127825	32.18	1.41	0.004509	25.175	75	600.841	954.48	0.321426	0.058561	0.33699	0.646
SZ2003	0.68946	0.139304	38.95	1.53	0.004253	30.007	74.5	634.356	1386.64	0.386711	0.073435	0.399336	0.628
SZ2004	0.731373	0.153798	42	1.38	0.003561	29.711	93.5	966.159	1853.09	0.432748	0.092088	0.450336	0.61
SZ2005	0.772302	0.169026	50.98	1.68	0.002745	9.136	70.7	1085.231	2824.17	0.570435	0.115478	0.463879	0.593
SZ2006	0.801018	0.182458	62.07	2.09	0.003568	15.956	72.7	1319.481	3653.29	0.628408	0.087422	0.450798	0.576
SZ2007	0.834763	0.197896	90.56	50.03	0.053977	20.75	75.3	1704.572	4454.39	0.654906	0.119312	0.430552	0.56
SZ2008	0.871128	0.214937	103.09	54.68	0.051878	21.535	90.4	1970.596	5148.17	0.661141	0.204405	0.441644	0.544
SZ2009	0.895951	0.220068	136.63	79.16	0.068591	24.882	102.9	2602.386	5062.1	0.61723	0.167343	0.524892	0.529
SZ2010	0.8988	0.249344	152.5	116.66	0.077835	25.212	112.1	3369.745	6115.89	0.638301	0.270855	0.532495	0.513
SZ2011	0.910456	0.286728	185.28	148.51	0.097138	29.296	123.983	4202.073	7208.54	0.647062	0.339652	0.568704	0.499

附表 1.5　杭州各指标值

指标	高校数量	规模以上工业企业办科技机构	高新技术企业数	每万名劳动力中R&D人员数	R&D经费占GDP比例	每万名劳动力中科技活动人员数	科技经费投入占GDP比例	每万人高校在校生数	本市国民生产总值	人均GDP	居民家庭教育文化娱乐服务支出	每百人公共图书馆藏书	基本养老保险覆盖人口比率
HZ2001	33	140	310	48.31	0.009 016	73.556	0.016 371	246.785	1 568.01	22 125	697	52.178	0.203 305
HZ2002	34	183	363	48.344	0.010 578	77.101	0.019 207	310.488	1 781.83	24 693	809	54.886	0.227 785
HZ2003	35	194	539	56.992	0.011 185	85.347	0.020 309	367.367	2 099.77	28 591	932	620.39	0.259 868
HZ2004	36	278	624	55.614	0.012 064	73.458	0.021 904	417.32	2 543.18	33 843	1 055	69.172	0.278 604
HZ2005	36	350	837	48.522	0.014 85	70.999	0.025 987	456.266	2 942.65	38 152	1 211	82.197	0.295 06
HZ2006	36	401	851	55.002	0.016 627	73.203	0.029 24	473.224	3 443.5	43 622	1 289	96.968	0.320 927
HZ2007	36	632	1 012	59.453	0.017 129	85.402	0.030 212	486.704	4 104.01	50 855	1 178	99.806	0.347 571
HZ2008	36	816	778	63.027	0.022 398	95.539	0.039 777	499.34	4 788.97	58 388	1 224	114.473	0.387 844
HZ2009	36	1 218	1 106	70.156	0.025 089	112.792	0.045 12	515.688	5 087.55	61 046	1 370	116.355	0.410 655
HZ2010	37	1 043	1 361	75.194	0.028 049	141.868	0.051 548	499.473	5 949.17	68 339	1 418	122.338	0.441 071
HZ2011	38	926	1 550	82.328	0.028 829	175.238	0.050 567	511.239	7 019.06	80 328	1 615	123.098	0.489 952

指标	医疗保险覆盖人口比率	失业保险覆盖人口比率	地方财政教育经费	地方财政科技拨款	财政科技拨款占财政支出的比例	每100名互联网用户数	每100户居民个人计算机拥有量	每百万人拥有专利授权量	高新技术产业产值	高新技术产业产值占GDP比例	工业新产品产值率	高技术产品出口占出口总额的比例	万元GDP综合能耗（吨标）/万元）
HZ2001	0.175 211	0.134 784	22.07	2.44	0.023 298	2.579	10.29	191.372	249.221	0.158 941	0.085 163	0.198 517	1.27
HZ2002	0.193 667	0.134 326	27.05	3.26	0.023 113	5.08	12.678	240.417	346.482	0.194 453	0.073 545	0.204 221	1.14
HZ2003	0.211 952	0.134 407	32.6	4.06	0.024 826	8.958	16.289	338.685	391.689	0.186 539	0.051 169	0.218 074	1.09
HZ2004	0.229 354	0.140 699	40.18	5.31	0.027 12	12.449	21.333	469.402	564.065	0.221 795	0.044 937	0.287 842	0.98
HZ2005	0.243 368	0.153 455	48.03	7.56	0.031 705	14.342	28.739	577.182	804	0.273 223	0.049 852	0.394 516	0.92
HZ2006	0.264 125	0.184 659	57.94	9.9	0.035 939	15.934	29.236	830.995	1 164.189	0.338 083	0.086 319	0.559 135	0.87
HZ2007	0.294 597	0.210 768	62.75	12.16	0.036 209	18.286	32.937	1 124.861	1 474.312	0.359 237	0.092 744	0.506 708	0.79
HZ2008	0.334 784	0.246 781	74.25	18.55	0.044 198	19.955	33.96	1 450.77	1 744.023	0.364 175	0.128 463	0.268 876	0.75
HZ2009	0.357 943	0.258 795	86.28	22.07	0.045 009	21.398	36.949	2 269.162	1 661.248	0.326 532	0.149 569	0.264 901	0.7
HZ2010	0.396 581	0.280 263	105.88	28.86	0.046 8	25.089	41.544	3 843.017	1 878.992	0.315 841	0.176 147	0.249 625	0.68
HZ2011	0.442 126	0.317 613	132.05	35.07	0.046 911	28.746	47.208	4 204.194	2 400.392	0.341 982	0.218 132	0.247 128	0.58

附表 1.6 宁波各指标值

指标	高校数量	规模以上工业企业办科技机构	每万名劳动力中R&D人员数	R&D经费占GDP比例	每万名劳动中科技活动人员数	每万人高校在校生数	本市国民生产总值	人均GDP	居民家庭教育文化娱乐服务支出	每百人公共图书馆藏书	基本养老保险覆盖人口比率
NB2001	11	294	14.031	0.003 851	38.804	79.92	1 278.75	23 587	1 408	34.067	0.165 734
NB2002	11	228	15.321	0.004 273	41.164	106.536	1 453.34	26 678	1 544	33.145	0.178 538
NB2003	12	145	18.186	0.004 987	42.849	127.031	1 749.27	31 943	1 498	32.513	0.204 124
NB2004	14	184	21.036	0.006 236	48.681	146.8	2 109.45	38 292	1 769	36.394	0.261 197
NB2005	13	201	24.951	0.008 848	67.149	167.319	2 447.32	36 824	1 874	39.738	0.297 407
NB2006	13	235	38.205	0.016 103	78.171	178.5	2 874.42	42 299	2 080	44.544	0.323 827
NB2007	15	331	48.662	0.012 811	90.18	183.426	3 418.57	49 142	2 304	48.271	0.358 14
NB2008	13	486	60.179	0.016 774	115.751	183.766	3 946.52	55 616	2 404	85.95	0.495 519
NB2009	15	736	67.595	0.021 078	128.651	190.562	4 329.3	60 000	2 759	87.728	0.554 321
NB2010	14	681	71.779	0.016 683	125.821	189.174	5 163	69 368	2 962	98.617	0.591 544
NB2011	14	587	86.542	0.018 568	136.633	185.521	6 059.24	79 524	3 098	96.162	0.644 48

指标	医疗保险覆盖人口比率	失业保险覆盖人口比率	地方财政教育经费	地方财政科技拨款	财政科技拨款占财政支出的比例	每100名居民互联网用户数	每100户居民个人计算机拥有量	每百万人拥有专利授权量	高新技术产业产值	高新技术产业产值占GDP比例	工业新产品产值率	高技术产品出口占出口总额的比例	万元GDP综合能耗（吨标/万元）
NB2001	0.111 631	0.124 3	15.42	2.32	0.019 011	1.716	11.219	395.551	420.26	0.328 649	0.109 6	0.084 538	0.511
NB2002	0.124 585	0.119 575	18.46	3.1	0.020 618	1.789	18.962	476.926	520.97	0.358 464	0.108 9	0.092 315	0.51
NB2003	0.133 947	0.112 452	21.78	3.87	0.020 666	13.286	22.837	542.784	802.96	0.459 026	0.106 8	0.109 811	0.495
NB2004	0.144 572	0.113 91	26.17	4.81	0.021 629	15.905	29.222	544.231	1 135.83	0.538 448	0.107 1	0.120 478	0.558
NB2005	0.159 555	0.114 02	31.27	6.47	0.019 817	25.659	34.499	599.609	1 225.8	0.500 874	0.123 5	0.154 438	0.686
NB2006	0.187 044	0.118 448	36.99	8.53	0.021 865	13.364	41.438	891.178	1 268.24	0.441 216	0.123 8	0.167 78	0.644
NB2007	0.218 141	0.137 655	59.06	15.25	0.026 789	24.982	25.714	1 271.473	1 615.87	0.472 674	0.138 3	0.179 152	0.653
NB2008	0.315 037	0.227 48	67.14	15.51	0.019 788	14.483	52.97	1 392.616	1 872.91	0.474 573	0.141 1	0.220 441	0.603
NB2009	0.349 026	0.240 053	77.11	16.97	0.015 872	18.848	57.905	2 193.057	2 117.94	0.489 211	0.154 3	0.184 97	0.566
NB2010	0.377 917	0.250 238	89.27	22.15	0.015 25	23.109	64.684	3 489.366	2 559.82	0.495 801	0.171 2	0.173 741	0.556
NB2011	0.400 266	0.263 297	117.67	28.15	0.017 631	24.936	66.414	4 900.911	3 076.9	0.507 803	0.189 4	0.201 884	0.537

附表 1.7　南京各指标值

指标	规模以上工业企业办科技机构	高新技术企业数	每万名劳动力中R&D人员数	R&D经费占GDP比例	每万名劳动力中科技活动人员数	科技经费投入GDP比例	每万人高校在校生数	本市国民生产总值	人均GDP	居民家庭教育文化娱乐服务支出	每百人公共图书馆藏书	基本养老保险覆盖人口比率
NJ2001	174	239	23.183	0.004 824	58.124	0.016 872	27.8	1 150.3	20 597	992	185.592	0.166 575
NJ2002	161	301	27.816	0.007 015	63.46	0.022 45	34.78	1 297.57	22 858	967	186.177	0.175 188
NJ2003	147	378	29.104	0.006 818	63.19	0.023 525	42.94	1 576.33	27 307	1 126	191.881	0.184 247
NJ2004	187	475	46.215	0.009 788	102.02	0.029 17	49.15	2 067.18	35 769	1 198	191.69	0.193 774
NJ2005	174	638	60.337	0.012 693	115.925	0.026 585	56.11	2 411.11	40 887	1 745	193.035	0.203 794
NJ2006	175	648	62.377	0.014 379	109.018	0.027 797	62.08	2 773.78	46 113	2 158	195.445	0.214 332
NJ2007	189	408	53.99	0.013 547	93.65	0.025 625	67.79	3 340.05	54 558	2 528	163.861	0.225 415
NJ2008	192	833	56.526	0.013 152	94.248	0.026 232	72.5	3 814.62	61 445	2 557	165.057	0.236 653
NJ2009	398	1047	89.002	0.015 107	182.928	0.028 184	77.34	4 230.26	67 455	2 590	168.272	0.234 912
NJ2010	404	839	92.583	0.014 979	183.75	0.030 281	79.34	5 012.64	79 427	3 263	167.255	0.261 377
NJ2011	432	1 055	93.75	0.017 211	186.066	0.032 535	80.34	6 140	75 802	3 753	165.609	0.274 892

指标	高校数量	医疗保险覆盖人口比率	失业保险覆盖人口比率	地方财政教育经费	地方财政科技拨款	财政科技拨款占财政支出的比例	每100名居民互联网用户数	每100户居民个人计算机拥有量	每百万人拥有专利授权量	高新技术产业产值	高新技术产业产值占GDP比例	工业新产品产值率	高技术产品出口占出口总额的比例	万元GDP综合耗能（吨标煤/万元）
NJ2001	31	0.145 003	0.132 269	10	2.05	0.017 462	33.923	28.621	154.495	479.141	0.362 647	0.108 922	0.315 508	1.722
NJ2002	35	0.159 736	0.141 871	13.01	2.04	0.012 635	36.243	32.8	193.119	599.405	0.390 789	0.166 184	0.312 056	1.632
NJ2003	39	0.175 966	0.152 169	16.93	2.11	0.010 025	43.231	39.91	241.398	749.856	0.421 114	0.197 344	0.308 642	1.548
NJ2004	38	0.193 845	0.163 216	21.1	1.31	0.005 058	35.166	45.2	301.748	938.07	0.453 792	0.206 258	0.305 265	1.467
NJ2005	38	0.213 541	0.175 064	24.4	1.67	0.005 294	31.672	68.25	363.545	1 237.02	0.513 05	0.153 384	0.387 399	1.391
NJ2006	41	0.235 238	0.187 772	37.06	5.33	0.020 308	33.338	74.38	468.85	1 938.13	0.698 732	0.141 933	0.351 54	1.319
NJ2007	52	0.259 139	0.201 403	45.52	6.62	0.019 304	34.577	84.75	509.645	2 393.54	0.716 618	0.148 206	0.362 658	1.25
NJ2008	41	0.302 415	0.225 066	58.07	9.48	0.023 426	42.33	78.5	634.611	2 563.44	0.672 004	0.107 88	0.299 121	1.18
NJ2009	53	0.326 432	0.235 962	64.07	13.79	0.029 896	55.27	88.9	854.52	2 444.76	0.577 922	0.127 313	0.231 476	1.12
NJ2010	53	0.345 497	0.248 202	76.5	16.51	0.030 451	56.418	91	1 142.664	3 331.22	0.664 564	0.127 182	0.261 012	1.065
NJ2011	53	0.380 601	0.266 219	95.33	22.83	0.038 446	60.277	104.286	1 428.331	4 170.687	0.716 134	0.132 523	0.258 156	1.01

附表 1.8 厦门各指标值

指标	高校数量	规模以上工业企业办科技机构数	高新技术企业数	每万名劳动力中R&D人员数	每万名劳动力中科技活动人员数	R&D经费占GDP比例	科技经费投入占GDP比例	每万人高校在校生数	本市国民生产总值	人均GDP	居民家庭教育文化娱乐服务支出	每百人公共图书馆藏书	基本养老保险覆盖人口比率
XM2001	4	54	165	20.708	37.196	0.009 321	0.020 124	127.836	558.327	26 336	736	64.521	0.492 594
XM2002	4	50	189	96.056	35.815	0.008 433	0.020 345	140.181	648.357	28 752	1 039	63.491	0.519 659
XM2003	6	40	211	13.045	34.616	0.011 712	0.025 716	195.159	759.693	31 853	1 065	64.082	0.559 98
XM2004	10	52	232	17.671	39.849	0.013 579	0.026 766	236.783	887.715	35 297	1 144	57.988	0.355 504
XM2005	12	58	251	23.821	47.11	0.014 283	0.033 909	236.59	1 006.583	37 913	1 417	70.513	0.376 134
XM2006	13	76	261	28.878	60.24	0.015 755	0.039 2	277.733	1 173.798	41 847	1 693	79.826	0.395 651
XM2007	15	102	360	42.609	104.352	0.016 895	0.045 576	309.984	1 402.585	47 385	1 975	81.217	0.408 917
XM2008	15	144	224	45.163	107.46	0.016 497	0.043 528	334.107	1 610.71	51 134	1 751	90.307	0.433 47
XM2009	17	169	424	60.734	151.464	0.019 66	0.045 742	361.448	1 737.235	52 964	1 778	90.545	0.448 837
XM2010	17	197	524	79.48	162.087	0.024 746	0.047 129	360.871	2 060.074	60 060	2 081	94.073	0.541 02
XM2011	17	198	663	97.028	178.139	0.027 116	0.048 94	375.961	2 539.313	70 832	1 893	127.596	0.621 929

指标	医疗保险覆盖人口比率	失业保险覆盖人口比率	地方财政教育经费	地方财政科技拨款	财政科技拨款占财政支出的比例	每100户居民个人计算机拥有量	每100名居民互联网用户数	每百万人拥有专利授权量	高新技术产业产值	高新技术产业产值占GDP比例	工业新产品产值率	高技术产品出口占出口总额的比例	万元GDP综合能耗（吨标/万元）
XM2001	0.209 498	0.166 438	9.49	0.39	0.005 19	40.18	9.132	689.041	119.23	0.213 549	0.206 159	0.280 403	1.187
XM2002	0.229 181	0.189 612	9.4	0.41	0.004 958	77.044	11.81	766.81	153.31	0.236 459	0.189 1	0.341 151	0.901
XM2003	0.256 653	0.209 959	11.08	0.45	0.004 947	102.517	19.224	977.551	199.36	0.262 422	0.218 225	0.511 634	0.739
XM2004	0.281 512	0.230 426	11.48	0.51	0.005 04	96.116	19.897	550	250.89	0.282 625	0.181 619	0.389 268	0.681
XM2005	0.307 789	0.249 337	13.07	0.51	0.004 044	111.278	20.531	563.004	351.14	0.348 844	0.170 246	0.370 044	0.648
XM2006	0.329 896	0.267 778	16.39	0.59	0.003 73	64.153	22.032	691.667	477.74	0.407 003	0.157 417	0.369 946	0.634
XM2007	0.390 987	0.279 046	27.04	6.5	0.032 696	76.803	23.25	790.132	576.09	0.410 734	0.173 64	0.396 287	0.616
XM2008	0.593 926	0.309 755	33.93	8.34	0.035 016	84.397	23.815	714.724	631.9	0.392 312	0.170 037	0.278 897	0.6
XM2009	0.652 061	0.318 394	37.72	8.4	0.031 319	95.754	25.992	904.848	670.81	0.386 137	0.176 353	0.186 968	0.579
XM2010	0.659 747	0.352 809	43.38	9.6	0.031 266	104.452	26.384	1 415.73	815.28	0.395 753	0.181 757	0.242 672	0.569
XM2011	0.718 255	0.411 773	58.37	12.19	0.031 329	110.873	27.886	1 519.114	1 061.83	0.418 156	0.232 214	0.307 765	0.507

附表 1.9　重庆各指标值

指标	高校数量	规模以上工业企业办科技机构	高新技术企业数	每万名劳动力中R&D人员数	R&D经费占GDP比例	每万名劳动中科技活动人员数	科技经费投入占GDP比例	每万人高校在校生数	本市国民生产总值	人均GDP	居民家庭教育文化娱乐服务支出	每百人公共图书馆藏书	基本养老保险覆盖人口比率
CQ2001	29	101	408	15.112	0.006 149	36.436	0.017 108	54.878	1 976.86	6 963	850	26.276	0.176 729
CQ2002	29	123	481	15.486	0.007 512	37.074	0.017 509	67.833	2 232.86	7 912	1 065	21.774	0.171 843
CQ2003	33	149	576	16.943	0.008 992	37.61	0.018 326	81.552	2 555.72	9 098	1 026	22.395	0.160 061
CQ2004	34	183	613	18.026	0.009 421	38.136	0.018 367	96.657	3 034.58	10 845	1 135	23.408	0.232 126
CQ2005	35	195	628	19.039	0.009 551	38.949	0.021 06	112.94	3 467.72	12 404	1 219	24.234	0.227 718
CQ2006	38	222	777	20.831	0.009 745	40.118	0.021 849	126.644	3 907.23	13 939	1 187	24.759	0.230 071
CQ2007	38	230	857	22.229	0.010 067	42.962	0.022 595	137.792	4 676.13	16 629	1 237	26.534	0.241 797
CQ2008	47	235	73	23.54	0.010 509	45.642	0.024 057	148.912	5 793.66	20 490	1 267	28.615	0.288 988
CQ2009	51	267	191	25.044	0.012 168	49.491	0.021 946	159.75	6 530.01	22 920	1 352	30.162	0.352 731
CQ2010	53	289	278	25.885	0.012 651	53.439	0.020 805	171.296	7 925.58	27 596	1 408	31.203	0.372 508
CQ2011	59	353	388	31.264	0.012 821	56.848	0.022 265	184.102	10 011.37	34 500	1 475	34.506	0.394 294

指标	医疗保险覆盖人口比率	失业保险覆盖人口比率	地方财政教育经费	地方财政科技拨款	财政科技拨款占财政支出的比例	每100名互联网用户数	每100户居民个人计算机拥有量	每百万人拥有专利授权量	高新技术产业产值	高新技术产业产值占GDP比例	工业新产品产值率	高技术产品出口占出口总额的比例	万元GDP综合能耗（吨标/万元）
CQ2001	0.050 353	0.193 144	33.21	3.15	0.011 425	0.923	3.456	38.639	240.092	0.121 451	0.081 447	0.217 955	1.302
CQ2002	0.054 536	0.182 75	39.39	3.61	0.010 471	1.786	5.265	56.554	297.209	0.133 107	0.091 204	0.266 603	1.264
CQ2003	0.103 674	0.169 827	42.95	3.64	0.009 313	2.997	7.501	91.786	423.13	0.165 562	0.095 149	0.340 138	1.228
CQ2004	0.169 768	0.159 163	49.78	5.17	0.010 656	3.885	9.816	114.527	602.319	0.198 485	0.105 619	0.317 267	1.209
CQ2005	0.187 788	0.148 624	60.66	6.38	0.010 203	4.06	11.932	113.311	691.19	0.199 321	0.112 616	0.308 721	1.287
CQ2006	0.196 364	0.147 191	88.44	7.95	0.009 697	4.395	16.823	143.488	735.263	0.188 18	0.121 557	0.290 743	1.249
CQ2007	0.209 109	0.144 452	121.55	11.05	0.010 025	5.233	18.838	154.359	774.926	0.165 719	0.128 03	0.319 473	1.179
CQ2008	0.229 83	0.148 067	153.5	15.13	0.010 443	5.82	17.018	147.987	738.285	0.127 43	0.132 729	0.289 009	1.018
CQ2009	0.245 749	0.146 388	190.28	15.55	0.008 612	6.222	19.268	228.996	920.267	0.140 929	0.135 922	0.209 222	0.985
CQ2010	0.265 575	0.155 189	240.46	17.9	0.006 516	7.964	25.829	365.678	1 317.049	0.166 177	0.140 797	0.251 842	0.898
CQ2011	0.285 487	0.167 258	318.7	25.04	0.006 323	9.814	36.549	466.243	2 317.791	0.231 516	0.144 556	0.282 961	0.794

附表 1.10 沈阳各指标值

指标	高校数量	规模以上工业企业办科技机构	高新技术企业数	每万名劳动力中R&D人员数	R&D经费占GDP比例	科技经费投入占GDP比例	每万人高校在校生数	本市国民生产总值	人均GDP	居民家庭教育文化娱乐服务支出	每百人公共图书馆藏书	基本养老保险覆盖人口比率
SY2001	21	119	193	30.582	0.005 443	0.012 813	232.218	1 174.024	16 257	745	97.208	0.278 33
SY2002	24	117	281	25.119	0.006 185	0.013 048	278.256	1 326.018	18 266	719	101.936	0.279 91
SY2003	36	136	306	22.949	0.006 579	0.013 291	482.217	1 501.896	20 575	906	103.253	0.291 111
SY2004	36	133	381	26.569	0.006 886	0.013 828	525.854	1 772.933	24 156	863	106.487	0.294 434
SY2005	37	132	413	28.536	0.007 315	0.014 552	585.897	2 084.1	28 241	841	109.191	0.311 937
SY2006	37	117	501	30.713	0.007 668	0.015 315	611.847	2 519.634	33 798	814	112.556	0.316 969
SY2007	40	133	561	27.318	0.008 317	0.016 95	555.418	3 159.7	41 767	1 150	118.201	0.333 242
SY2008	40	145	137	32.131	0.009 864	0.017 149	558.069	3 780.9	49 166	1 305	122.899	0.347 851
SY2009	49	196	205	37.923	0.011 053	0.022 597	557.55	4 268.5	54 654	1 538	130.691	0.357 873
SY2010	50	156	267	37.544	0.013 034	0.023 556	532.505	5 017.5	62 357	1 844	135.365	0.364 138
SY2011	51	166	350	38.847	0.015 455	0.023 943	561.427	5 915.7	72 648	1 830	139.2	0.378 117

指标	医疗保险覆盖人口比率	失业保险覆盖人口比率	地方财政教育经费	地方财政科技拨款	财政科技拨款占财政支出的比例	每100名居民互联网用户数	每100户居民个人计算机拥有量	每百万人拥有专利授权量	高新技术产业产值	高新技术产业产值占GDP比例	工业新产品产值率	高技术产品出口占出口总额的比例	万元GDP综合能耗(吨标煤/万元)
SY2001	0.083 083	0.166 859	19.34	1.93	0.018 673	7.674	21.486	24.787	434.825	0.370 372	0.109 61	0.213 213	1.631
SY2002	0.184 035	0.179 214	16.07	3.01	0.023 456	14.007	30.157	28.652	601.783	0.453 827	0.111 816	0.230 759	1.525
SY2003	0.213 162	0.174 804	18.81	3.52	0.021 88	15.629	35.6	33.289	755.165	0.502 807	0.117 592	0.251 689	1.355
SY2004	0.239 389	0.161 455	23.32	4.22	0.020 756	10.376	36.8	29.021	977.805	0.551 518	0.121 934	0.275 653	1.207
SY2005	0.260 986	0.158 814	27.74	5.26	0.024 229	10.836	35.4	30.896	977.8	0.469 171	0.129 393	0.307 337	1.024
SY2006	0.290 41	0.159 491	33.83	7.5	0.022 101	11.853	34.143	38.9	1 330.559	0.528 076	0.136 443	0.312 479	0.96
SY2007	0.329 409	0.163 25	48.46	9.94	0.029 262	13.351	42.729	41.639	2 048	0.648 163	0.139 521	0.335 462	0.769
SY2008	0.357 084	0.163 458	59.89	12.55	0.030 862	15.137	47.714	45.253	2 699.8	0.714 063	0.141 671	0.283 188	0.713
SY2009	0.393 724	0.158 13	66.37	13.63	0.028 64	17.865	62.464	83.482	3 216.2	0.753 473	0.142 159	0.289 218	0.65
SY2010	0.402 167	0.155 349	77.06	15.35	0.029 711	18.899	67.834	101.785	3 890	0.775 286	0.146 64	0.294 348	0.584
SY2011	0.417 439	0.155 348	95.9	20.33	0.031 806	18.789	63.479	120.84	4 617.689	0.780 582	0.145 74	0.311 003	0.515

注: BJ、SH、GZ、SZ、HZ、NB、NJ、XM、CQ、SY 分别代表北京、上海、广州、深圳、杭州、宁波、南京、厦门、重庆、沈阳。

附 录 2

附表 2.1 金融创新环境指标原始数据

城市	年份	金融业增加值/亿元	人均GDP/元	人均GDP增速	第三产业增加值占GDP比例	当年实际利用FDI总额/亿美元	当年进出口总额/亿美元	金融结构指标	金融发展指标	金融业在岗人均工资/元	金融机构员工人数
北京	2007	1 302.80	57 276.79	0.13	0.72	50.66	1 929.46	1.35	6.04	129 982.00	1 445 300.00
	2008	1 519.20	65 575.22	0.14	0.75	60.82	2 716.93	0.73	4.30	132 870.00	1 499 961.00
	2009	1 603.60	69 247.86	0.06	0.76	61.21	2 147.91	1.06	5.49	141 071.00	1 686 480.00
	2010	1 863.60	71 938.43	0.04	0.75	63.64	3 016.61	0.76	5.08	200 349.00	1 603 027.00
	2011	2 215.40	80 510.75	0.12	0.76	70.54	3 895.83	0.31	4.39	198 409.00	1 683 609.00
上海	2007	1 209.08	60 545.31	(0.25)	0.55	79.20	2 829.73	1.04	3.98	100 849.00	68 402.00
	2008	1 442.60	65 727.09	0.09	0.56	100.84	3 221.38	0.31	2.02	126 636.00	100 509.00
	2009	1 804.28	68 074.86	0.04	0.59	105.38	2 777.31	0.76	3.58	143 010.00	106 437.00
	2010	1 950.96	74 548.48	0.10	0.57	111.21	3 688.69	0.36	2.90	162 942.00	125 962.00
	2011	2 277.40	81 772.17	0.10	0.58	126.01	4 374.36	(0.11)	2.03	166 884.00	141 776.00
深圳	2007	765.70	74 548.38	(0.09)	0.50	36.62	287.53	1.58	3.49	138 044.00	28 971.00
	2008	969.36	81 598.61	0.09	0.50	40.30	2 999.55	1.11	1.76	154 902.00	36 916.00
	2009	1 110.62	82 424.47	0.01	0.53	41.60	2 701.63	1.45	3.46	158 367.00	40 340.00
	2010	1 300.58	92 378.62	0.12	0.53	42.97	3 467.49	1.22	3.15	178 178.00	55 292.00
	2011	1 563.63	109 917.74	0.19	0.54	46.00	4 140.93	0.68	2.03	183 439.00	59 122.00

续表

城市	年份	金融业增加值/亿元	人均GDP/元	人均GDP增速	第三产业增加值占GDP比例	当年实际利用FDI总额/亿美元	当年进出口总额/亿美元	金融结构指标	金融发展指标	金融业在岗人均工资/元	金融机构人员工人数
广州	2007	341.75	92 708.58	(0.16)	0.58	34.11	734.94	(0.62)	0.34	102 820.00	12 731.00
	2008	384.41	106 214.79	0.15	0.59	37.74	818.73	(1.87)	(1.55)	127 113.00	14 191.00
	2009	551.45	115 415.79	0.09	0.61	38.75	766.85	(1.34)	0.03	128 907.00	16 400.00
	2010	670.53	133 644.30	0.16	0.61	40.81	1 037.68	(0.94)	0.10	140 137.00	17 936.00
	2011	855.53	152 820.60	0.14	0.62	43.76	1 161.68	(1.42)	(1.00)	153 108.00	20 882.00
杭州	2007	312.50	61 039.81	(0.60)	0.46	28.02	434.26	(0.24)	0.94	30 746.00	1 372.00
	2008	390.43	70 671.37	0.16	0.47	33.12	480.65	(1.06)	(0.58)	35 252.00	3 582.00
	2009	518.46	74 446.91	0.05	0.49	40.14	404.20	(0.57)	1.40	38 423.00	4 422.00
	2010	606.03	86 329.94	0.16	0.49	43.56	523.55	(0.39)	2.00	42 850.00	7 397.00
	2011	744.32	100 890.57	0.17	0.49	47.22	639.72	(0.75)	1.06	48 725.00	7 647.00
宁波	2007	230.42	60 553.01	(0.40)	0.40	25.05	1 682.59	(1 657.54)	3 389.83	75 960.00	3 150.00
	2008	283.95	69 469.98	0.15	0.40	25.38	2 080.25	(2 054.87)	4 186.03	103 536.00	1 276.00
	2009	323.61	75 816.96	0.09	0.41	22.05	1 777.35	(1 755.30)	3 576.85	115 976.00	1 366.00
	2010	382.33	89 935.20	0.19	0.40	23.23	2 442.48	(2 419.25)	4 908.38	131 085.00	2 652.00
	2011	443.25	105 122.14	0.17	0.41	28.09	2 986.30	(2 958.21)	6 000.86	148 732.00	7 664.00
南京	2007	208.22	45 056.66	(0.57)	0.48	20.61	362.00	0.33	2.33	78 748.00	2 100.00
	2008	302.00	50 265.78	0.12	0.50	23.72	405.92	(0.52)	0.61	88 484.00	2 100.00
	2009	342.06	54 845.13	0.09	0.51	23.92	337.45	(0.01)	2.06	105 652.00	2 521.00
	2010	420.41	62 598.53	0.14	0.51	28.16	456.01	(0.24)	2.11	112 477.00	2 986.00
	2011	552.35	75 785.48	0.21	0.52	35.66	573.44	(0.54)	1.15	131 999.00	3 556.00

续表

城市	年份	金融业增加值/亿元	人均GDP/元	人均GDP增速	第三产业增加值占GDP比例	当年实际利用FDI总额/亿美元	当年进出口总额/亿美元	金融结构指标	金融发展指标	金融业在岗人均工资/元	金融机构员工工人数
厦门	2007	92.44	46 137.66	(0.39)	0.48	12.72	397.83	0.42	1.25	113 462.00	0.00
	2008	119.39	49 408.28	0.07	0.51	20.42	453.89	(0.10)	(0.26)	113 462.00	0.00
	2009	130.42	52 643.48	0.07	0.52	16.87	433.14	0.10	0.95	115 456.00	0.00
	2010	145.89	57 867.24	0.10	0.49	16.97	570.36	0.26	1.51	134 545.00	947.00
	2011	190.57	70 341.09	0.22	0.48	17.26	701.67	(0.22)	0.50	153 104.00	1070.00
重庆	2007	247.46	16 605.58	(0.76)	0.39	10.89	74.45	0.04	(1.34)	48 120.00	1454.00
	2008	303.01	20 407.40	0.23	0.37	27.37	95.21	(0.50)	(3.31)	57 570.00	1675.00
	2009	389.97	22 840.19	0.12	0.38	40.44	77.09	(0.53)	(0.55)	64 430.00	2129.00
	2010	496.56	27 475.30	0.20	0.36	63.70	124.26	(0.50)	(0.66)	78 593.00	2521.00
	2011	704.66	34 297.26	0.25	0.36	105.79	292.18	(1.23)	(2.02)	94 194.00	16504.00
沈阳	2007	124.47	44 515.27	0.30	0.47	50.45	60.69	0.07	(1.51)	49 750.00	0.00
	2008	174.77	52 990.51	0.19	0.46	60.69	71.29	(0.71)	(3.15)	65 447.00	0.00
	2009	215.23	59 574.51	0.12	0.45	54.10	65.70	(0.40)	(1.44)	77 538.00	0.00
	2010	236.51	69 718.81	0.17	0.45	50.50	78.60	(0.64)	(1.83)	86 307.00	0.00
	2011	280.90	81 844.92	0.17	0.44	55.00	106.20	(1.20)	(3.10)	88 791.00	2 981.00

附表 2.2　金融制度创新指标原始数据

城市	年份	银行商业贷款占总贷款的比例	非国有商业银行资产总额（th USD）	非国有商业银行资产总额占总银行类资产总额比例	主要商业银行（估算）不良贷款比率/%	收入成本比/%	金融部门净资产收益率/%	商业银行不良贷款拨备占总贷款的比例	民营上市公司数目	民营上市公司资产总额/万元	民营上市公司数目增长率/%	民营上市公司总资产增长率/%
北京	2007	0.49	1 039 261 741.74	0.15	3.04	36.66	14.03	2.64	21.00	94 890 000	0.17	0.32
	2008	0.76	1 802 485 342.68	0.19	1.95	34.97	9.19	2.61	23.00	109 500 000	0.10	0.15
	2009	0.76	2 199 453 584.80	0.19	1.23	37.11	17.33	2.34	37.00	148 900 000	0.61	0.36
	2010	0.78	2 650 070 264.71	0.19	0.85	34.17	19.67	2.38	65.00	194 200 000	0.76	0.30
	2011	0.77	3 255 390 450.11	0.19	0.56	32.88	20.76	2.58	88.00	242 700 000	0.35	0.25
上海	2007	0.47	258 395 928.42	0.63	2.68	41.88	13.49	1.91	48.00	9 066 000	0.09	0.23
	2008	0.80	730 288 268.84	0.99	1.59	37.45	22.05	2.12	51.00	8 823 000	0.06	(0.03)
	2009	0.78	895 614 529.69	0.99	1.23	39.93	18.45	1.92	61.00	12 330 000	0.20	0.40
	2010	0.80	1 152 152 187.06	0.99	0.79	39.84	17.51	1.86	77.00	17 260 000	0.26	0.40
	2011	0.80	1 540 778 331.95	0.99	0.53	34.88	18.41	2.03	90.00	21 590 000	0.17	0.25
深圳	2007	0.63	126 377 121.22	0.69	3.87	38.28	15.74	2.79	50.00	11 330 000	0.43	0.47
	2008	0.74	233 036 982.08	1.00	2.42	36.51	28.11	2.45	51.00	13 430 000	0.02	0.19
	2009	0.67	306 399 738.50	1.00	1.68	44.69	20.95	2.01	69.00	18 540 000	0.35	0.38
	2010	0.66	478 749 093.51	0.96	1.36	40.30	20.86	1.89	97.00	27 470 000	0.41	0.48
	2011	0.66	654 725 492.81	0.97	0.97	37.32	22.41	2.02	117.00	39 460 000	0.21	0.44
广州	2007	0.00	47 883 528.63	0.80	6.38	57.85	(6.63)	3.16	12.00	1 464 000	0.50	0.71
	2008	0.74	96 129 807.53	1.00	2.42	38.33	14.88	3.77	12.00	1 461 000	0.00	(0.00)
	2009	0.83	116 263 753.25	1.00	1.68	48.00	14.61	3.23	15.00	2 413 000	0.25	0.65
	2010	0.79	180 133 510.53	1.00	1.36	37.13	18.97	2.57	21.00	13 390 000	0.40	4.55
	2011	0.67	221 984 857.03	1.00	0.85	36.43	19.25	2.59	24.00	12 150 000	0.14	(0.09)

续表

城市	年份	银行商业贷款占总贷款的比例	非国有商业银行资产总额（th USD）	非国有商业银行资产总额占资产总额比例	主要商业银行（估算）不良贷款率/%	收入成本比/%	金融部门净资产收益率/%	商业银行不良贷款数额占总贷款的比例	民营上市公司数目	民营上市公司总资产/万元	民营上市公司数目增长率/%	民营上市公司总资产增长率/%
杭州	2007	0.00	12 426 550.21	0.56	1.01	34.01	19.14	1.82	22.00	3 817 000	0.29	0.67
	2008	0.94	25 622 771.68	0.64	1.19	46.21	19.76	2.45	26.00	6 097 000	0.18	0.60
	2009	0.95	40 439 908.92	0.65	1.16	46.72	16.23	2.00	31.00	7 560 000	0.19	0.24
	2010	1.06	52 939 951.97	0.62	0.86	24.11	14.29	2.15	43.00	13 060 000	0.39	0.73
	2011	0.77	111 395 085.27	1.00	0.83	32.88	16.15	2.30	53.00	17 150 000	0.23	0.31
宁波	2007	0.00	9 949 108.31	0.72	1.07	34.10	18.74	1.45	17.00	6 987 000	0.21	0.80
	2008	0.74	19 864 541.66	1.00	1.50	36.50	18.42	1.85	17.00	6 714 000	0.00	(0.04)
	2009	0.75	29 720 217.59	1.00	1.16	39.18	16.70	1.58	18.00	9 302 000	0.06	0.39
	2010	0.64	51 859 035.73	1.00	0.86	38.13	19.44	1.65	25.00	12 230 000	0.39	0.31
	2011	0.66	56 123 823.00	1.00	0.84	35.43	19.76	2.04	28.00	15 010 000	0.12	0.23
南京	2007	0.00	0.00	0.00	2.82	0.00	0.00	0.00	11.00	4 740 000	0.22	0.36
	2008	0.88	13 447 941.00	1.00	1.61	25.39	13.68	2.79	11.00	5 381 000	0.00	0.14
	2009	0.88	22 459 754.00	1.00	1.10	30.75	13.16	2.09	12.00	7 416 000	0.09	0.38
	2010	0.85	34 109 152.35	1.00	0.86	29.75	14.90	2.25	15.00	11 340 000	0.25	0.53
	2011	0.84	45 558 856.20	1.00	0.58	30.30	15.92	2.50	17.00	13 970 000	0.13	0.23
厦门	2007	0.00	5 949 943.67	0.71	2.98	40.97	16.83	2.71	5.00	222 000	0.00	0.13
	2008	0.68	8 982 945.68	1.00	1.84	50.77	20.85	2.07	8.00	449 000	0.60	1.02
	2009	0.00	11 182 910.79	0.00	1.06	49.56	11.67	1.25	11.00	641 100	0.38	0.43
	2010	0.73	18 692 416.13	1.00	0.70	47.83	13.72	0.92	14.00	1 347 000	0.27	1.10
	2011	0.00	27 801 901.03	1.00	0.43	40.05	15.72	1.21	17.00	2 192 000	0.21	0.63

续表

城市	年份	银行商业贷款占总贷款的比例	非国有商业银行总资产总额(th USD)	非国有商业银行资产总额占银行类资产总额比例	主要商业银行(估算)不良贷款比率/%	收入成本比/%	金融部门净资产收益率/%	商业银行不良贷款拨备占总贷款的比例	民营上市公司数目	民营上市公司总资产/万元	民营上市公司数目增长率/%	民营上市公司总资产增长率/%
	2007	0.00	4 168 209.93	0.68	4.65	42.95	13.56	1.90	11.00	848 600	0.10	0.19
	2008	0.86	8 344 906.58	1.00	1.57	35.85	21.91	2.32	11.00	933 200	0.00	0.10
重庆	2009	0.00	41 482 687.34	1.00	0.90	49.74	21.04	2.32	12.00	975 400	0.09	0.05
	2010	0.25	59 693 670.28	1.00	0.91	45.42	20.54	2.86	15.00	2 290 000	0.25	1.35
	2011	0.24	75 294 782.51	1.00	0.58	40.39	19.43	3.17	17.00	6 656 000	0.13	1.91
	2007	0.00	7 081 960.06	0.64	12.25	22.89	25.39	1.79	10.00	1 432 000	0.00	0.15
	2008	0.00	16 604 219.27	1.00	3.64	21.52	35.01	1.77	11.00	1 411 000	0.10	(0.01)
沈阳	2009	0.97	23 162 633.20	1.00	2.15	26.35	20.16	1.67	11.00	1 602 000	0.00	0.14
	2010	0.98	30 397 303.98	1.00	1.35	28.00	30.92	1.51	11.00	1 868 000	0.00	0.17
	2011	0.97	35 101 270.89	1.00	0.68	23.99	28.01	1.64	12.00	3 510 000	0.09	0.88

附表 2.3　金融市场创新指标原始数据

城市	年份	上市公司数目	上市公司数目增长率/%	银行类金融机构总资产/(th USD)	本地上市公司实际募集资金净额/万元	本地上市公司市值总额/亿元	本地上市公司实际募集资金净额（增长率）	本地上市公司市值总额增长率	本地上市公司证券市场成交额/亿元	本地上市公司证券市场成交额增长率	保费收入增长率	第二产业投入产出弹性
北京	2007	104	0.13	7 144 021 393.15	26 787 365.00	208 563.25	2.76	3.14	65395.19	4.88	0.21	0.44
	2008	108	0.04	9 610 696 896.25	5 362 494.80	77 043.90	(0.80)	(0.63)	39868.37	(0.39)	0.18	(0.23)
	2009	124	0.15	11 723 921 295.03	10 527 589.00	128 446.28	0.96	0.67	70161.91	0.76	0.19	1.33
	2010	160	0.29	13 964 065 189.43	13 118 753.00	115 147.23	0.25	(0.10)	63225.80	(0.10)	0.39	0.66
	2011	187	0.17	16 796 293 642.38	4 623 774.70	104 340.44	(0.65)	(0.09)	45482.61	(0.28)	(0.15)	0.24
上海	2007	148	0.06	409 821 934.88	7 057 990.50	44 777.36	14.87	2.86	61622.09	4.11	0.19	0.79
	2008	151	0.02	738 791 399.18	181 287.39	15 364.77	(0.97)	(0.66)	32977.11	(0.46)	0.24	5.55
	2009	157	0.04	905 191 470.88	1 436 207.90	32 931.62	6.92	1.14	63569.68	0.93	0.11	(2.94)
	2010	172	0.10	1 164 647 057.01	1 192 781.90	27 688.90	(0.17)	(0.16)	48717.26	(0.23)	0.33	36.77
	2011	192	0.12	1 556 018 339.67	1 453 976.70	22 375.58	0.22	(0.19)	33431.56	(0.31)	(0.15)	(1.01)
深圳	2007	98	0.18	181 927 760.42	4 356 960.10	28 607.24	3.14	2.56	38516.59	3.51	0.36	(4.91)
	2008	106	0.08	233 036 982.08	242 021.72	9 567.37	(0.94)	(0.67)	27531.49	(0.29)	0.31	(1.74)
	2009	119	0.12	306 399 738.50	1 975 028.00	21 303.30	7.16	1.23	49829.82	0.81	0.13	8.89
	2010	155	0.30	497 812 556.84	4 087 962.20	22 541.75	1.07	0.06	46456.56	(0.07)	0.33	0.74
	2011	180	0.16	676 800 837.85	1 598 424.00	17 428.45	(0.61)	(0.23)	31040.16	(0.33)	(0.00)	(6.80)
广州	2007	33	0.22	59 924 801.66	204 956.75	5 207.97	(0.26)	2.52	7387.87	3.32	0.30	(1.12)
	2008	35	0.06	96 129 807.53	127 796.20	1 702.19	(0.38)	(0.67)	4611.70	(0.38)	0.36	1.35
	2009	38	0.09	116 263 753.25	315 767.20	3 635.05	1.47	1.14	10349.82	1.24	0.06	0.21
	2010	44	0.16	180 133 510.53	669 009.76	5 857.71	1.12	0.61	11162.00	0.08	0.28	1.27
	2011	50	0.14	221 984 857.03	374 850.02	3 944.66	(0.44)	(0.33)	8036.97	(0.28)	(0.05)	(1.08)

续表

城市	年份	上市公司数目	上市公司数目增长率/%	银行类金融机构总资产/(th USD)	本地上市公司实际募集资金净额/万元	本地上市公司市值总额/亿元	本地上市公司实际募集资金净额（增长率）	本地上市公司市值额总增长率	本地上市公司证券市场成交额/亿元	本地上市公司证券市场成交额增长率	保费收入增长率	第二产业投入产出弹性
杭州	2007	28	0.17	22 088 259.76	222 175.10	1 703.03	10.20	2.15	6410.97	4.11	0.24	1.31
	2008	31	0.11	40 198 181.71	171 436.06	900.38	(0.23)	(0.47)	3381.54	(0.47)	0.40	2.01
	2009	36	0.16	62 406 355.77	208 774.98	2 124.36	0.22	1.36	7405.22	1.19	0.09	0.09
	2010	49	0.36	85 769 891.25	1 850 248.70	3 972.74	7.86	0.87	10243.79	0.38	0.27	1.54
	2011	59	0.20	111 353 773.71	600 631.77	3 240.55	(0.68)	(0.18)	7863.40	(0.23)	0.04	1.90
宁波	2007	19	0.27	13 811 981.69	481 697.87	1 829.06	1.00	3.74	5874.98	6.84	0.22	9.59
	2008	19	0.00	19 864 541.66	0.00	596.99	(1.00)	(0.67)	2240.62	(0.62)	0.21	5.74
	2009	20	0.05	29 720 217.59	62 721.60	1 640.63	1.00	1.75	5061.65	1.26	0.23	2.79
	2010	24	0.20	51 859 035.73	876 798.62	2 115.40	12.98	0.29	6108.29	0.21	0.34	(2.11)
	2011	30	0.25	56 123 823.00	490 955.83	1 662.65	(0.44)	(0.21)	5271.86	(0.14)	0.03	(3.98)
南京	2007	35	0.13	10 413 123.38	786 845.97	3 877.92	13.26	2.17	8395.29	5.32	0.09	0.68
	2008	35	0.00	13 447 941.00	0.00	1 694.10	(1.00)	(0.56)	4277.99	(0.49)	0.29	0.63
	2009	36	0.03	22 459 754.00	118 484.07	3 406.88	1.00	1.01	9007.71	1.11	0.38	0.44
	2010	38	0.06	34 109 152.35	1 614 790.40	4 536.60	12.63	0.33	9190.41	0.02	0.09	0.89
	2011	43	0.13	45 558 856.20	694 188.24	3 446.49	(0.57)	(0.24)	7655.00	(0.17)	0.01	0.68
厦门	2007	17	0.00	8 364 941.26	0.00	855.67	1.00	1.29	3278.44	3.55	0.31	0.29
	2008	20	0.18	8 982 945.68	78 738.09	377.61	1.00	(0.56)	2148.53	(0.34)	0.29	(1.38)
	2009	20	0.00	11 182 910.79	0.00	800.90	(1.00)	1.12	3288.02	0.53	0.25	(0.38)
	2010	26	0.30	18 692 416.13	362 677.32	1 326.96	1.00	0.66	4701.38	0.43	0.33	1.05
	2011	30	0.15	27 801 901.03	337 890.70	1 037.69	(0.07)	(0.22)	3493.69	(0.26)	0.06	2.15

续表

城市	年份	上市公司数目	上市公司数目增长率/%	银行类金融机构总资产(th USD)	本地上市公司实际募集资金净额/万元	本地上市公司市值总额/亿元	本地上市公司实际募集资金净额（增长率）	本地上市公司市值总额增长率	本地上市公司证券市场成交额/亿元	本地上市公司证券市场成交额增长率	保费收入增长率	第二产业投入产出弹性
重庆	2007	29	0.04	6 110 026.64	96 805.05	1 484.08	1.00	2.20	4503.71	4.37	0.34	0.61
	2008	29	0.00	8 344 906.58	0.00	589.17	(1.00)	(0.60)	2329.57	(0.48)	0.61	0.90
	2009	30	0.03	41 482 687.34	34 956.25	1 881.66	1.00	2.19	5771.73	1.48	0.22	0.40
	2010	34	0.13	59 693 670.28	815 343.00	2 599.88	22.32	0.38	6632.75	0.15	0.31	0.94
	2011	37	0.09	75 275 737.61	203 924.72	1 979.64	(0.75)	(0.24)	3875.15	(0.42)	(0.03)	1.82
沈阳	2007	21	0.05	11 080 661.66	61 790.55	917.55	1.00	0.05	3092.47	1.99	9.75	1.09
	2008	22	0.05	16 604 219.27	21 531.88	440.12	(0.65)	0.05	1739.75	(0.52)	(0.66)	1.11
	2009	23	0.05	23 162 633.20	57 590.00	892.18	1.67	0.05	3415.61	1.03	(0.43)	0.60
	2010	23	0.00	30 397 303.98	0.00	860.91	(1.00)	0.00	3191.11	(0.04)	0.01	3.03
	2011	23	0.00	35 101 270.89	0.00	522.94	1.00	0.00	2119.56	(0.39)	(0.36)	3.17

附表 2.4 金融业务创新指标原始数据

城市	年份	金融机构衍生资产总额(th USD)	次级贷款总额(th USD)	交易衍生产品净收益（损失）(th USD)	中间业务收入占比	主要商业银行的本地法人银行资产总规模增长率	其他证券收益（损失）(th USD)	税前利润(th USD)	本地上市公司市值总额/亿元	证券化率%（市值/GDP）
北京	2007	7 632 834.21	26 489 062.06	(2 843 400.09)	(0.12)	0.51	1 016 468.84	39 430 280.23	208 563.25	22.30
	2008	23 070 113.22	30 941 224.71	427 797.70	0.01	0.35	1 780 806.44	89 338 733.28	77 043.90	6.93
	2009	10 829 427.41	60 571 699.59	1 209 923.49	0.02	0.22	3 954 277.65	108 948 058.96	128 446.28	10.57
	2010	14 455 344.66	71 943 047.72	(257 742.08)	(0.00)	0.19	4 729 922.04	151 670 141.81	115 147.23	8.16
	2011	16 735 513.80	113 015 901.33	(419 118.51)	(0.00)	0.20	5 369 201.17	202 268 843.69	104 340.44	6.42
上海	2007	2 899 067.98	5 065 301.39	67956.63	0.01	0.59	32 631.22	2 989 934.68	44 777.36	3.58
	2008	3 939 292.23	9 481 169.09	60 4776.52	0.06	0.80	461 052.59	11 532 269.55	15 364.77	1.09
	2009	1 515 454.35	10 295 538.57	336 131.67	0.03	0.23	329 107.12	11 680 958.21	32 931.62	2.19
	2010	3 658 801.56	10 312 703.13	289 612.72	0.03	0.29	574 337.35	15 519 766.79	27 688.90	1.61
	2011	4 524 007.28	1 858 4646.45	503 757.64	0.03	0.34	571 100.08	23 711 013.94	22 375.58	1.17
深圳	2007	403 170.61	479 150.13	67 491.72	0.12	0.44	36 728.27	1 573 808.74	28 607.24	4.21
	2008	331 548.29	4 892 751.46	154 654.26	0.03	0.28	(72 279.28)	4 454 057.18	9 567.37	1.23
	2009	215 869.47	4 579 684.02	193 023.04	0.04	0.31	105 737.96	3 775 943.69	21 303.30	2.60
	2010	512 078.53	6 919 083.85	378 483.41	0.05	0.62	48 575.62	7 286 571.03	22 541.75	2.35
	2011	349 378.66	6 686 298.71	488 515.78	0.07	0.36	(12 394.90)	11 338 932.88	17 428.45	1.51
广州	2007	4 216.52	0.00	(23 368.84)	1.00	0.25	6 774.50	37 675.93	5 207.97	0.73
	2008	21 991.04	731 571.69	33 520.61	0.04	0.60	50 244.34	762 546.43	1 702.19	0.21
	2009	10 895.99	732 257.37	29 715.00	0.04	0.21	(5 360.12)	994 566.60	3 635.05	0.40
	2010	43 168.40	754 956.31	23856.62	0.03	0.55	50 053.60	2 451 947.09	5 857.71	0.54
	2011	59 785.11	1 587 074.85	50405.50	0.03	0.23	27 218.33	3 441 492.45	3 944.66	0.32

续表

城市	年份	金融机构衍生资产总额(th USD)	次级贷款总额(th USD)	交易衍生产品净收益（损失）(th USD)	中间业务收入占比	主要商业银行的本地法人银行资产总规模增长率	其他证券收益（损失）(th USD)	税前利润(th USD)	本地上市公司市值总额 亿元	证券化率%（市值/GDP）
杭州	2007	1 327.93	95 830.03	9 966.32	0.09	0.12	18 108.01	318 926.33	1 703.03	0.41
	2008	80 458.25	102 420.04	45 313.55	0.31	0.82	16 226.26	636 979.47	900.38	0.19
	2009	454.00	278 257.80	23 666.56	0.08	0.55	43 759.70	731 290.79	2 124.36	0.42
	2010	4 635.43	286 883.40	12 064.20	0.04	0.37	131 120.81	1 151 308.37	3 972.74	0.67
	2011	31 947.82	833 214.29	22 377.76	0.03	0.30	76 068.50	1 819 359.12	3 240.55	0.46
宁波	2007	0.00	0.00	0.00	0.00	0.38	1 767.26	137 436.45	1 829.06	0.54
	2008	22 283.67	0.00	0.00	0.00	0.43	30 038.33	350 159.47	596.99	0.15
	2009	150 596.05	0.00	0.00	0.00	0.49	29 085.26	401 423.49	1 640.63	0.38
	2010	339 126.37	438 871.20	0.00	0.00	0.74	32 478.22	757 659.05	2 115.40	0.41
	2011	298 893.81	458 743.98	(15 108.95)	(0.03)	0.08	47 564.63	1 079 242.64	1 662.65	0.27
南京	2007	0.00	109 520.03	(3 860.58)	(0.04)	1.00	0.00	0.00	3 877.92	1.16
	2008	0.00	117 051.47	8 983.70	0.07	0.29	1 785.03	281 274.68	1 694.10	0.44
	2009	0.00	117 161.18	13 063.47	0.10	0.67	13 634.63	382 853.44	3 406.88	0.81
	2010	0.00	0.00	(4 046.57)	1.00	0.52	30 787.12	590 602.32	4 536.60	0.91
	2011	13 410.78	838 213.58	(10 506.44)	(0.01)	0.34	7 506.86	860 559.59	3 446.49	0.56
厦门	2007	8 624.70	0.00	52 295.81	1.00	0.41	6 915.36	72 425.58	855.67	0.61
	2008	2 926.29	0.00	34 969.13	1.00	0.07	13 168.29	122 860.93	377.61	0.23
	2009	2 196.77	0.00	(2 782.58)	1.00	0.24	34 416.10	111 885.06	800.90	0.46
	2010	9 663.44	44 844.40	(5 133.70)	(0.13)	0.67	28 688.34	134 835.20	1 326.96	0.64
	2011	5078.64	0.00	0.00	0.00	0.49	16 664.29	243 298.57	1 037.69	0.41

续表

城市	年份	金融机构衍生资产总额(th USD)	次级贷款总额(th USD)	交易衍生产品净收益（损失）(th USD)	中间业务收入占比	主要商业银行的本地法人银行资产总规模增长率	其他证券收益（损失）(th USD)	税前利润(th USD)	本地上市公司市值总额/亿元	证券化率/%（市值/GDP）
重庆	2007	0.00	0.00	794.02	1.00	0.47	2 305.12	61 969.34	1 484.08	0.32
	2008	0.00	0.00	102.42	1.00	0.37	278.00	147 528.75	589.17	0.10
	2009	0.00	0.00	1 215.55	1.00	3.97	21 132.95	571 087.52	1 881.66	0.29
	2010	0.00	150 085.31	(7 217.38)	(0.05)	0.44	32 297.03	914 357.78	2 599.88	0.33
	2011	0.00	522 877.68	2 459.97	0.00	0.26	(4 634.26)	1 332 476.30	1 979.64	0.20
沈阳	2007	0.00	0.00	0.00	0.00	4.99	51.22	69 755.53	917.55	0.29
	2008	0.00	0.00	0.00	0.00	(0.44)	200 655.48	322 359.75	440.12	0.12
	2009	0.00	175 741.77	(19 536.63)	(0.13)	0.96	6 019.16	248 864.99	892.18	0.21
	2010	0.00	181 189.51	(5 813.16)	(0.03)	(0.07)	21 274.67	388 153.23	860.91	0.17
	2011	0.00	333 285.72	(5 443.67)	(0.02)	(0.34)	(1 777.52)	586 440.03	522.94	0.09